2026

SNS광고마케터

초단기완성

송준섭

저자

송준섭

—

[약력]

검색광고마케터 1급 자격 취득

SNS광고마케터 1급 자격 취득

인하우스 퍼포먼스 마케터

프리랜스 검색광고 마케터

디지털마케팅 광고 대행 및 이커머스 운영

現) 마케터 ℃ 대표

2026

SNS광고마케터
초단기완성

인쇄일 2026년 2월 1일 4판 1쇄 인쇄　　　　**발행처** 시스컴 출판사
발행일 2026년 2월 5일 4판 1쇄 발행　　　　**발행인** 송인식
등　록 제17-269호　　　　　　　　　　　　**지은이** 송준섭
판　권 시스컴2026

ISBN 979-11-6941-856-0 13000
정　가 17,000원

주소 서울시 금천구 가산디지털1로 225, 514호(가산포휴)　|　**홈페이지** www.nadoogong.com
E-mail siscombooks@naver.com　|　**전화** 02)866-9311　|　**Fax** 02)866-9312

21세기에 들어 미디어의 발전은 계속 되었고, 미디어의 발전에서 소셜미디어는 빠질 수 없는 핵심 역할을 하고 있습니다. 월드 와일드 웹(WWW)에서 모바일(Mobile)까지, 이제는 더 발전된 미래가 기다리고 있을 것입니다.

현재의 소셜미디어는 소셜 네트워크 서비스(SNS)로 일맥상통하며, 우리는 매일 최소 1개의 SNS를 이용하여 사람들과 소통하고, 정보를 공유하며 살아가고 있습니다. 누군가에게는 행복이며, 누군가에게는 수익의 원천인 SNS는 우리 생활에서 없어서 안 되고, 필수불가결한 존재가 되었습니다. 이러한 SNS의 시대에서 SNS에 대한 이해와 운영 및 마케팅에 대한 기본 지식은 필수입니다. SNS에 대한 이해와 운영 및 마케팅에 대한 기본 지식을 겸비한 전문 인력, 즉, SNS광고마케터는 이제 없어서는 안 될 중요한 역할을 하게 되었습니다.

본 도서는 현 시대의 중요한 역할을 하게 될 SNS광고마케터를 위한 도서로, SNS에 대한 기본지식을 습득하고, SNS광고에 대한 전문지식과 마케팅에 대한 실무에 대하여 배우고 익힐 수 있도록 하였습니다. 본 도서를 통하여 특화된 필요분야에서 전문적이고 실무적인 지식 및 역량을 발휘할 수 있기를 기원합니다.

본서의 특징은 다음과 같습니다.
첫째, SNS광고마케터 시험에 합격하기 위해 반드시 숙지하고 암기해야 할 핵심내용들로만 체계적으로 정리하여 학습의 효율성을 높였습니다.
둘째, 각 과목별 예상문제를 통해 앞서 학습한 핵심내용들을 확인해봄으로써 수험생 여러분의 문제풀이 도우미가 되도록 하였습니다.
셋째, 한국정보통신진흥협회에서 공개한 샘플문제와 최신 기출유사문제를 수록하여 수험생이 실제 시험과 똑같은 문제유형에 대비할 수 있도록 하였습니다.

본 도서를 통하여 SNS광고마케터 1급 자격시험을 준비하는 모든 수험생분들에게 합격의 영광이 함께 하길 시스컴이 응원하겠습니다.

SNS ▼   SNS광고마케터란?

◉ SNS광고마케터 (Social Network Service advertisement Marketer)

① 디지털 광고 시장의 고성장을 통한 SNS광고 마케팅 분야 산업 활동 영역 증가로 전문성 및 실무적인 역량을 갖춘 인력 양성을 위한 자격

② SNS광고의 기본지식을 보유하고, SNS광고 기획, 전략, 등록, 운영, 효과분석 등 실무적인 지식 및 역량을 평가하는 자격

③ 온라인광고대행사, 기업 홍보부서 등에서 SNS광고 마케팅 및 SNS광고 전문인력을 통한 효율적 마케팅 분석, 전략수립 등의 자격을 갖춘 직무자격조건으로 활용할 수 있는 자격

◉ 필요성

① SNS광고 마케팅의 기본지식 배양

② 유튜브, 인스타그램, 페이스북 등 SNS광고 실무내용 반영

③ 온라인광고대행사 및 기업 홍보부서 등 취업 대비

◉ 자격종류

① 자격구분 : 민간등록자격

② 등록번호 : 2022-001160

③ 상기 자격은 자격기본법 규정에 따라 등록한 민간자격으로, 국가로부터 인정받은 공인자격이 아닙니다.

④ 민간자격 등록 및 공인 제도에 대한 상세내용은 민간자격정보서비스(www.pqi.or.kr)의 '민간자격 소개'란을 참고하여 주십시오.

🔘 시험과목

등급	검정과목	검정방법	문항수	시험시간	배점	합격기준
1급	• SNS의 이해 • SNS광고 마케팅	객관식 (사지택일)	80문항	100분	100	70점 이상

🔘 응시자격

학력, 연령, 경력 제한 없음

🔘 정보통신기술자격검정

정보통신기술자격검정(KAIT-CP)은 방송통신발전기본법에 근거해서 설립한 한국정보통신진흥협회(KAIT)에서 운영하는 자격제도로서 ICT분야별로 기본적인 소양부터 전문기술까지 인적자원의 개발 및 평가를 통해 실생활과 산업현장에서 필요한 공정하고 신뢰할 수 있는 ICT분야 자격검정의 가치를 확고히 다져나가겠습니다.

SNS광고마케터 시험안내

SNS ▼

👁 수험표 및 시험시간

수험표

① 시험접수 → 수험표 출력 메뉴에서 수험표 출력

② 수험표를 출력하기 위해서는 응시자 본인 여부를 명확히 판단할 수 있는 증명사진 등록

③ 수험표는 시험실 및 수험번호 확인을 위해 출력 및 지참하실 것을 권장

입실 및 시험기간

등급	입실 완료 시간	시험시간
1급	13:50	14:00~15:40(100분)

※ 입실시간 이후 온라인시험 접속 불가

👁 응시지역 및 비용

등급	검정응시료	응시지역	응시자격
1급	50,000원	비대면 온라인	제한 없음

① 자격증 발급수수료 : 5,800원(배송료 포함)

　※ 정보이용료별도 : 신용카드/계좌이체 650원, 가상계좌입금 300원

② 연기 및 환불 규정

　– 접수기간~시험 당일 10일 전 : 신청서 제출 시 연기 또는 응시비용 전액 환불

　– 시험일 9일 전~시험 당일 : 신청서 및 규정된 사유의 증빙서류 제출 시 연기 및 응시비용 전액
　　환불

　– 시험일 이후 : 환불 불가

◉ 출제기준

등급	과목	검정항목	검정내용	상세 검정내용
1급	SNS의 이해	SNS의 이해	소셜미디어의 이해	매스미디어와 소셜미디어의 차이점
			소셜미디어의 종류	소셜미디어의 발전 과정 및 역사
			소셜마케팅의 주요 전략	SMM/SMO 등 용어와 종류
			소셜미디어 콘텐츠 유형	비즈니스에 적합한 소셜미디어 유형을 선택
	SNS광고 마케팅	SNS광고 실무	Meta for Business (Facebook for Business)	Meta for Business 마케팅 플랫폼의 이해
				앱 패밀리를 활용한 비즈니스의 시작
				Meta for Business 광고의 목표와 타겟팅
				Meta for Business의 광고형식과 자산 최적화
				성과측정 도구와 광고 보고서
			유튜브	유튜브 광고 입문
				유튜브 광고 시작하기
				유튜브 타겟팅 전략
				유튜브 광고 성과측정
			카카오톡	카카오톡 광고상품의 이해
				카카오광고 시작하기
			네이버 밴드	네이버 밴드 광고상품의 이해
				네이버 밴드 광고상품 시작하기
			기타 SNS매체	기타 SNS매체의 광고상품

응시자 유의사항

SNS ▼

시험준비물

신분증

- 주민등록증
- 운전면허증(국내)
- 여권(유효기간 내)
- 공무원증
- 청소년증
- 장애인등록증(복지카드)
- 한국정보통신진흥협회(KAIT) 국가공인자격증 및 국가기술자격증 등

필요장비

- PC 또는 노트북(온라인 CBT 시험용)
- 스마트폰(비대면 원격 감독용)

주의! 최소 2시간 이상 안정적으로 네트워크가 유지된 상태에서 PC(노트북) 및 스마트폰 이용이 가능

응시장소

- 1인 1실로 응시 가능한 장소(자택, 기숙사, 회사 회의실 등)

주의! 타인의 방해를 받지 않고 시험에 집중할 수 있는 장소(시험응시환경에 타인 인식 가능)

불가! 강의실, 도서관 열람실, PC방, 카페 등 응시에 방해를 받을 수 있거나 타인에게 피해를 줄 수 있는 장소는 응시불가(타인과 대화 시 부정행위 간주)

◉ 부정행위 유형

① 시험진행을 위한 감독위원의 요구에 정당한 사유 없이 응하지 않는 경우

② 문제지 및 답안지, 부정한 휴대물(쪽지 등)을 보거나 보여주는 행위

③ 신분증을 위조 · 변조하거나 대리로 시험에 응시 또는 응시하게 하는 경우

④ 시험 중 수험자 간 대화 또는 신호를 주고받거나, 부정한 휴대물(쪽지 등)을 전달 또는 교환하는 경우

⑤ 시험 중 휴대전화, 무전기, 전자사전 등의 허용되지 않은 전자기기를 조작 및 이용하는 경우

⑥ 시험 간 소란을 발생시키거나 다른 수험자의 시험을 방해하는 경우

⑦ 시험 종료 후 문제 및 답안지 등을 시험장 외부로 유출하는 경우

⑧ 기타 감독위원에 의해 부정행위라고 판단되는 경우

◉ 부정행위 처리

① 현장 적발 : 진행위원 및 감독위원에 의한 적발로, 부정행위 적발 시 즉시 수검행위를 중지시키고, 부정행위자로 하여금 그 사실을 확인하여 부정행위확인서 작성

② 대리응시 적발 : 사전에 공모하여 신분증 위조 · 변조 등의 방법으로 시험에 대리응시하거나 답안지를 교체하는 등의 행위를 뜻하며, 이때 부정행위에 관련된 응시자 모두를 부정행위자로 처리

③ 사후 적발 : 시험 종료 후 같은 시험실 응시자들의 제보, 주위 사람과의 답안 유사도, 과거 본인이 작성한 답안지와의 필체 대조, 과거 응시했던 시험의 수험표 얼굴 비교 등 여러 가지 객관적인 판단을 통해 적발

④ 기타 적발 : 위의 항목 외에 발생된 기타 유형의 부정행위(합격확인서 및 합격증서, 자격증의 위 · 변조 등)

※ 부정행위를 했을 경우 당일 응시한 전 종목은 실격 처리되며, 향후 3년간 협회가 주관하는 모든 시험에 응시할 수 없습니다.

SNS ▼ **응시자 유의사항**

◉ 시험 유의사항

본인 확인 절차

- 본인 확인을 위해 한국정보통신진흥협회(KAIT) 자격검정에서 인정하는 신분증을 반드시 소지하여야 합니다.
- 한국정보통신진흥협회(KAIT) 자격검정에서 규정하는 신분증 인정범위에 해당하지 않는 경우, 신분증으로 인정하지 않습니다.

시험 진행 중 유의사항

- PC화면, 핸드폰의 화면 공유가 끊기는 경우 부정행위로 간주될 수 있습니다.
- 시험은 반드시 모ㄴ 터 1개의 화면으로 진행합니다.
- 인터넷 검색 등 외브 프로그램 사용, 공업용 계산기 등의 사용은 불가합니다.
- 시험 중 자리 비움과 화장실 이용은 불가합니다.
- 감독관의 메시지와 요청사항에는 반드시 응해야하며, 해당 요청사항에 응하지 않을 경우 부정행위로 간주됩니다.

◉ 신분증 규정

① 시험 당일 응시자는 본인 확인을 위해 신분증 인정범위에서 규정하는 신분증 중 1개를 반드시 지참하여야 하며, 신분증을 지참하지 않은 응시자는 시험 종료 시까지 신분증 확인이 되지 않을 경우 해당시험은 무효처리 됩니다.

② 신분 미확인 등에 따른 불이익은 수험자 책임이며, 그에 따른 시험의 연기 또는 응시료 환불이 불가합니다.

③ 신분증의 사진훼손으로 식별이 불가능하거나 스마트폰으로 촬영한 이미지 등의 신분증 사본은 신분증으로 인정되지 않습니다.

🔴 신분증의 인정범위

구분	신분증 인정범위
일반 신분증	주민등록증, 운전면허증, 여권(유효기간 내), 공무원증, 장애인등록증(복지카드), 국가유공자증
자격증	한국정보통신진흥협회 국가공인자격증(디지털정보활용능력, 리눅스마스터, 인터넷정보관리사(3급 제외)), 국가기술자격증
학생	주민등록증 발급신청확인서, 청소년증, 학생증(사진부착 학교장 직인 필), 학교생활기록부(사본), 재학확인서(사진부착 학교장 직인 필)
군인	군장병 신분확인서(사진부착 부대장 직인 필)

🔴 장애인 편의 안내

장애인 응시자 편의제공

장애유형		객관식/단답식 시험	작업식 시험
시각장애	1~6급	1) 시험시간 1.5배 연장 2) 확대문제지 제공 3) 시각장애인의 경우 대독자 대동 가능	1) 시험시간 1.5배 연장 2) 확대문제지 제공
뇌병변 장애	등급 구분 없음		
지체장애	상지장애 1~6급		
청각장애	등급 구분 없음	멀티미디어제작, 디지털영상편집의 경우 시험시간의 1.5배 연장	
기타 의료기관이 인정한 장애		장애정도를 검증하여 결정	

※ 작업형 시험 : 디지털정보활용능력(전 과목), 컴퓨터프로그래머 2급, 모바일앱개발전문가 2급, 리눅스마스터 1급 2차, 디지털영상편집 1급/2급

신청방법

- 시험접수 시 장애여부에서 '해당 있음'을 선택합니다.
- 장애인임을 증명할 수 있는 증빙자료(장애인 복지카드 또는 진단서 등)를 첨부합니다.
- 시험 당일 장애인 복지카드(사본포함) 또는 관련 증명서(진단서 등) 1부를 지참합니다.
- 시험 당일 해당 서류를 제시하지 않을 경우 일반 수험자로 간주하여 수험편의를 제공받을 수 없습니다.

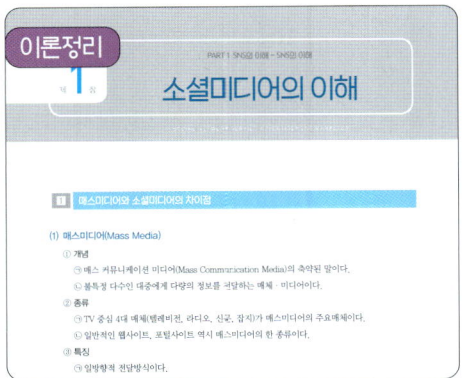

SNS광고마케터 1급 자격시험에 필수적인 기본 이론을 출제기준에 맞추어 PART별로 정리하였고, 핵심 이론을 보다 보기 편하게 정리하였습니다.

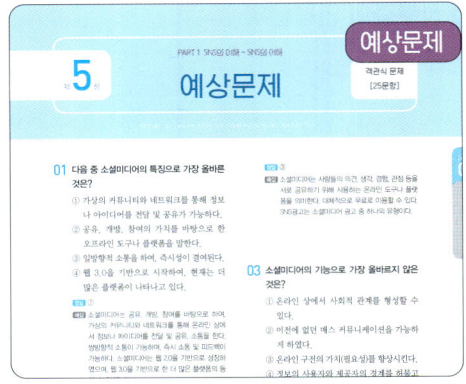

각 PART의 이론을 보다 깊이 이해할 수 있도록 샘플문제, 기출문제의 유형을 분석하여 이론과 관련된 문제들을 예상문제로 수록하였습니다.

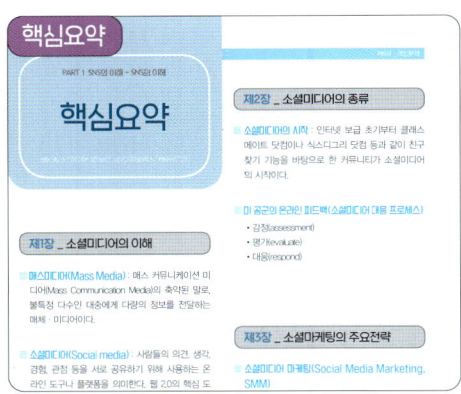

각 PART의 핵심이 되는 부분을 요약하여 중요한 부분을 한 번 더 체크할 수 있도록 하였습니다.

실무에서 사용되는 화면을 캡쳐하여, 더욱 현장감나는 학습이 될 수 있도록 하였습니다.

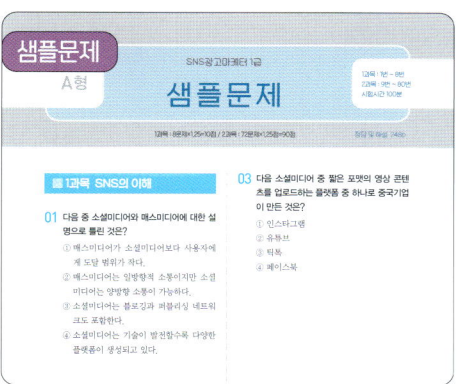

한국정보통신진흥협회에서 공개한 샘플문제를 수록하여 자격시험에 대비할 수 있도록 하였습니다.

샘플문제에 대한 해설로서 빠른 정답찾기로 빠르게 채점할 수 있고, 각 문제의 해설을 상세하게 풀어내어 문제 개념을 이해하기 쉽도록 하였습니다.

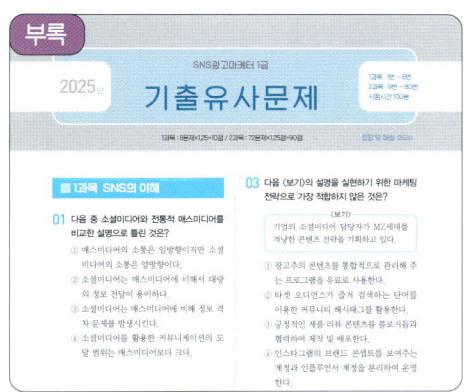

2025년 최신 기출유사문제를 수록하여 수험생이 실제 시험과 똑같은 문제유형에 대비할 수 있도록 하였습니다.

최신 기출유사문제에 대한 해설을 수록하여 문제유형에 대한 개념을 빠르게 이해하도록 하였습니다.

SNS ▼ **목 차**

Study Plan

SNS ▼

	과목	학습예상일	학습일	학습시간
SNS의 이해 – SNS의 이해	소셜미디어의 이해			
	소셜미디어의 종류			
	소셜마케팅의 주요전략			
	소셜미디어 콘텐츠 유형			
SNS광고 마케팅 – SNS광고 실무	Meta for Business			
	유튜브			
	네이버 밴드			
	기타 SNS매체			
샘플 및 최신 기출유사문제	A형 SNS광고마케터 1급 샘플문제			
	B형 SNS광고마케터 1급 샘플문제			
	2025 SNS광고마케터 1급 기출유사문제			

Special Information Service Company
SISCOM

Social Network Service advertisement Marketer

PART **1**

SNS의 이해_
SNS의 이해

Social Network Service advertisement Marketer

제 1 장

소셜미디어의 이해

1 매스미디어와 소셜미디어의 차이점

(1) 매스미디어(Mass Media)

① 개념
- ㉠ 매스 커뮤니케이션 미디어(Mass Communication Media)의 축약된 말이다.
- ㉡ 불특정 다수인 대중에게 다량의 정보를 전달하는 매체 · 미디어이다.

② 종류
- ㉠ TV 중심 4대 매체(텔레비전, 라디오, 신문, 잡지)가 매스미디어의 주요매체이다.
- ㉡ 일반적인 웹사이트, 포털사이트 역시 매스미디어의 한 종류이다.

③ 특징
- ㉠ 일방향적 전달방식이다.
- ㉡ 즉시성이 결여되어 있다.

(2) 소셜미디어(Social media)

① 개념
- ㉠ 사람들의 의견, 생각, 경험, 관점 등을 서로 공유하기 위해 사용하는 온라인 도구나 플랫폼을 의미한다.
- ㉡ 웹 2.0의 핵심 도구로 부상하고 있으며, 공유 · 개방 · 참여의 철학을 바탕으로 급격히 성장해 나가고 있다.

② 종류
- ㉠ 블로그(Blog), 메시지 보드(Message Board), 팟캐스트(Pod-cast), 위키스(Wikis), 비디오 블로그(Vlog) 등이 존재한다.
- ㉡ 소셜 네트워크(Social Network)와 같이 온라인 상에서 커뮤니케이션과 참여가 가능한 모든 도구가 소셜미디어의 종류이다.

③ 특징

참여 (Participation)	소셜미디어는 관심 있는 모든 사람들의 기여와 피드백을 촉진하며 미디어와 오디언스의 개념을 불명확하게 한다.
공개(Openness)	대부분의 소셜미디어는 피드백과 참여가 공개되어 있으며 투표, 피드백, 코멘트, 정보 공유를 촉진함으로써 콘텐츠 접근과 사용에 대한 장벽이 거의 없다.
대화 (Conversation)	전통적인 미디어가 'Broadcast'이고 콘텐츠가 일방적으로 오디언스에게 유통되는 반면 소셜미디어는 쌍방향성을 띤다.
커뮤니티 (Community)	소셜미디어는 빠르게 커뮤니티를 구성케 하고 커뮤니티로 하여금 공통의 관심사에 대해 이야기하게 한다.
연결 (Connectedness)	대부분의 소셜미디어는 다양한 미디어의 조합이나 링크를 통한 연결 상에서 번성한다.

🔍 참고   소셜미디어의 기능에 따른 활용

기능	활용	미디어
관여(Involve)	소셜 웹과 살고, 이해하는 것으로서 가짜가 없으며, 창조 이상의 참여가 있어야 한다.	Youtube, Blog, Facebook, Second life
창조(Creat)	공동 이익의 커뮤니티를 위한 관련성 있는 콘텐츠를 창조하고, 콘텐츠가 중요하다.	YouTube, Flickr, Wikipedia, Slideshare, Instagram
토론(Discuss)	대화와 상호작용(rexiprocity)이 핵심이며, 대화가 없는 콘텐츠는 존재하지 않는다.	Digg
촉진(Promote)	능동적으로 콘텐츠를 네트워크로 촉진하며, 신뢰(credibility)와 가치(value)가 생명이다. 긴 대화 불필요하다.	Widgets, USTREAM, Myspace, Twitter
측정(Measure)	모니터하고 개발하고 반응한다.	Technorati(2009 폐쇄), Blogpulse(2012 폐쇄), Trends, TwittReach

※ 출처 : Hayes and Papworth(2008).

(3) 매스미디어와 소셜미디어의 차이점

① 방향성

　㉠ 매스미디어는 고객에게 Push(강요)하는 일방향적 미디어로, 대량의 정보가 대중들에게 도달(Reach)하기 용이하다.

　㉡ 소셜미디어는 고객을 Pull(유인)하는 양방향적 미디어로, 콘텐츠와 플랫폼이 발달하여 공유(Share)가 용이하다.

② 참여도

　㉠ 매스미디어는 대량의 일원화된 메시지를 전달하고, 전달한 메시지에 공유와 참여가 불가능하

part
01

SNS의 이해 – SNS의 이해

21

다. 실시간 반영이 어렵다(즉시성 결여).

 ⓒ 소셜미디어는 고객의 맞춤 메시지를 전달하고, 전달된 메시지에 공유와 참여가 가능하다. 실시간으로 고객과 소통하여 피드백이 가능하다(즉시성 보유).

③ **자발성**

 ㉠ 매스미디어는 개인과 관련성을 바탕으로 기업이 주도하는 메시지를 전달하여, 자발성이 떨어진다.

 ⓒ 소셜미디어는 공유 · 개방 · 참여를 바탕으로 누구나 정보의 생산자가 될 수 있어, 자발성이 높다.

참고 **매스미디어와 소셜미디어의 융합 형태**

- 커넥트 : SNS 내에 구축된 정보 등을 외부 웹사이트에서도 손쉽게 이용할 수 있도록 한 기술이나 서비스를 총칭한다.
- 오픈 그래프 : 소셜네트워크 서비스와 연동하여 제휴한 웹사이트에서 개인화된 서비스까지 제공할 수 있도록 지원한다.

제**2**장

소셜미디어의 종류

SOCIAL NETWORK SERVICE ADVERTISEMENT MARKETER

1 소셜미디어의 발전 과정 및 역사

(1) 소셜미디어의 발전

① 개념

　㉠ 1997년 티나 샤키가 커뮤니티와 같이 사람들의 관계를 엮어주는 서비스를 총칭하는 말로써, 소셜미디어라는 말을 처음 사용하였다.

　㉡ 2004년 크리스 시플리가 'The Blog On Conference' 학회에서 웹 2.0의 특징을 반영한 '새로운 형태의 참여미디어'를 발표하면서 소셜미디어를 개념화하였다.

② 형태

　㉠ 인터넷 보급 초기부터 클래스메이트 닷컴이나 식스디그리 닷컴 등과 같이 친구찾기 기능을 바탕으로 한 커뮤니티가 소셜미디어의 시작이다.

　㉡ 1990년대 친구찾기를 바탕으로 한 소셜미디어의 형태는 블로그, SNS, 위키, UGC 등의 여러 형태로 발전하였다.

　㉢ 기술의 발달로 다양한 형태의 플랫폼이 생성되고 있다.

③ 발전배경

첨단정보통신과 멀티미디어 기술의 발전 및 융합	인터넷의 대중화, 디지털 카메라 및 MP3의 보급 등으로 오디오, 비디오 등을 활용한 사이버상의 대인 커뮤니케이션이 발전함에 따라 사용자들이 콘텐츠를 소비하는 동시에 생산도 하는 Prosumer(프로슈머)의 활동이 가속화되었다.
사회의 분화와 재통합에 따른 커뮤니티 문화의 진화	개인화와 네트워크화로 대표되는 사회의 분화와 재통합이 나타남에 따라 퍼스널 미디어의 등장이 소셜 네트워킹 서비스의 등장으로 이어지고 이는 곧 퍼스널과 소셜의 융합을 촉진하게 된 것이다.
웹 기반 기술의 발달로 다양한 정보 공유와 네트워킹 기능이 확대	웹 2.0 기반의 가장 대표적인 웹 기술로는 매쉬업(Mash-up), REST, FOX, XML 등이 있으며 또한 웹 애플리케이션들이 새롭게 각광받고 있는 상호 작용 웹 애플리케이션 구성 스타일인, AJAX(Asynchronous Javascript And XML)의 사용이 두드러지고 있다.

사람들의 친화욕구와 자기 표현욕구가 증대	개인주의화와 더불어 편리한 인터넷 매체의 발달로 누구나 손쉽게 커뮤니케이션하고 표현할 수 있는 욕구가 증대하고 이러한 트렌드의 이면에는 멀티미디어 양방향성 소통으로 인한 참여와 숙의라는 사회적 합의 체계를 가지고 있다.

참고 프로슈머(Prosumer)

- 1980년 엘빈 토플러가 《제3의 물결》에서 처음 사용한 용어로 생산자적 기능을 수행하는 소비자를 말한다.
- 소비자들이 자신들의 욕구를 충족시킬 수 있는 상품의 개발을 직접 요구하고 때로는 유통에도 직접 관여하는 소비자를 말한다.
- Producer와 Consumer의 합성어이다.

(2) 소셜미디어의 역사

① 웹 1.0(Web 1.0)

ㄱ 1990년대에서 2000년대 초반까지의 월드 와이드 웹(WWW) 상태를 말하며, 주로 검색의 기능을 하였다.

ㄴ 국외에서는 식스디그리(SixDegrees), 메이크아웃클럽(Makeoutclub), 마이스페이스(MySpace) 등의 서비스가 시작되었으며, 국내에서는 아이러브스쿨과 같은 친구찾기 서비스가 시작되었다.

② 웹 2.0(Web 2.0)

ㄱ 개방, 참여, 공유를 기반으로 한 웹상에서의 소통을 말하며, 현재의 SNS 환경을 설명하기에 적합하다.

ㄴ 국외에서는 페이스북(Facebook), 인스타그램(Instagram), 왓츠앱(WhatsApp), 유튜브(Youtube), 틱톡(TikTok) 등의 서비스가 시작되었고, 국내에서는 카카오톡(Kakao Talk), 밴드(Band) 등의 서비스가 시작되었다.

③ 웹 3.0(Web 3.0)

ㄱ 개인화, 지능화된 맞춤형 웹으로 진화하여 개인이 중심에서 모든 것을 판단하고 추론하는 것을 말한다.

ㄴ '의미론적인 웹'이라는 뜻의 시맨틱 웹 기술을 이용한다.

참고 미 공군의 온라인 피드백(소셜미디어 대응 프로세스)

- 감정(assessment) : 블로그 등 소셜미디어 공간에서 미 공군에 대한 글을 발견하면 그것이 긍정인지 부정인지를 먼저 판단한다.
- 평가(evaluate) : 긍정적인 글에는 대응을 하지 않거나 공군과 관련된 스토리를 추가로 공유한다. 부정적인 글은 4가지 유형(낚시질, 분노, 정보 오류, 고객 불만)으로 분류한다.
- 대응(respond) : 감정 및 평가를 통해 나온 판단을 근거로 대응 방향을 결정한다. 대응 방안은 투명한 사실공개, 정보원 공개, 수 시간 내 대응, 미 공군의 입장을 반영한 대응, 주요 영향력 블로거를 통한 대응 중 가장 효과적인 것을 취한다.

제3장 소셜마케팅의 주요전략

1 SMM/SMO 등 용어와 종류

(1) 소셜미디어 용어

① 소셜미디어 마케팅(Social Media Marketing, SMM)

㉠ 소셜미디어의 플랫폼과 웹사이트를 이용하여 제품과 서비스를 마케팅하는 모든 행위를 의미한다.

㉡ 소셜 미디어에서 콘텐츠를 만들어 공유하는 것부터, 텍스트, 이미지, 동영상 등을 통하여 소비자들이 참여할 수 있도록 하는 활동, 유료광고(Sponsored) 등이 SMM의 유형이다.

② 소셜미디어 최적화(Social Media Optimization, SMO)

㉠ 로힛 바르가바(Rohit Bhargava)가 처음 사용한 말로, 자신의 소셜미디어를 널리 알리기 위한 작업 및 행위를 의미한다.

㉡ 소셜미디어 최적화는 검색엔진 최적화에도 관련이 있어 일종의 검색엔진 마케팅이라 할 수 있으며, RSS 피드 추가, 콘텐츠 공유 버튼 등이 SMO의 유형이다.

> 🔍 **참고** · SMM과 SMO의 핵심요소
>
> | SMM(인베스토피아) | SMO(로힛 바르가바) |
> | --- | --- |
> | • 전략(Strategy)
• 계획 및 발행(Planning&Publishing)
• 경청 및 참여(Listenning&Engagement)
• 분석 및 보고(Analytics&Reporting)
• 광고(Advertising) | • 링크 가능성(Linkability)을 높여라.
• 태깅과 북마킹을 쉽게하라.
• 사용자의 페이지로 들어오는 링크에게 보상을 하라.
• 사용자의 콘텐츠가 돌아다니게 하라.
• 매시업을 유도하라. |

(2) 마케팅 용어

① 용어 정리

용어	의미
KPI (Key Performance Indicaters)	수치로 표현 가능한 광고의 목표, 핵심성과지표
도달(Reach)	광고가 이용자에게 알려지는 수
도달률	광고가 최소한 한번 또는 그 이상 노출된 이용자의 비율
노출(Impression)	광고가 노출된 횟수
빈도(Frequency)	1명이 광고를 본 횟수
전환(ConVersion)	소비자가 구매를 하는 행위
반송	사이트에 방문한 후에 페이지 이동 없이 바로 이탈한 경우
반송률(이탈률)	방문자 수 대비 반송 수의 비율
랜딩페이지(Lancing Page)	링크 클릭시 연결되는 페이지
리타깃팅(Retargeting)	광고를 시청한 적이 있거나, 관련 상품을 조회한 적이 있는 소비자에게 광고 또는 상품을 다시 보여주는 광고
체류시간(DT, Duration Time)	방문자가 사이트에 들어와서 체류한 시간
PV(Page View)	방문자가 둘러본 페이지 수
UV(Unique Visitors)	방문자 중 중복 방문을 제외한 순방문자수
CTA(Call To Action)	소비자의 클릭, 전환 등의 반응을 유도하는 행동
LTV(LifeTime Value)	고객 생애 가치, 1명의 소비자가 서비스 이용을 끝날 때까지 발생 시킬 수 있는 가치
오가닉 유저(Organic User)	광고 없이 자연적으로 유입된 사용자
옵트 인(Opt-In)	사용자가 자신의 데이터 수집을 허용하는 것으로, 메일이나 광고의 수신하는 것
옵트 아웃(Opt-Out)	사용자가 자신의 데이터 수집을 허용하지 않는다고 할 경우, 데이터 수집을 할 수 없는 것으로, 메일이나 광고의 수신거부를 하는 것
어뷰징(Abusing)	조작 또는 부정한 방법을 통하여 트래픽을 발생시키는 행위
인벤토리(Inventory)	매체에서 광고를 집행할 수 있는 영역

② 성과지표

용어	의미
CTR(Click Though Rate)	링크 클릭률
CVR(ConVersion Rate)	전환율, 클릭수 대비 전환수
CPC(Cost Per Click)	링크 클릭당 비용
CPA(Cost Per Action)	전환당 비용
CPS(Cost Per Sale)	구매당 비용
CPM(Cost Per Mille)	1,000회 노출당 비용
CPV(Cost Per View)	광고 시청당 비용(주로 동영상서비스 플랫폼)
ROAS(Return On Ad Spend)	광고비 대비 수익률
ROI(Return On Investment)	투자 대비 이익률

③ 마케팅

용어	의미
페르소나 마케팅	제품 또는 서비스를 사용할 핵심 고객을 이해하기 위해 가상의 고객을 정의하는 마케팅이다.
넛지 마케팅	넛지는 팔꿈치로 살짝 찌른다는 뜻으로, 기존 방식처럼 상품의 특성을 강조하여 소비자가 상품을 구매하도록 하는 것이 아니라 소비자가 선택을 유연하고 부드럽게 하도록 하는 마케팅이다.
니치 마케팅	틈새시장을 뜻하는 말로, 시장의 빈틈을 노려 시장을 구성하는 마케팅을 말한다.
밈 마케팅	밈(Meme)은 디지털 문화놀이, 디지털 유행코드를 뜻으로, 인터넷 밈을 활용한 마케팅이다.
태그니티 마케팅	해시태그의 태그와 커뮤니티의 합성어로 해시태그를 통한 마케팅이다.
도른자 마케팅	돌은 자의 연음을 표기한 것으로, 재미와 소비를 추구하는 펀슈머(Funsumer)를 타깃으로 한 마케팅이다.

> **참고** 마케팅 용어
> • RTB : Real Time Bidding의 약자로, 실시간 광고 입찰 시스템을 말한다. 광고 인벤토리 구매시, 가장 높은 입찰가를 제시한 광고주가 광고를 게재할 수 있는 시스템이다.
> • 딥링크 : URL을 클릭하였을 때, 앱 설치 없이도 광고주가 원하는 특정페이지로 연결될 수 있게 해주는 링크이다.

part
01

SNS의 이해 – SNS의 이해

(3) 소셜마케팅의 전략

① 마케팅 전략 과정

> 비즈니스 목표설정 → 환경조사(타겟 및 경쟁사, 과거 이력 조사) → 성과 목표 설정 → 소셜미디어 선택 → 차별화된 콘텐츠 제작 → 피드백 및 성과 분석

② 성과 목표 설정

㉠ 구체적이고 명확해야 하며, 측정 가능한 것이어야 한다.

㉡ 행동 지향적이며, 달성 가능한 기간을 명시하는 것이 좋다.

> 🔍 **참고** 전략적 마케팅
>
> 마케팅 계획을 설정하고 분석 툴을 활용하여 현재 운영하고 있는 마케팅 채널 간의 실제 ROI를 측정하고, 비즈니스 목표를 얼마나 달성했는지 데이터를 분석함으로써 앞으로의 마케팅 계획에 대한 의사결정을 내리는데 도움을 얻을 수 있다. 또한 마케터들은 마케팅 분석을 통해 다량의 정보를 수집하여 믹스 마케팅 채널에서 특정 채널의 결점을 진단하고 전략을 수정하여 전반적인 마케팅 활동의 성과를 향상시킬 수 있다.

(4) 디지털 마케팅 전략

① STP전략

㉠ 시장세분화 전략(Market Segmentation)은 기업의 마케팅 전략 구축을 위한 중요한 행위로써 전체 소비자를 선호, 취향 등의 유사성에 따라 몇 개의 소비자 집단으로 분류하는 것이다.

㉡ 목표시장 설정 전략(Market Targeting)은 세분시장이 확인되고 나면, 기업은 얼마나 많은 그리고 어떤 세분시장을 표적으로 할 것인지를 결정해야 한다. 무차별적 마케팅 전략, 차별적 마케팅 전략, 집중적 마케팅 전략으로 구분할 수 있다.

㉢ 포지셔닝 전략(Market Positioning)은 자사 제품의 큰 경쟁우위를 찾아내어 이를 선정된 목표시장의 소비자들의 마음속에 자사의 상품을 자리 잡게 하는 것을 의미한다.

② 마케팅 요소

4C	4P	4E
• Customer value(고객 가치) • Convenience(편리성) • Communication(의사소통) • Cost to Consumer(비용)	• Promotion(촉진) • Place(장소) • Price(가격) • Product(상품)	• Experience(경험) • Engagement(참여) • Evangelist(전도) • Enthusiasm(열정)

(5) 마케팅 퍼널

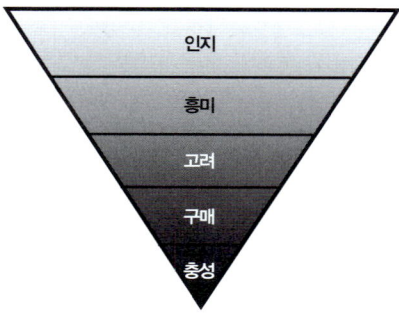

🔍 **참고**   마케팅 퍼널(Marketing Funnel)

퍼널은 깔때기란 뜻으로, 마케팅 퍼널을 마케팅 깔때기라고도 한다. 고객이 특정 브랜드나 상품을 구매하는 단계가 존재하며, 구매에 가까워질수록 고객의 수가 깔때기처럼 줄어들어 마케팅 퍼널이라 부른다. 고객이 특정 브랜드나 상품을 구매하는 단계는 인지, 고려, 호감, 구매, 충성 등의 단계이다.

제**4**장

소셜미디어 콘텐츠 유형

SOCIAL NETWORK SERVICE ADVERTISEMENT MARKETER

---

1 **비즈니스에 적합한 소셜미디어 유형을 선택**

(1) 소셜미디어 유형

① 블로그(Blog)

　ⓐ 웹(weB)과 일기(LOG)의 합성어로, 자신의 관심사에 따라 글을 자유롭게 올리는 웹사이트를 말한다.

　ⓑ 글을 바탕으로 한 정보전달을 주 목적으로 하는 추세이며, 네이버 블로그, 티스토리 블로그 등이 존재한다.

> **참고** 브이로그(Vlog)
>
> 동영상(Video)과 기록(LOG)의 합성어로, 유튜브 등의 동영상 플랫폼에서 유행했던 영상 콘텐츠 형태이다. 영국 BBC 방송 비디오네이션이라는 시리즈물에서 시초가 되었다.

② 소셜 네트워크 서비스(SNS)

　ⓐ 소셜미디어를 통하여 이용자들 간의 정보를 공유, 소통하는 온라인 서비스나 플랫폼을 말한다.

　ⓑ 대표적인 소셜 네트워크 서비스

종류	설명
페이스북 (Facebook)	전 세계에서 가장 많은 사용자를 보유한 소셜 네트워크 서비스로, 인적 네트워크 기반의 서비스이다. 2021년 사명을 Meta로 변경하였다.
인스타그램 (Instagram)	인스턴트 카메라와 텔레그램의 합성어로, 사진 및 비디오를 공유하는 서비스이다. 해시태그(hashtag)와 스토리 등 다양한 기능을 제공한다.
트위터 (Twitter)	140자 이내의 제한된 글을 공유할 수 있지만, 빠른 소통과 신속한 정보 유통이 큰 특징이다.
틱톡(Tik Tok)	짧은 포맷의 영상 콘텐츠를 업로드하는 플랫폼으로, 음악과 결합된 챌린지에 많이 활용된다.
링크드인 (Linkedin)	기업과 직장인들을 중심으로 구인구직의 정보를 공유하는 비즈니스 서비스이다.

> **참고** 마이크로 블로깅
>
> 인터넷에 블로거가 올린 한 두 문장 정도 분량의 정보 또는 간단한 콘텐츠를 배포하는 형태의 소셜 네트워크 서비스로, 트위터 (twitter)가 대표적인 사례이다.

③ 콘텐츠 커뮤니티

   ㉠ 사진, 동영상 등의 콘텐츠를 만들고 공유하는 플랫폼이다.

   ㉡ 대표적인 동영상 콘텐츠 플랫폼으로는 유튜브(YouTube), 아프리카 TV(Afreeca TV) 등이 존재한다.

> **참고** 유튜브
>
> 구글이 인수하여 운영하는 동영상 공유 서비스로, 당신(You)과 브라운관 텔레비전(Tube)의 합성어이다. 사용자끼리 동영상을 업로드하여 서로 시청하며 공유할 수 있다.

④ 메신저 서비스

   ㉠ 인터넷을 통하여 메시지나 데이터를 주고받는 형태의 서비스로, 채팅, 통화, 파일전달이 가능하다.

   ㉡ 대표적인 예로 페이스북 메신저(Facebook Messenger), 왓츠앱(WhatsApp), 카카오톡(Kakao Talk), 라인(Line) 등이 존재한다.

> **참고** 소셜미디어와 소셜네트워크 서비스
>
> 소셜미디어와 소셜네트워크 서비스의 의미나 종류를 정확히 구분하는 것은 불가능하다. 두 의미는 같은 의미로 사용될 때가 많으며, 소셜미디어를 소셜네트워크서비스로 보는 견해가 많이 존재한다.

(2) 소셜미디어 콘텐츠 유형

① 인포그래픽

   ㉠ 인포메이션 그래픽(Information Graphics)의 줄임말로, 그래픽을 기반으로 한 시각적 콘텐츠를 통하여 정보를 전달하는 형식을 말한다.

   ㉡ 비주얼, 내용, 지식을 기본으로 하며, 흥미 유발, 빠른 정보 전달 및 습득 등의 특징을 가진다.

② 참여형 콘텐츠

   ㉠ 이용자들의 참여를 유도하는 콘텐츠로, 사람들의 흥미와 호기심을 자극한다.

   ㉡ 대표적인 예로 MBTI 검사, 성격 테스트 등이 존재한다.

③ 목록형 콘텐츠

   ㉠ 이용자들의 이해를 돕거나 가독성을 높이기 위하여 정보를 목록을 지어 정리한 콘텐츠를 말한다.

   ㉡ 숫자로 구분지어 사용하는 경우가 많다.

④ 동영상

   ㉠ 이용자들의 주목도나 관심도, 선호도가 상승하는 콘텐츠로 동영상을 이용한다.

ⓒ 이미지나 텍스트에 비하여 주목도가 높아, 마케팅에 있어 중요한 역할을 한다.

⑤ **카드뉴스**

㉠ 이미지와 텍스트가 결합한 콘텐츠로 한 번에 여러 장의 카드뉴스를 업로드할 수 있다.

ⓒ 단순 이미지보다는 정보가 있고, 단순 텍스트보다는 이해도가 높다는 장점이 있다.

참고 브랜디드 콘텐츠

다양한 문화적 요소와 브랜드 광고를 결합한 콘텐츠로, 제품, 회사명, 브랜드를 직접 노출하지 않지만 이를 문화 콘텐츠 속에 녹여 강력한 광고 효과를 내고 소비자의 공감과 흥미를 통해 자발적인 공유에 이르는 것이 목표이다. 소비자의 콘텐츠 선택이 유튜브나 페이스북 등 SNS를 통한 입소문에 좌우되면서 직접적인 광고보다는 문화적으로 소비할 수 있는 브랜디드 콘텐츠를 매개로 한 접근이 더욱 큰 광고 효과를 보고 있다.

제 **5** 장

예상문제

SOCIAL NETWORK SERVICE ADVERTISEMENT MARKETER

01 다음 중 소셜미디어의 특징으로 가장 올바른 것은?

① 가상의 커뮤니티와 네트워크를 통해 정보나 아이디어를 전달 및 공유가 가능하다.

② 공유, 개방, 참여의 가치를 바탕으로 한 오프라인 도구나 플랫폼을 말한다.

③ 일방향적 소통을 하여, 즉시성이 결여된다.

④ 웹 3.0을 기반으로 시작하여, 현재는 더 많은 플랫폼이 나타나고 있다.

정답 ①

해설 소셜미디어는 공유, 개방, 참여를 바탕으로 하여, 가상의 커뮤니티와 네트워크를 통해 온라인 상에서 정보나 아이디어를 전달 및 공유, 소통을 한다. 쌍방향적 소통이 가능하며, 즉시 소통 및 피드백이 가능하다. 소셜미디어는 웹 2.0을 기반으로 성장하였으며, 웹 3.0을 기반으로 한 더 많은 플랫폼의 등장이 예상된다.

02 소셜미디어에 대한 설명으로 가장 올바르지 않은 것은?

① 관심 있는 모든 사람들의 기여와 피드백을 촉진하며 미디어와 오디언스의 개념을 불명확하게 한다.

② 블로깅할 수 있는 블로그나, 방송을 할 수 있는 팟캐스트 역시 소셜미디어의 종류이다.

③ 소셜미디어는 SNS를 통한 광고를 의미하며, 기본적으로 유료이다.

④ 소셜미디어를 통하여 사용자들에게 보편적으로 도달하기 용이해지고 있다.

정답 ③

해설 소셜미디어는 사람들의 의견, 생각, 경험, 관점 등을 서로 공유하기 위해 사용하는 온라인 도구나 플랫폼을 의미한다. 대체적으로 무료로 이용할 수 있다. SNS광고는 소셜미디어 광고 중 하나의 유형이다.

03 소셜미디어의 기능으로 가장 올바르지 않은 것은?

① 온라인 상에서 사회적 관계를 형성할 수 있다.

② 이전에 없던 매스 커뮤니케이션을 가능하게 하였다.

③ 온라인 구전의 가치(필요성)를 향상시킨다.

④ 정보의 사용자와 제공자의 경계를 허물고 있다.

정답 ②

해설 매스미디어는 매스 커뮤니케이션의 약자로, 방대한 양의 정보를 일방향적으로 전달하는 미디어이다. 소셜미디어는 온라인 상에서 사회적 관계를 형성하여, 정보를 공유하고, 전달한다. 이를 통해 온라인 구전 효과가 증대되어, 온라인 구전의 가치와 필요성이 커진다. 많은 사람들의 소셜미디어 사용 및 이용으로 인하여 점점 자신만의 공간과 플랫폼의 경계가 줄어들어, 사용자와 제공자의 경계가 점차 줄어들고 있다.

04 다음 중 소셜미디어와 매스미디어에 대한 설명으로 가장 올바른 것은?

① 매스미디어는 다량의 메시지를 전달할 수 있으나, 소셜미디어는 대량의 메시지를 전달할 수 없다.
② 매스미디어는 수정 및 편집이 불가능하지만, 소셜미디어는 정보의 수정 및 편집이 가능하다.
③ 매스미디어는 대부분 전문가들에 의하여 정보가 생성되나, 소셜미디어는 모두가 정보를 생산할 수 있다.
④ 매스미디어는 기업 및 정부가 주된 운영을 하지만, 소셜미디어는 기업과 정부가 이용하지 않는다.

정답 ③

해설 매스미디어는 불특정 다수에게 대량의 정보를 일방향적으로 전달하기에 용이한 미디어이다. 기업 및 정부를 중심으로 하여 운영되며, 전문가나 저널리스트들에 의하여 정보가 생성된다. 생성된 정보가 배포되면 수정 및 편집이 어렵지만 불가능하지는 않다.

05 다음 중 소셜미디어와 매스미디어의 차이점을 설명하기에 적합하지 않은 특성은?

① 정보의 확실성
② 정보의 방향성
③ 정보 생성의 자발성
④ 정보 전달의 참여도

정답 ①

해설 소셜미디어와 매스미디어의 차이점은 정보의 전달이 일방향적이냐, 쌍방향적이냐를 말할 수 있다. 소셜미디어는 쌍방향적인 것에 반해, 매스미디어는 일방향적 전달을 한다. 소셜미디어는 매스미디어와 달리, 직접적으로 정보를 생산하기도 하며 정보 생성 및 전달에 참여한다.

06 매스미디어와 소셜미디어가 융합된 형태로, SNS 내에 구축된 정보 등을 외부 웹사이트에서도 손쉽게 이용할 수 있도록 한 기술이나 서비스를 의미하는 용어는?

① 퓨전
② 믹스
③ 콜라보
④ 커넥트

정답 ④

해설 커넥트는 매스미디어와 소셜미디어가 융합된 형태로, SNS 내에 구축된 정보 등을 외부 웹사이트에서도 손쉽게 이용할 수 있도록 한 기술이나 서비스를 총칭한다. 매스미디어와 소셜미디어가 융합된 또 다른 형태를 오픈 그래프가 있다.

07 소셜미디어의 역사 및 발전에 대한 설명으로 가장 올바른 것은?

① 최초의 소셜미디어는 페이스북이다.
② 콘텐츠 공유를 바탕으로 한 웹사이트가 소셜미디어의 시작이다.
③ 국내 최초의 소셜미디어는 네이트온이라는 견해가 많다.
④ 기술의 발전으로 웹 3.0을 기반으로 한 탈중앙화 플랫폼으로 발전할 가능성이 있다.

정답 ④

해설 소셜미디어는 친구찾기 기능을 바탕으로 한 클래스메이트닷컴이나 식스디그리닷컴을 시작이라 할 수 있다. 국내에서는 친구찾기 기능을 바탕으로 한 아이러브스쿨이 시작되었다. 소셜미디어는 기술의 발전으로 웹 2.0을 넘어 웹 3.0을 기반으로 한 탈중앙화 플랫폼으로 발전할 가능성이 있다.

08 국내에서 제공된 서비스로, 2000년대 중반 대중적으로 유행하였으며 사회적 관계 및 인맥 형성을 할 수 있을 뿐 아니라 '미니홈피'라는 자신만의 공간을 형성하고, '도토리'를 통하여 꾸밀 수 있도록 제공한 서비스는?

① 버디버디
② 네이트온
③ 싸이월드
④ 아이러브스쿨

정답 ③

해설 싸이월드는 2000년대 중반 국내에서 대중적으로 유행하였던 서비스이다. '일촌 맺기'라는 기능을 통하여 사회적 관계 및 인맥 형성을 할 수 있도록 하였다. 자신만의 공간인 '미니홈피'를 제공할 뿐 아니라, 유료 결제 서비스를 통하여 '도토리'를 구매하여, 자신만의 공간을 꾸밀 수 있게 하였다.

09 다음 중 기업에서 소셜미디어 도입과 관련해서 부정적 피드백(댓글)의 폐해가 걱정될 시 생각할 수 있는 '소셜미디어 대응 프로세스'가 아닌 것은?

① 감정(assessment)
② 평가(evaluate)
③ 제한(restrict)
④ 대응(respond)

정답 ③

해설 소셜미디어 대응 프로세스는 기업에서 소셜미디어 도입과 관련해서 부정적 피드백(댓글)의 폐해가 걱정될 시 생각할 수 있는 온라인 피드백이다. 프로세스는 감정(assessment), 평가(evaluate), 대응(respond)이다. 감정은 블로그 등 소셜미디어 공간에서 미 공군에 대한 글을 발견하면 그것이 긍정인지 부정인지를 먼저 판단한다. 평가는 긍정적인 글에는 대응을 하지 않거나 공군과 관련된 스토리를 추가로 공유한다. 부정적인 글은 4가지 유형(낚시질, 분노, 정보 오류, 고객 불만)으로 분류한다. 대응은 감정 및 평가를 통해 나온 판단을 근거로 대응 방향을 결정한다. 대응 방안은 투명한 사실공개, 정보원 공개, 수시간 내 대응, 미 공군의 입장을 반영한 대응, 주요 영향력 블로거를 통한 대응 중 가장 효과적인 것을 취한다.

10 소셜미디어 대응 프로세스 중 블로그와 같은 소셜미디어 공간에서 글을 발견하여 그것이 긍정인지 부정인지를 먼저 판단하는 단계는?

① 감정(assessment)
② 평가(evaluate)
③ 제한(restrict)
④ 대응(respond)

정답 ①

해설 소셜미디어 대응 프로세스 중 감정(assessment)은 블로그 등 소셜미디어 공간에서 글을 발견하여 그것이 긍정인지 부정인지를 먼저 판단하는 단계이다.

11 소셜미디어 마케팅(SMM)에 대한 설명으로 가장 적절한 것은?

① 회사의 제품과 서비스를 마케팅하는 것은 상업적이므로 제외한다.
② 단순히 소셜미디어에서 콘텐츠를 만들어 공유하는 것은 소셜미디어 마케팅이라 할 수 없다.
③ 텍스트, 이미지, 동영상 등을 통하여 소비자들이 참여할 수 있도록 하는 활동, 유료광고 등을 말한다.
④ 소셜미디어 플랫폼과 콘텐츠 유형을 선택한 뒤 목표를 정하여야 한다.

정답 ③

해설 소셜미디어 마케팅(Social Media Marketing, SMM)은 소셜미디어를 통하여 회사의 제품이나 서비스를 마케팅하는 것을 의미한다. 소셜미디어에서 콘텐츠를 만들어 공유하는 것부터, 텍스트, 이미지, 동영상 등을 통하여 소비자들이 참여할 수 있도록 하는 활동, 유료광고(Sponsored) 등이 소셜미디어 마케팅의 유형이다. 소셜미디어 마케팅의 목표를 설정한 후 목표에 맞는 적절한 플랫폼과 콘텐츠 유형을 선택하는 것이 효율적이다.

12 소셜미디어 마케팅의 목표로 설정하기 가장 적절한 것은?

① 인스타그램 팔로워수 전년대비 증가
② 동일 예산으로 전 분기대비 ROAS 30% 증가
③ 저예산으로 많은 고객들에게 도달
④ 청소년을 위한 제품 개발과 광고

정답 ②

해설 마케팅의 목표를 설정하기 위해서는 구체적인 수치와 기간을 정하는 것이 좋다. 마케팅의 목표는 구체적이고 명확해야 하며, 측정 가능한 것이어야 한다. 행동 지향적이어야 하며, 달성 가능한 기간을 명시해야 한다.

13 소셜미디어 최적화(SMO)에 대한 설명으로 가장 적절하지 않은 것은?

① 크리스 시플리가 'The Blog On Conference' 학회에서 처음 사용한 말이다.
② 소셜미디어 플랫폼에서 콘텐츠의 오가닉 트래픽 유입 최적화를 위한 마케팅 기법이다.
③ 검색엔진마케팅의 한 종류라고 할 수 있다.
④ RSS 피드 추가, 콘텐츠 공유 버튼 등이 소셜미디어 최적화의 유형이다.

정답 ①

해설 소셜미디어 최적화(SMO)는 로힛 바르가바(Rohit Bhargava)가 처음 사용한 말로, 자신의 소셜미디어를 널리 알리기 위한 작업 및 행위를 의미한다. 검색엔진 최적화(SMO)에 긍정적인 영향을 미치기 때문에 검색엔진 마케팅의 한 종류로 볼 수 있다.

14 다음이 설명하는 마케팅 용어는?

1명이 광고를 본 횟수

① 도달
② 노출
③ 빈도
④ 전환

정답 ③

해설 1명이 광고를 본 횟수를 의미하는 마케팅 용어는 빈도이다.

15 다음의 내용으로 알 수 없는 것은?

A광고는 사용자 100명에게 1,000번의 노출을 하였다.

① 노출수
② 빈도
③ 도달
④ 전환

정답 ④

해설 A광고는 사용자 100명에게 1,000번의 노출하였으므로, 도달은 100명, 노출은 1,000번이다. 빈도는 10회이다.

16 다음의 ㉠, ㉡이 각각 설명하는 성과지표는?

> ㉠ 1,000회 노출당 비용
> ㉡ 광고 시청당 비용

① ㉠ : CPM, ㉡ : CPV
② ㉠ : CPM, ㉡ : CPC
③ ㉠ : CPC, ㉡ : CPM
④ ㉠ : CPC, ㉡ : CPV

정답 ①

해설 CPM(Cost Per Mille)은 1,000회 노출당 비용을, CPV(Cost Per View)는 광고 시청당 비용을 의미한다.

17 제품 또는 서비스를 사용할 핵심 고객을 이해하기 위해 가상의 고객을 정의하는 마케팅은?

① 페르소나
② 넛지
③ 밈
④ 태그니티

정답 ①

해설 페르소나 마케팅은 제품 또는 서비스를 사용할 핵심고객(타겟)을 이해하기 위해 가상의 고객(타겟)을 정의하는 방법으로, 배우들이 쓰던 가면을 가리키는 단어에서 유래되었다.

18 기존 방식처럼 상품의 특성을 강조하여 소비자가 상품을 구매하도록 하는 것이 아니라 소비자가 선택을 유연하고 부드럽게 하도록 하는 마케팅은?

① 도른자
② 넛지
③ 밈
④ 태그니티

정답 ②

해설 넛지는 팔꿈치로 살짝 찌른다는 뜻으로, 넛지마케팅은 기존 방식처럼 상품의 특성을 강조하여 소비자가 상품을 구매하도록 하는 것이 아니라 소비자가 선택을 유연하고 부드럽게 하도록 하는 마케팅을 말한다.

19 소셜미디어 중 웹과 일기의 합성어로, 자신의 관심사에 따라 글을 자유롭게 올리는 웹사이트를 의미하는 용어는?

① 블로그
② 소셜 네트워크 서비스
③ 콘텐츠 커뮤니티
④ 브이로그

정답 ①

해설 블로그(blog)는 웹(weB)과 일기(LOG)의 합성어로, 자신의 관심사에 따라 글을 자유롭게 올리는 웹사이트로 소셜미디어의 한 유형이다. 글을 바탕으로 한 정보전달을 주 목적으로 하는 추세이며, 네이버 블로그, 티스토리 블로그 등이 존재한다.

20 전 세계에서 가장 많은 사용자를 보유한 소셜 네트워크 서비스로, 인적 네트워크 기반의 서비스는?

① 페이스북
② 인스타그램
③ 트위터
④ 틱톡

정답 ①

해설 페이스북(Facebook)은 전 세계에서 가장 많은 사용자를 보유한 소셜 네트워크 서비스로, 인적 네트워크 기반의 서비스로, 2021년 사명을 Meta로 변경하였다.

21 인스턴트 카메라와 텔레그램의 합성어로, 온라인 사진 또는 비디오를 공유할 수 있는 소셜네트워크 서비스는?

① 페이스북

② 인스타그램

③ 페이스북 메신저

④ 트위터

정답 ②

해설 인스타그램(Instagram)은 인스턴트 카메라(Instant camera)와 텔레그램(Telegram)의 합성어로, 온라인 사진 또는 비디오를 공유할 수 있는 소셜네트워크 서비스이다.

22 인터넷에 블로거가 올린 한 두 문장 정도 분량의 정보 또는 간단한 콘텐츠를 배포하는 형태인 마이크로 블로깅의 대표적인 SNS는?

① 틱톡

② 링크드인

③ 트위터

④ 왓츠앱

정답 ③

해설 마이크로 블로깅은 인터넷에 블로거가 올린 한 두 문장 정도 분량의 정보 또는 간단한 콘텐츠를 배포하는 형태의 소셜 네트워크 서비스로, 트위터(twitter)가 대표적인 사례이다.

23 SNS 중 40대 이상의 사용자 활동이 활발하며, 동호회나 주제별 모임, 커뮤니티에 가장 적합한 것은?

① 인스타그램

② 왓츠앱

③ 네이버 밴드

④ 틱톡

정답 ③

해설 네이버 밴드는 40대 이상의 사용자 활동이 활발하며, 동호회나 주제별 모임, 커뮤니티에 가장 적합하다.

24 다음이 설명하는 소셜미디어 콘텐츠 유형은?

> 그래픽을 기반으로 한 시각적 콘텐츠를 통하여 정보를 전달하는 형식을 말한다.

① 인포그래픽

② 지오그래픽

③ 그래픽코드

④ 이미지그래픽

정답 ①

해설 인포그래픽은 인포메이션 그래픽(Information Graphics)의 줄임말로, 그래픽을 기반으로 한 시각적 콘텐츠를 통하여 정보를 전달하는 형식을 말한다. 비주얼, 내용, 지식을 기본으로 하며, 흥미 유발, 빠른 정보 전달 및 습득 등의 특징을 가진다.

25 소셜미디어 콘텐츠 유형 중 이미지와 텍스트가 결합한 콘텐츠, 단순 이미지보다는 정보가 있고, 단순 텍스트보다는 이해도가 높다는 장점이 있는 것은?

① 참여형 콘텐츠

② 목록형 콘텐츠

③ 동영상

④ 카드뉴스

정답 ④

해설 카드뉴스는 이미지와 텍스트가 결합한 콘텐츠로 한 번에 여러 장의 카드뉴스를 업로드할 수 있다. 단순 이미지보다는 정보가 있고, 단순 텍스트보다는 이해도가 높다는 장점이 있다.

PART 1 SNS의 이해 - SNS의 이해

핵심요약

SOCIAL NETWORK SERVICE ADVERTISEMENT MARKETER

제1장 _ 소셜미디어의 이해

▨ **매스미디어(Mass Media)** : 매스 커뮤니케이션 미디어(Mass Communication Media)의 축약된 말로, 불특정 다수인 대중에게 다량의 정보를 전달하는 매체 · 미디어이다.

▨ **소셜미디어(Social media)** : 사람들의 의견, 생각, 경험, 관점 등을 서로 공유하기 위해 사용하는 온라인 도구나 플랫폼을 의미한다. 웹 2.0의 핵심 도구로 부상하고 있으며, 공유 · 개방 · 참여의 철학을 바탕으로 하고 있다.

▨ **소셜미디어(Social media)의 특징**
- 참여(Participation)
- 공개(Openness)
- 대화(Conversation)
- 커뮤니티(Community)
- 연결(Connectedness)

▨ **매스미디어와 소셜미디어의 차이점**
- 매스미디어는 고객에게 일방향적으로 정보를 제공하지만, 소셜미디어는 양방향적 정보를 제공 및 공유한다.
- 매스미디어는 기업이 주도하는 메시지를 전달하지만, 소셜미디어는 공유 · 개방 · 참여를 바탕으로 누구나 정보의 생산자가 될 수 있다.

제2장 _ 소셜미디어의 종류

▨ **소셜미디어의 시작** : 인터넷 보급 초기부터 클래스메이트 닷컴이나 식스디그리 닷컴 등과 같이 친구 찾기 기능을 바탕으로 한 커뮤니티가 소셜미디어의 시작이다.

▨ **미 공군의 온라인 피드백(소셜미디어 대응 프로세스)**
- 감정(assessment)
- 평가(evaluate)
- 대응(respond)

제3장 _ 소셜마케팅의 주요전략

▨ **소셜미디어 마케팅(Social Media Marketing, SMM)**
- 소셜미디어의 플랫폼과 웹사이트를 이용하여 제품과 서비스를 마케팅하는 모든 행위를 의미한다.
- 소셜미디어에서 콘텐츠를 만들어 공유하는 것부터, 텍스트, 이미지, 동영상 등을 통하여 소비자들이 참여할 수 있도록 하는 활동, 유료광고(Sponsored) 등이 SMM의 유형이다.

▨ **소셜미디어 최적화 (Social Media Optimization, SMO)**
- 로힛 바르가바(Rohit Bhargava)가 처음 사용한 말로, 자신의 소셜미디어를 널리 알리기 위한 작업 및 행위를 의미한다.
- 소셜미디어 최적화는 검색엔진 최적화에도 관련이 있어 일종의 검색엔진 마케팅이라 할 수 있으며, RSS 피드 추가, 콘텐츠 공유 버튼 등이 SMO의 유형이다.

▓ **도달률(Reach)** : 광고가 최소한 한번 또는 그 이상 노출된 이용자의 수나 비율을 의미한다.

▓ **노출(Impression)** : 광고가 노출된 횟수를 의미한다.

▓ **빈도(Frequency)** : 1명이 광고를 본 횟수을 의미한다.

▓ **오가닉 유저(Organic User)** : 광고 없이 자연적으로 유입된 사용자를 의미한다.

▓ **옵트 아웃(Opt-Out)** : 사용자가 자신의 데이터 수집을 허용하지 않는다그 할 경우, 데이터 수집을 할 수 없는 제도로, 메일이나 광고의 수신거부를 하는 것을 말한다.

▓ **LTV(LifeTime Value)** : 고객 생애 가치로, 1명의 소비자가 서비스 이용을 끝날 때까지 발생 시킬 수 있는 가치를 의미한다.

▓ **페르소나 마케팅** : 제품 또는 서비스를 사용할 핵심 고객을 이해하기 위해 가상의 고객을 정의하는 마케팅이다.

▓ **넛지 마케팅** : 넛지는 팔꿈치로 살짝 찌른다는 뜻으로, 기존 방식처럼 상품의 특성을 강조하여 소비자가 상품을 구매하도록 하는 것이 아니라 소비자가 선택을 유연하고 부드럽게 하도록 하는 마케팅이다.

▓ **니치 마케팅** : 틈새시장을 뜻하는 말로, 시장의 빈틈을 노려 시장을 구성하는 마케팅을 말한다.

▓ **밈 마케팅** : 밈(Meme)은 디지털 문화놀이, 디지털 유행코드를 뜻으로, 인터넷 밈을 활용한 마케팅이다.

▓ **RTB** : Real Time Bidding의 약자로, 실시간 광고 입찰 시스템을 말한다. 광고 인벤토리 구매시, 가장 높은 입찰가를 제시한 광고주가 광고를 게재할 수 있는 시스템이다.

▓ **딥링크** : URL을 클릭하였을 때, 앱 설치 없이도 광고주가 원하는 특정페이지로 연결될 수 있게 해주는 링크이다.

▓ **마케팅 퍼널**
- 인지
- 고려
- 호감
- 구매
- 충성

제4장 _ 소셜미디어 콘텐츠 유형

▓ **블로그(Blog)** : 웹(weB)과 일기(LOG)의 합성어로, 자신의 관심사에 따라 글을 자유롭게 올리는 웹사이트를 말한다.

▓ **브이로그(Vlog)** : 동영상(Video)과 기록(LOG)의 합성어로, 유튜브 등의 동영상 플랫폼에서 유행했던 영상 콘텐츠 형태이다. 영국 BBC 방송 비디오네이션이라는 시리즈물에서 시초가 되었다.

▓ **소셜 네트워크 서비스(SNS)** : 소셜미디어를 통하여 이용자들 간의 정보를 공유, 소통하는 온라인 서비스나 플랫폼을 말한다.

▓ **페이스북(Facebook)** : 전 세계에서 가장 많은 사용자를 보유한 소셜 네트워크 서비스로, 인적 네트워크 기반의 서비스이다. 2021년 사명을 Meta로 변경하였다.

▓ **인스타그램(Instagram)** : 사진 및 비디오를 공유하는 서비스로, 해시태그(hashtag)와 스토리 등 다양한 기능을 제공한다.

▓ **트위터(Twitter)** : 140자 이내의 제한된 글을 공유할 수 있지만, 빠른 소통과 신속한 정보 유통이 큰 특징이다.

▓ **틱톡(Tik Tok)** : 짧은 포맷의 영상 콘텐츠를 업로드하는 플랫폼으로, 음악과 결합된 챌린지에 많이 활용된다.

▓ **링크드인(Linkedin)** : 기업과 직장인들을 중심으로 구인구직의 정보를 공유하는 비즈니스 서비스이다.

▓ **유튜브(YouTube)** : 동영상 공유 서비스 플랫폼으로, 2006년 구글에 인수되었다. 엄청난 수의 사용자가 많은 시간을 투입한다.

▓ **왓츠앱(WhatsApp)** : 스마트폰 및 모바일 기기로 메시지를 주고받는 앱이다. 국내에서는 많이 사용하지 않지만, 해외에서는 많이 사용하는 앱이다.

▓ **카카오채널** : 국내 스마트폰 사용자 90% 이상이 사용하는 소셜미디어 플랫폼으로, 카카오톡을 기반으로 한 여러 가지 비즈니스 솔루션을 제공하고 있다.

▓ **네이버 밴드(Band)** : 국내 주요 포털 사이트인 네이버를 기반으로 한 소셜미디어 플랫폼으로, 40대 이상의 사용자 활동이 활발하며 동호회나 주제별 모임, 커뮤니티에 가장 적합하다.

▓ **인포그래픽** : 인포메이션 그래픽(Information Graphics)의 줄임말로, 그래픽을 기반으로 한 시각적 콘텐츠를 통하여 정보를 전달하는 형식을 말한다.

▓ **참여형 콘텐츠** : 이용자들의 참여를 유도하는 콘텐츠로, 사람들의 흥미와 호기심을 자극한다.

▓ **목록형 콘텐츠** : 이용자들의 이해를 돕거나 가독성을 높이기 위하여 정보를 목록을 지어 정리한 콘텐츠를 말한다.

▓ **동영상** : 이용자들의 주목도나 관심도, 선호도가 상승하는 콘텐츠로 동영상을 이용한다. 이미지나 텍스트에 비하여 주목도가 높아, 마케팅에 있어 중요한 역할을 한다.

▓ **카드뉴스** : 이미지와 텍스트가 결합한 콘텐츠로 한 번에 여러 장의 카드뉴스를 업로드할 수 있다. 단순 이미지보다는 정보가 있고, 단순 텍스트보다는 이해도가 높다는 장점이 있다.

part
01

SNS의 이해 - SNS의 이해

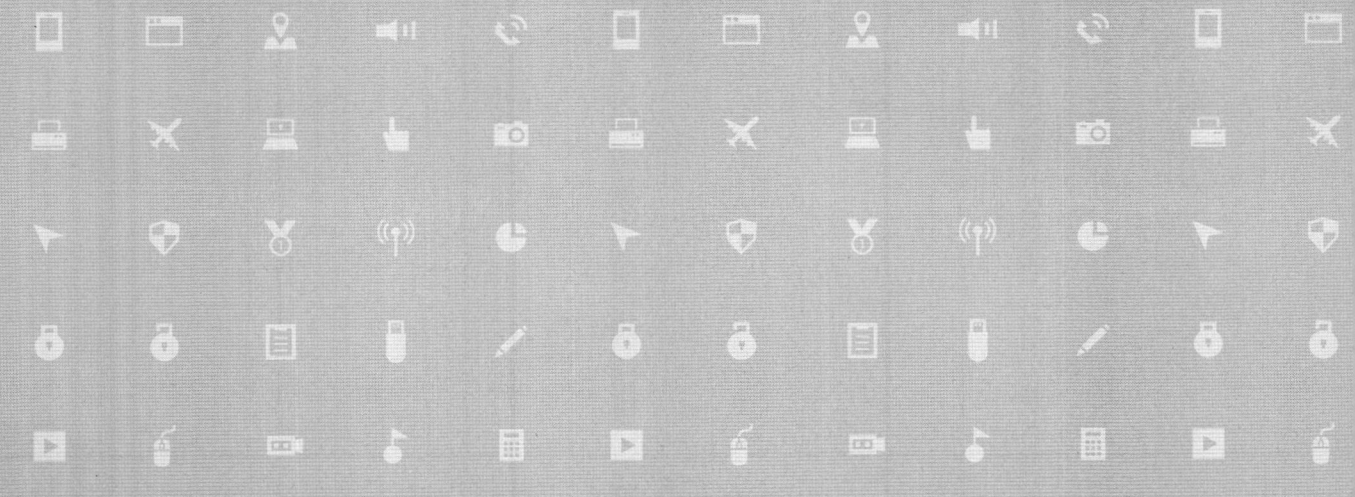

Social Network Service advertisement Marketer

PART **2**

SNS광고 마케팅
– SNS광고 실무

Social Network Service advertisement Marketer

제 1 장 Meta for Business

1 Meta for Business 마케팅 플랫폼의 이해

(1) Meta for Business 플랫폼

Facebook

Instagram

Messenger

WhatsApp

Audience Network

(2) Meta for Business 기능

① 무료 도구
   ㉠ 게시물, 스토리, Live 등을 통하여 팔로워들과 콘텐츠를 공유할 수 있다.
   ㉡ 메시지, 그룹 등을 통하여 고객과 소통할 수 있다.
   ㉢ 행동 유도 버튼, Shops 등을 통하여 온라인 비즈니스 입지를 다질 수 있다.

② 스토리
   ㉠ 많은 사람들과 광고주가 스토리 기능을 사용한다.
   ㉡ 고객의 관심을 불러일으키고, 행동을 유도한다.
   ㉢ 빠르게 공유되며, 도움이 되는 정보를 제공한다.

③ 쇼핑
   ㉠ 비즈니스의 자격요건 및 상거래 자격 요건을 충족하여야 한다.
   ㉡ 커머스 관리자를 설정하고 파트너와 협력할 수 있으며, 메시지를 설정할 수 있다.
   ㉢ Shop을 만들 수 있으며, Instagram과 Facebook 내에서 구매를 할 수 있다.
   ㉣ WhatsApp, Messenger, Instagram Direct를 통해 비즈니스에 바로 메시지를 보내 질문을 하고, 지원을 받고, 배송을 추적할 수 있다.

ⓜ 도구

설정	콘텐츠	광고 솔루션
• 커머스 관리자 • Shops • Instagram 쇼핑 • Instagram에서 결제 • 카탈로그	• Instagram 쇼핑 • Facebook의 라이브 쇼핑 • Instagram의 라이브 쇼핑 • Shops	• 쇼핑 맞춤 타겟 • 제품이 태그된 다이내믹 광고 • 제품 태그 광고 • 제품이 태그된 브랜디드 콘텐츠

④ Meta Business Suite

　㉠ Facebook, Instagram 및 메시지 도구를 한 곳으로 일원화해주는 무료 도구이다.

　㉡ 데스크톱과 모바일에서 모두 사용할 수 있으며, 시간을 절약하고, 더 많은 사람들과 소통하여, 비즈니스 성과를 향상시킬 수 있다.

　㉢ 비즈니스용 게시물, 스토리 및 광고를 만들거나 예약할 수 있으며, 마케팅 활동을 진행하면서 최적화하는데 도움이 되는 인사이트를 찾을 수 있다.

⑤ Facebook IQ

　㉠ 다양한 디지털 인사이트와 마케팅 리서치 자료를 제공한다.

　㉡ 뉴스레터를 신청할 수 있다.

⑥ 머신러닝

　㉠ 알고리즘과 예측 분석을 통해 최적의 입찰가로 적합한 타겟을 찾는다.

　㉡ 광고가 노출될 때마다 게재 시스템은 타겟팅에 적합한 대상, 광고를 노출하기에 적절한 시간대, 사용할 크리에이티브와 노출 위치를 더욱 상세히 파악한다. 더 많은 광고가 노출될수록 게재 시스템이 더 효과적으로 광고 성과를 최적화한다.

참고 1　크리에이터 스튜디오

모든 Facebook 페이지와 Instagram 계정의 콘텐츠 성과를 효과적으로 게시, 관리, 수익화 및 추적하는 데 필요한 모든 도구를 사용할 수 있다. 자격 요건을 갖추면 크리에이터 스튜디오를 통해 새로운 기능과 수익화 기회도 활용할 수 있다. 페이지 역할에 따라 볼 수 있는 특정 정보와 수행할 수 있는 작업이 다르다.

참고 2　인스타그램 프로페셔널

인스타그램의 계정을 프로페셔널 계정으로 전환하여 비즈니스에 필요한 기능을 활용할 수 있으며, 다중 계정 로그인 설정을 통하여 최대 5개까지 관리할 수 있다.

part
02

SNS광고 마케팅 – SNS광고 실무

2 앱 패밀리를 활용한 비즈니스의 시작

(1) 시작 준비

① 페이지

⊙ 페이지란 개인 계정과는 별도로 비즈니스를 위한 공간으로, 개인 계정을 통하여 페이지를 만들 수 있다.

ⓒ Meta for Business의 광고를 위해서는 페이지가 필수이다.

ⓒ 페이지 이름과 카테고리는 페이지 생성에 있어 필수인 정보이고, 이외에는 이미지(프로필 사진, 커버사진), 설명은 선택사항이다.

② 페이지 관리 기능 : 페이지 관리에 있어 Meta for Business Suite 이외에도 페이지를 직접 관리할 수 있는 홈, 뉴스피드, Shop 관리, Messenger 도구, 팟캐스트, 리소스 및 도구, 알림, 인사이트, 광고센터(모든 광고, 타겟), 페이지 품질, 설정이 있다.

ⓜ 페이지의 기능과 장점

기능	장점
• 주소, 전화번호, 영업시간, 카테고리, 고유한 사용자 이름 등 비즈니스에 관한 정보를 표시한다. • 신속한 정보 공유와 행동유도를 할 수 있다. • 메시지를 통하여 고객과 소통할 수 있으며, 자동응답을 보내는 도구를 사용할 수 있다. • 인사이트를 사용해 비즈니스에서 제공하는 제품이나 서비스에 관심이 있는 고객을 찾을 수 있다.	• 페이지는 간단히 만들 수 있으며, 무료로 이용할 수 있다. • 다양한 기능을 제공하여 각각의 비즈니스 모델에 따른 구체적인 목표를 달성할 수 있다. • 고객과 소통할 수 있다. • 페이지를 통한 광고는 비즈니스 성장과 타겟 확장에 도움이 될 수 있다.

참고 개인 계정과 페이지

개인 계정은 개인만의 공간인 것에 반해 페이지는 홍보, 소식공유 등의 활동을 하는 공간이다. 개인 계정은 1인 1프로필을 원칙으로 하지만, 페이지는 여러 페이지를 관리할 수 있고, 여러 사람이 관리할 수 있다.

[Meta for Business 페이스북 페이지 만들기]

② 비즈니스 (관리자)계정

  ㉠ 비즈니스 계정이란 비즈니스를 구성하고 관리하는 데 도움이 되는 도구로, 계정을 만들기 위해서는 페이스북 프로필이 있어야 한다. 비즈니스 관리자 계정은 2개까지 만들 수 있다.

  ㉡ 비즈니스 계정 생성 시 비즈니스 계정의 이름, 운영자의 성명과 이메일 주소를 입력해야 한다.

  ㉢ 비즈니스 계정의 기능과 장점

기능	장점
• 광고를 운영 및 추적할 수 있다. • 페이지, 광고 계정 등의 자산 관리를 할 수 있다. • 비즈니스 관리 지원을 위해 대행사나 마케팅 파트너를 추가할 수 있다.	• 개인 프로필과 사생활이 섞이지 않아, 업무와 사생활이 분리된다. • Facebook 페이지, Instagram 계정 및 해당 자산에 대한 작업 권한이 있는 사람들을 모두 한곳에서 관리할 수 있다.

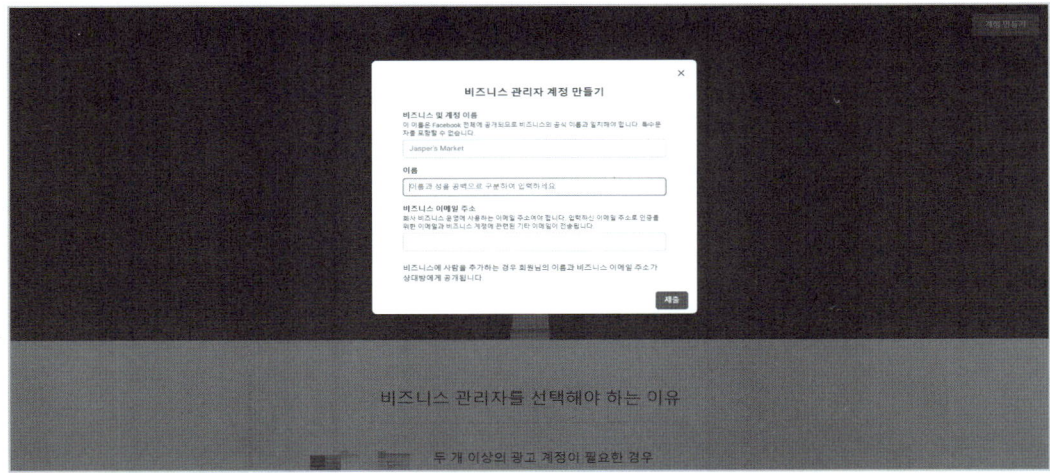

[Meta for Business 비즈니스 계정 만들기]

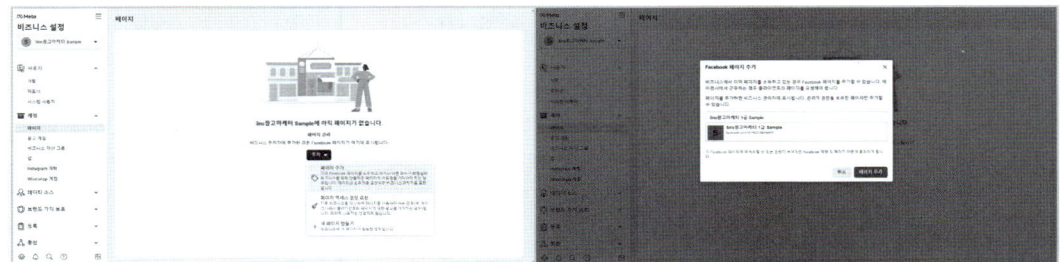

[Meta for Business 비즈니스 계정 페이지 추가]

③ 광고계정

    ㉠ 실제로 광고가 집행되는 계정으로, 캠페인 및 청구 정보를 관리하게 된다.

    ㉡ 하나의 비즈니스 계정에 최대 5개까지의 광고계정을 만들 수 있다.

    ㉢ 새 광고 계정 생성 시 광고 계정 이름, 시간대, 통화 설정이 필요하며, 다른 비즈니스나 클라이언트가 사용할 수 있도록 설정할 수 있다.

> **참고**   **비즈니스 설정 탭 항목**
>
> - 사용자 : 사람, 파트너, 시스템 사용자
> - 계정 : 페이지, 광고 계정, 비즈니스 자산 그룹, 앱, Instagram 계정, 커머스 계정, WhatsApp 계정
> - 데이터 소스 : 카탈로그, 픽셀 오프라인 이벤트 세트, 맞춤 전환, 이벤트 소스 그룹, 공유 타겟, 비즈니스 크리에이티브 폴더
> - 브랜드 가치 보호 : 도메인, 차단 리스트
> - 등록 : 뉴스 페이지
> - 통합 : Leads Access
> - 결제 수단, 보안 센터, 요청, 알림, 비즈니스 정보, 설정 가이드

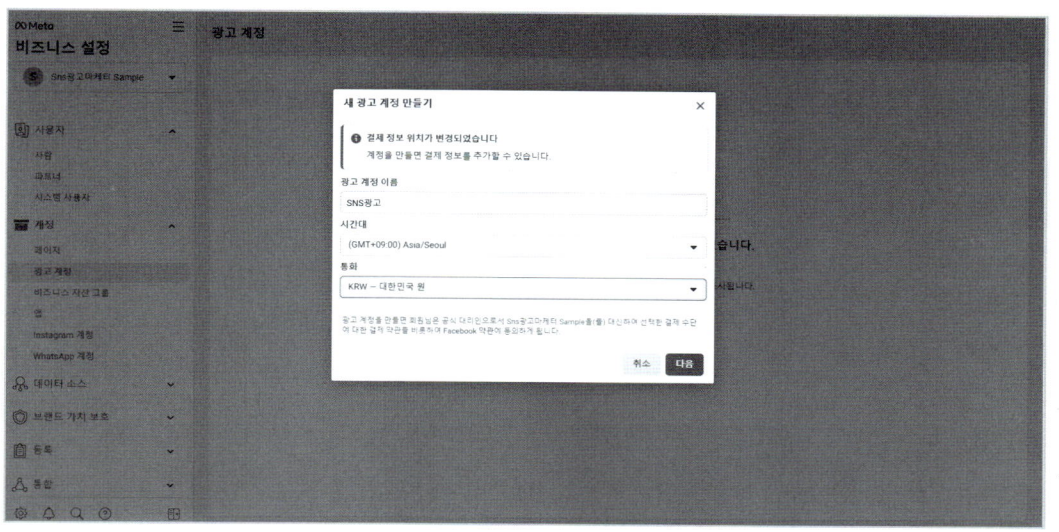

[Meta for Business 광고계정 만들기]

④ 결제 수단

　　㉠ 결제 수단을 등록하여야 광고를 등록할 수 있다.

　　㉡ 국가, 지역, 통화를 선택한 후 결제 수단(직불카드 또는 신용카드, 온라인 뱅킹)을 설정할 수
　　있으며, 카드 상제정보를 적는다.

🔍 참고　페이스북 광고 계정

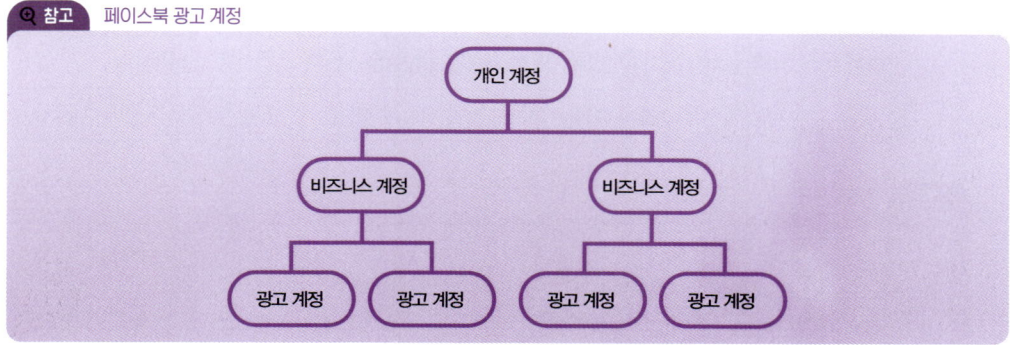

(2) 광고의 구조

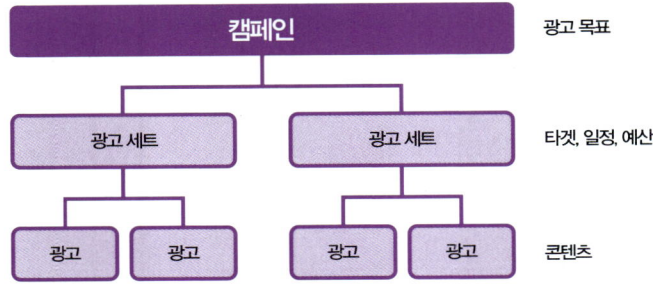

① 캠페인

　㉠ 광고 관리자를 통하여 광고를 만들 때, 첫 단계로 광고의 목표를 설정한다.

　㉡ 캠페인 목표

목표	설명	권장
인지도	광고를 기억할 가능성이 가장 높은 사람에게 광고를 표시한다.	도달, 브랜드 인지도, 동영상 조회
트래픽	웹사이트, 앱, Facebook 이벤트 등의 랜딩 페이지로 사람들을 연결한다.	링크 클릭, 랜딩 페이지 조회
참여	메시지, 동영상 조회, 게시물 참여, 페이지 좋아요 또는 이벤트 응답을 늘린다.	메시지, 동영상 조회, 게시물 참여
잠재 고객	비즈니스 또는 브랜드에 맞는 잠재 고객을 확보한다.	인스턴트 양식, 메시지, 통화, 가입
앱 홍보	앱을 설치하고 지속적으로 사용할 새로운 사람들을 찾는다.	앱 설치, 앱 이벤트
매출	제품 및 서비스를 구매할 가능성이 높은 사람을 찾는다.	전환, 카탈로그 판매, 메시지

참고　캠페인 목표

이전 목표

인지도
- 브랜드 인지도
- 도달

관심 유도
- 트래픽
- 참여
- 앱 설치
- 동영상 조회
- 잠재 고객 확보
- 메시지

전환
- 전환
- 카탈로그 판매

- 인지도
- 트래픽
- 참여
- 잠재 고객
- 앱 홍보
- 매출

[이전 목표]　　　　　　　　　　　　　　　　　[현재 목표]

ⓒ 캠페인 공통 설정사항

- 캠페인 이름(이름 탬플릿 사용 가능)
- 특별 광고 카테고리(신용, 고용, 주택, 사회 문제, 선거 또는 정치)
- 캠페인 상세 정보(구매 유형, 캠페인 목표)
- A/B 테스트, 캠페인 예산 최적화 설정, 광고일정(앱 홍보–자동화된 앱 광고만 불가)

ⓔ 캠페인별 설정사항

캠페인	설정
인지도	캠페인 예산 최적화를 통하여 캠페인 예산(일일 예산, 총 예산), 캠페인 입찰 전략(최저 비용, 입찰가 한도)을 설정할 수 있다.
트래픽 · 참여 · 잠재 고객	캠페인 예산 최적화를 통하여 캠페인 예산(일일 예산, 총 예산), 캠페인 입찰 전략(최저 비용, 비용 한도, 기타옵션)을 설정할 수 있다.
앱 홍보	• 자동화된 앱 광고 : 캠페인 상세 정보(구매 유형, 캠페인 목표, 앱 홍보 캠페인 유형), iOS 14 이상 캠페인을 설정할 수 있다. • 앱 광고 : 캠페인 상세 정보(구매 유형, 캠페인 목표, 앱 홍보 캠페인 유형), iOS 14 이 상 캠페인을 설정할 수 있다. 캠페인 예산 최적화를 통하여 캠페인 예산(일일 예산, 총 예산), 캠페인 입찰 전략(최저비용, 비용 한도, 최소 ROAS, 기타 옵션)을 설정할 수 있다.
매출	캠페인 상세 정보(구매 유형, 캠페인 목표, 카탈로그)를 설정할 수 있다. 캠페인 예산 최 적화를 통하여 캠페인 예산(일일 예산, 총 예산), 캠페인 입찰 전략(최저비용, 비용 한 도, 최소 ROAS, 기타 옵션)을 설정할 수 있다.

참고1 A/B 테스트

- A/B 테스트를 통해 광고 크리에이티브, 타겟 또는 노출 위치와 같은 변수를 변경하여 가장 성과가 좋은 전략을 확인하고 향후 캠페인을 개선할 수 있다.
- 테스트하려는 변수를 선택하면 크리에이티브, 타겟 또는 노출 위치의 각 버전에 예산이 동등하게 할당되고 노출이 임의로 분할 되어, A/B 테스트에서 결과당 비용 또는 전환 성과 증대당 비용 기준으로 각 전략의 성과를 측정할 수 있다.
- 광고에 대한 변경 사항을 측정하려고 하거나 두 전략을 빠르게 비교하고자 할 때 도움이 된다.

part
02

SNS광고 마케팅 – SNS광고 실무

참고 2 목표별로 지원되는 플랫폼

구분	Facebook	Instagram	Messenger	Audience Network
브랜드 인지도	○	○	○	
도달	○	○	○	
트래픽	○	○	○	○
참여	○	○		
앱 설치	○	○		○
동영상 조회	○	○		○
잠재 고객 확보	○	○	○	
메시지	○	○	○	
전환	○	○	○	
카탈로그 판매	○	○		
매장유입	○			

※ 이전 목표에 따른 분류

② 광고 세트

　㉠ 타겟, 예산, 일정 등의 사항을 설정하는 단계로, 캠페인 목표별 광고 세트 설정이 다르다.

　㉡ 캠페인 목표별 광고 세트 설정

캠페인	설정
인지도	페이지 선택, 다이내믹 크리에이티브, 예산 및 일정, 타겟(위치, 연령, 성별, 상세 타겟팅, 언어), 노출 위치(자동 노출 위치, 수동 노출 위치), 최적화 및 게재(광고 게재 최적화 기준—도달, 노출, 광고 상기도 성과 증대, ThruPlay, 동영상 연속 2초 이상 조회 / 비용관리)를 설정한다.
트래픽	전환위치(웹사이트, 앱, Messenger, WhatsApp, 통화), 다이내믹 크리에이티브, 예산 및 일정(예약, 종료), 타겟(맞춤 타겟, 위치, 연령, 성별, 상세 타겟팅, 언어), 노출 위치(자동 노출 위치, 수동 노출 위치), 최적화 및 게재(광고 게재 최적화 기준—랜딩 페이지 조회, 링크클릭, 일일 고유 도달, 노출 / 비용관리)를 설정한다. 최적화 및 게재의 옵션을 통하여 청구기준을 노출 또는 CPC로 설정할 수 있다.
참여	전환(전환위치—웹사이트, 앱, Messenger, WhatsApp, 통화 / 참여 유형—전환위치에 따라 다름), 다이내믹 크리에이티브, 예산 및 일정(예약, 종료), 타겟(맞춤 타겟, 위치, 연령, 성별, 상세 타겟팅, 언어), 노출 위치(자동 노출 위치, 수동 노출 위치), 최적화 및 게재(ThruPlay, 동영상 연속 2초 이상 조회 / 비용관리)를 설정한다. 최적화 및 게재의 옵션을 통하여 청구기준을 노출 또는 동영상 연속 2초 이상 조회로 설정할 수 있다.

잠재 고객	전환(전환위치–웹사이트, 앱, Messenger, 인스턴트 양식, 통화 / 참여 유형–전환위치에 따라 다름), 다이내믹 크리에이티브, 예산 및 일정(예약, 종료), 타겟(맞춤 타겟, 위치, 연령, 성별, 상세 타겟팅, 언어), 노출 위치(자동 노출 위치, 수동 노출 위치), 최적화 및 게재(전환, 랜딩 페이지 조회, 기타 옵션 / 비용관리)를 설정한다. 최적화 및 게재의 옵션을 통하여 기여 설정(광고 클릭 이후–클릭 후 1일, 클릭 후 7일 / 광고 클릭 또는 조회 이후–클릭 또는 조회 후 1일, 클릭 후 7일 또는 조회 후 1일), 청구기준(노출)을 설정할 수 있다.
앱 홍보	• 자동화된 앱 광고 : 앱(Google Play, App Store, iPad App Store, Facebook 캔버스, Amazon Appstore, 게임), 타겟(위치, 언어), 최적화 관리(최적화 목표–앱 설치, 앱 이벤트를 통한 앱 설치, 앱 이벤트, 값), 예산 및 일정(예산–일일 예산, 총예산, 예약)을 설정한다. • 앱 광고 : 앱(Google Play, App Store, iPad App Store, Windows 스토어, Facebook 캔버스, Amazon Appstore, 게임, Oculus 앱 스토어), 다이내믹 크리에이티브, 예산 및 일정(예약, 종료), 타겟(맞춤 타겟, 위치, 연령, 성별, 상세 타겟팅, 언어), 노출 위치(자동 노출 위치, 수동 노출 위치), 최적화 및 게재(광고 게재 최적화 기준–링크클릭, 가치, 앱 이벤트, 앱 설치, 기타옵션 / 비용관리 / 청구기준–노출, CPC)를 설정한다.
매출	전환(전환위치–웹사이트, 앱, 웹사이트 및 앱, Messenger, WhatsApp), 다이내믹 크리에이티브, 예산 및 일정(예약, 종료), 타겟(위치, 연령, 성별, 상세 타겟팅, 언어), 노출 위치(자동 노출 위치, 수동 노출 위치), 최적화 및 게재(광고 게재 최적화 기준–가치, 전환, 랜딩 페이지 조회, 기타 옵션 / 비용관리)를 설정한다. 최적화 및 게재의 옵션을 통하여 기여설정(광고 클릭 이후–클릭 후 1일, 클릭 후 7일 / 광고 클릭 또는 조회 이후–클릭 또는 조회 후 1일, 클릭 후 7일 또는 조회 후 1일), 청구기준(노출)을 설정할 수 있다.

③ 광고

　㉠ 실질적 콘텐츠로 고객들에서 보여지는 이미지 및 동영상을 말한다.

　㉡ 캠페인 목표별 광고 설정

캠페인	설정
인지도	광고 이름, 대표 계정(Facebook 페이지, Instagram 계정), 광고 설정(광고 만들기, 기존 게시물 사용, 크리에이티브 허브 모의 광고 사용), 광고 크리에이티브, 언어, 추적을 설정한다.
트래픽	대표 계정(Facebook 페이지, Instagram 계정), 광고 설정(광고 만들기, 기존 게시물 사용, 크리에이티브 허브 모의 광고 사용), 광고 크리에이티브, 언어, 추적을 설정한다.
참여	대표 계정(Facebook 페이지, Instagram 계정), 광고 설정(광고 만들기, 기존 게시물 사용, 크리에이티브 허브 모의 광고 사용), 광고 크리에이티브, 언어, 추적을 설정한다.
잠재 고객	대표 계정(Facebook 페이지, Instagram 계정), 광고 설정(광고 만들기, 기존 게시물 사용, 크리에이티브 허브 모의 광고 사용), 광고 크리에이티브, 랜딩페이지, 언어, 추적을 설정한다.
앱 홍보	• 자동화된 앱 광고 : 대표 계정(Facebook 페이지, Instagram 계정, 앱, 앱 스토어), 광고 크리에이티브를 설정한다. • 앱 광고 : 광고 이름, 대표 계정(Facebook 페이지, Instagram 계정, 앱, 앱 스토어), 광고설정(광고 만들기, 기존 게시물 사용, 크리에이티브 허브 모의 광고 사용), 광고 크리에이티브, 랜딩페이지, 추적을 설정한다.
매출	대표 계정(Facebook 페이지, Instagram 계정), 광고 설정(광고 만들기, 기존 게시물 사용, 크리에이티브 허브 모의 광고 사용), 광고 크리에이티브, 랜딩페이지(웹사이트 및 Shop, 웹사이트, 인스턴트 경험, Facebook 이벤트), 언어, 추적을 설정한다.

part
02

SNS광고 마케팅 – SNS광고 실무

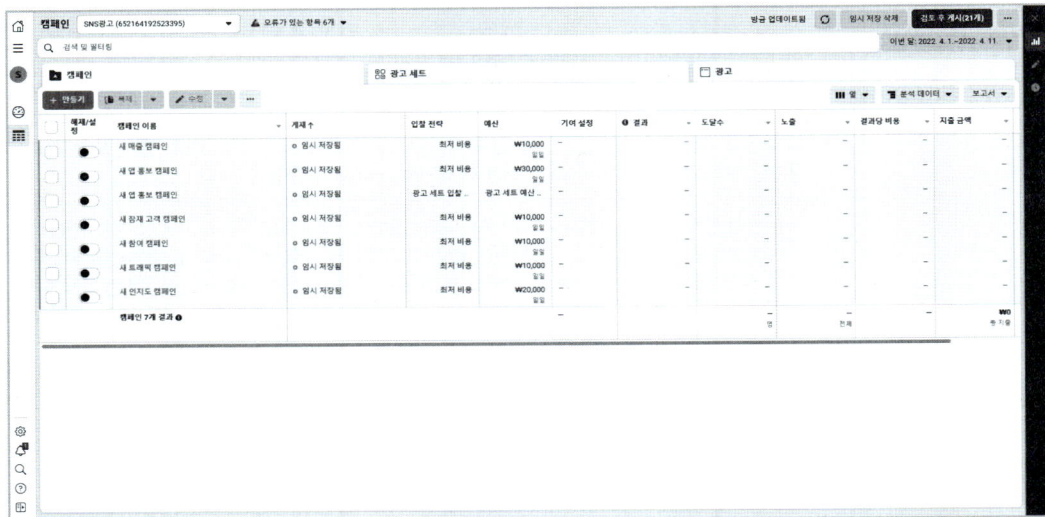

[Meta for Business 페이스북 캠페인 목록]

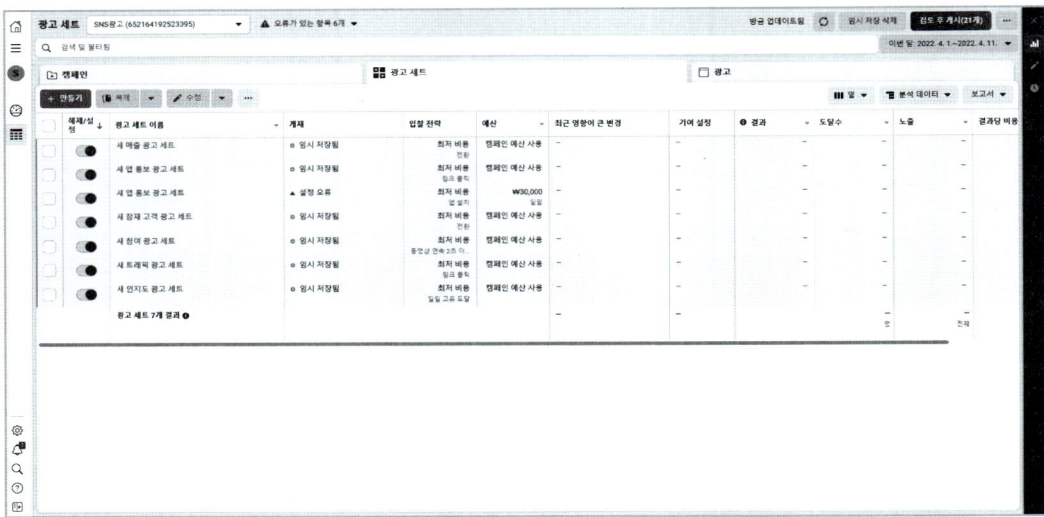

[Meta for Business 페이스북 광고 세트 목록]

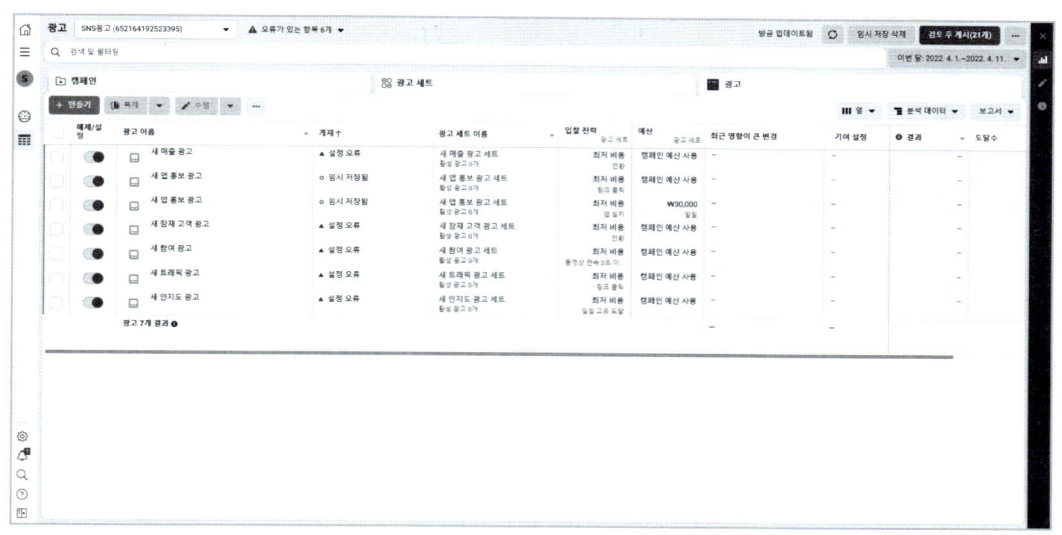

[Meta for Business 페이스북 광고 목록]

(3) 광고의 운용

① Meta Business Suite

㉠ 주요 기능

비즈니스 한눈에 보기	홈 화면에서 Facebook 페이지와 Instagram 계정의 개요를 볼 수 있으며, 업데이트, 최신 게시물 및 광고, 인사이트가 표시된다.
활동 보기	Facebook 페이지와 Instagram 계정에 대한 새 알림을 볼 수 있다.
받은 메시지함 사용하기	Facebook 페이지, Messenger 및 Instagram 계정의 새 메시지와 댓글을 확인할 수 있으며, 자동화된 답변을 만들어 응답 시간을 절약할 수 있다.
게시물과 스토리 만들기	Facebook 페이지와 Instagram 계정에 새로운 게시물과 스토리를 올리거나 게시 일정을 예약할 수 있다.
커머스 관리자에 액세스하기	커머스 계정이 있는 비즈니스 계정은 Meta Business Suite 데스크톱에서 커머스 관리자에 액세스할 수 있다.
광고 만들기	새 광고를 만들어서 Facebook과 Instagram에 게재하고 게시물과 페이지를 홍보할 수 있다.
인사이트 보기	트렌드, 공유한 콘텐츠 관련 활동, 타겟에 대한 자세한 정보 등 비즈니스 성과에 대한 상세 정보를 볼 수 있다.

[Meta for Business Suite 메인]

ⓛ 게시물 및 스토리

- 게시물 및 스토리를 통하여 게시물과 스토리를 만들 수 있다.
- 언급 및 태그를 통하여 비즈니스가 언급되고 태그된 게시물을 한눈에 볼 수 있다.

[Meta for Business 게시물 및 스토리]

ⓒ 커머스

- 커머스관리자를 통하여 Shop을 만들 수 있다.
- 카탈로그를 통하여 제품, 세트, 문제, 제품피드 연동, 이벤트를 설정할 수 있다.
- 광고를 통하여 트래픽 광고, 다이내믹광고를 설정할 수 있다.

[Meta for Business 커머스 개요]

② 예산 설정

ⓐ 광고비용 : 총 지출 금액과 달성한 결과당 비용으로 정의된다.

ⓑ 예산 설정 : 캠페인 예산 최적화(CBO)를 사용하여 캠페인에 대한 총 예산을 설정하거나 광고 세트의 개별 예산을 설정할 수 있다.

ⓒ 예산 설정 방법

일일 예산	매일 광고 세트 또는 캠페인에 지출할 평균 비용으로, 최대 금액은 아니다. 캠페인 또는 광고 세트에 매일 일관된 결과를 얻기 위해 날마다 비슷한 금액을 지출하고 싶은 경우 효과적이다.
총 예산	캠페인 또는 광고 세트의 전체 게재 기간에 지출할 총 금액으로, 최대 금액이며 평균 비용이 아니다. 특정 지출 금액을 초과하고 싶지 않을 때 유용할 수 있으며, 매일 지출할 금액을 유연하게 소비하고 싶은 경우 가장 효과적이다.

③ 구매유형

경매	최대한 낮은 금액 또는 일정한 목표 금액으로 타겟에게 도달하기 위해 입찰할 수 있다. 입찰가, 추산 행동률, 광고 품질을 통하여 경매 낙찰자를 선정한다.
도달 및 빈도	고정 가격을 지불하고 계획한 대로 타겟 대상에 도달할 수 있다. 일부 광고 계정에는 지원되지 않으며, 도달하려는 타겟 규모가 20만 명 이상일 때 이용 가능하므로 상당한 예산이 필요하다.
TRP (타겟 시청률)	TV 캠페인 기획에 익숙한 광고주가 Facebook과 Instagram에서 Nielsen 인증 TRP(Target Rating Points, 타겟 시청률)를 사용하여 동영상 캠페인을 계획하고 구매할 수 있다(일부 광고주만 사용 가능).

> **참고**   경매 낙찰자
>
> • 입찰가 : 광고주가 해당 광고에 설정한 입찰가로, 광고주가 원하는 결과를 달성하기 위해 지불할 의향이 있는 금액이다.
> • 추산 행동률 : 특정 사람이 특정 광고에 반응을 보이거나 특정 광고로부터 전환하는 행동의 추정치이다. 다시 말해 타겟에게 광고를 노출해 광고주가 원하는 결과를 유도할 수 있는 가능성을 말한다.
> • 광고 품질 : 광고를 보거나 숨기는 사람들의 피드백이나 품질을 떨어뜨리는 속성 등 다양한 요소를 평가하여 측정한 광고 품질을 말한다.

3 Meta for Business 광고의 목표와 타겟팅

(1) Meta for Business 광고의 목표

목표	내용	방법
브랜드 인지도 높이기	온라인에서 브랜드의 인지도를 높인다.	• 게시물을 활용하여 팔로워들에게 비즈니스를 소개하고, 광고를 통하여 비즈니스 인지도를 높인다. • 동영상 광고로 브랜드 스토리를 전달한다. • 웹사이트에서 고객에게 정보를 제공한다.
주변 지역에 비즈니스 홍보	매장 주변의 많은 사람들과 소통하여 매장 방문 수와 매출을 올린다.	• 지도에 매장 위치를 표시한다. • 맞춤형 광고로 많은 구매 고객에게 도달한다. • 광고 캠페인을 최적화한다.
온라인 판매 증가	새로운 타겟에게 도달하고 고객 관계를 형성하여 온라인 판매를 늘린다.	• Facebook 메시지 플랫폼을 통해 고객과 소통한다. • 맞춤형 광고를 통해 구매할 가능성이 가장 큰 사람에게 도달한다. • Facebook 및 Instagram Shops을 이용하여 사람들이 제품을 확인할 수 있게 한다.

앱 홍보	많은 사람들이 앱을 다운로드하고 사용하게 한다.	• Facebook 페이지로 앱을 홍보하고, Facebook SDK를 사용하여 사용자들에 대해 파악한다. • 모바일 앱 광고로 설치와 참여를 늘린다. • 결과를 측정한다.
잠재 고객 확보	새로운 고객을 찾아 비즈니스를 성장시킨다.	• 잠재 고객용 광고를 사용하여 온라인으로 고객층을 늘린다. • 메시지 도구를 사용하여 관심 있는 고객과 즉시 소통하고, 전화로 새로운 고객과 즉시 연락한다.
콘텐츠 수익화	콘텐츠로 수익을 올리는 새로운 방법을 찾는다.	• 동영상 또는 게시글에 광고를 포함한다. • 구독 바로가기를 추가하거나, 브랜드와 협업을 한다. • 라이브 방송으로 수익을 올린다.
기존 고객 리타겟팅	사람들이 웹사이트를 재방문하고 행동을 취하도록 유도한다.	• 행동을 취할 준비가 된 사람을 찾는다. • 리타겟팅 캠페인을 위한 맞춤 타겟을 만든다. • 맞춤화 광고를 하고, 테스트하여 결과를 측정한다.

(2) Meta for Business 타겟팅

① 핵심 타겟

    ㉠ 연령, 관심사, 지역 등의 기준에 따라 타겟을 정의하며, 광고가 게재되는 위치에 대한 규칙을 설정할 수 있다.

    ㉡ 기준에 따른 분류

기준	내용
위치	도시, 지역 사회, 국가
인구 통계학적 특성	연령, 성별, 학력, 직책
관심사	사람들의 관심사와 취미
행동	이전 구매 내역이나 기기 사용 등의 소비자 행동
연결 관계	Facebook 페이지 또는 이벤트에 연결된 사람들을 포함하거나 새로운 타겟

    ※Facebook은 개인 식별 정보(인구 통계학적 특성)를 공유하지 않는다.

② 맞춤 타겟

    ㉠ 온라인 및 오프라인에서 비즈니스에 참여한 적이 있는 사람들을 타겟으로 설정하며, 광고 계정당 최대 500개까지 생성할 수 있다.

    ㉡ 연락처 리스트, 사이트 방문자, 앱 사용자를 타겟으로 만들 수 있다.

ⓒ 유형

- 웹사이트 맞춤 타겟

- 앱 활동 맞춤 타겟

- 고객 리스트 맞춤 타겟

- 참여 맞춤 타겟

ⓔ 소스

비즈니스 보유 소스	웹사이트, 고객리스트, 앱 활동, 오프라인 활동
Meta 제공 소스	동영상 참여, Instagram 계정, 잠재고객용 양식 참여, 이벤트 참여, 인스턴트 경험 참여, Facebook 페이지 참여, 쇼핑참여, Facebook Market Place 참여

③ 유사 타겟

ⓐ 기존 고객과 유사한 관심사를 가진 새로운 사람들을 타겟으로 설정한다.

ⓑ 페이지를 좋아하는 사람, 전환 픽셀 또는 기존 맞춤 타겟을 기준으로 유사 타겟을 만들 수 있다.

ⓒ 유사 타겟의 규모를 1~10까지의 척도로 설정할 수 있으며, 1에 가까울수록 맞춤 타겟과 유사하다.

④ 대체 타겟팅

광범위 타겟팅	성별, 연령 및 위치가 포함한다. 주로 Facebook 게재 시스템에 의존하여 광고를 노출할 가장 적절한 사람들을 찾을 수 있어, 완전히 새로운 잠재 고객을 찾는 데 효과적이다.
유사 타겟 확장	유사 타겟을 활용하고 전환 목표를 사용하여 전환, 가치 또는 앱 이벤트에 최적화하는 경우 자동으로 적용된다.
타겟팅 확장	광고주의 상세 타겟팅이 광고 게재를 위한 가이드로 사용되며, 성과를 개선할 가능성이 있는 경우 지정한 상세 타겟팅을 벗어난 범위에도 광고를 게재할 수 있다.

> 참고 저장된 타겟과 특별 광고 타겟
> - 저장된 타겟 : 나중에 편하게 다시 사용할 수 있도록 자주 사용하는 타겟팅 옵션을 저장할 수 있어, 인구 통계학적 특성, 관심사 및 행동을 선택한 다음 향후 광고에서 다시 사용할 수 있다.
> - 특별 광고 타겟 : 가장 가치 있는 고객과 유사한 온라인 행동을 보이는 새로운 사람들을 타겟으로 설정하는 것으로, 특별 광고 카테고리의 광고에만 사용할 수 있다.

4 **Meta for Business의 광고형식과 자산 최적화**

(1) 광고의 형식

① 단일 이미지

　㉠ 눈길을 끄는 이미지와 문구를 사용하는 깔끔하고 단순한 광고 형식으로, 고화질 이미지나 그림을 통해 비즈니스의 정보와 상품 및 서비스를 홍보한다.

　㉡ 사이트 방문 유도, 신속한 광고 제작, 상품 인지도 제고, 간결한 메시지 전달 등의 장점이 있다.

[Meta for Business 단일 이미지]

② 슬라이드

　㉠ 하나의 광고에 이미지 또는 동영상을 최대 10개까지 추가가 가능하다.

　㉡ 슬라이드마다 별도의 링크를 포함할 수 있으며, 여러 상품을 홍보하거나 슬라이드 순서대로 전개되는 브랜드 스토리를 전달할 수 있다.

　㉢ Facebook에서 각 슬라이드의 성과에 따라 슬라이드 이미지의 순서를 최적화하는 자동 최적화 기능을 선택할 수 있다(단, 순차적으로 이야기를 전달하기 위한 경우, 자동 최적화 기능 해제).

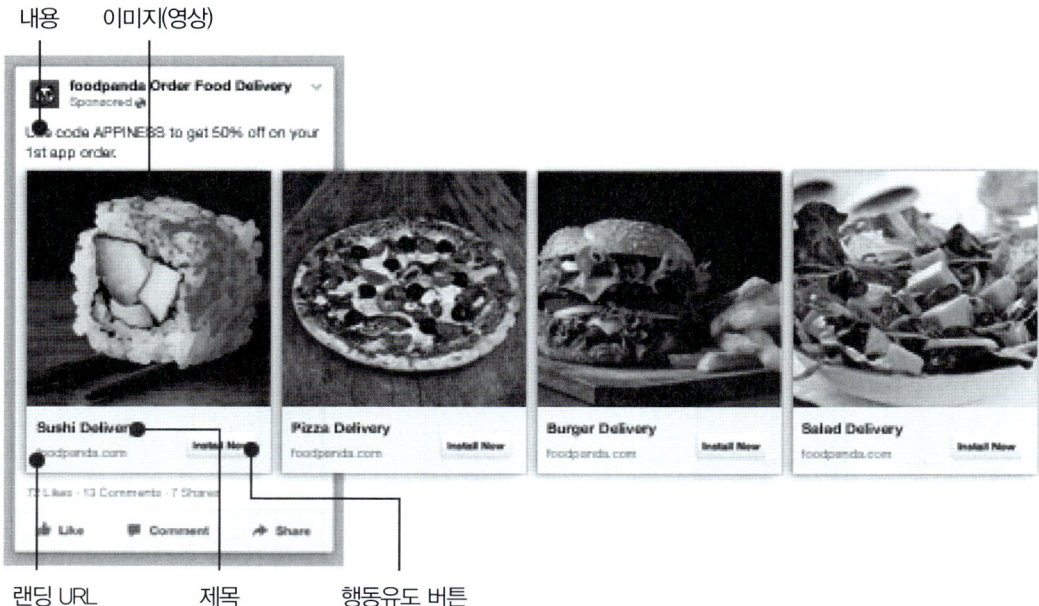

[Meta for Business 슬라이드]

③ 컬렉션

ⓐ 사람들이 제품을 발견한 후 구매까지 자연스럽게 이어갈 수 있게 해주는 모바일 전용 광고 형식이다.

ⓑ 각 컬렉션 광고에는 주요 동영상 또는 이미지가 표시되며 그 밑에 작은 이미지 3개가 그리드 레이아웃으로 배치된다.

ⓒ 제품 발견 유도, 모바일 기기에서 편리하게 둘러볼 수 있도록 함, 수요를 판매로 전환, 제품 카탈로그 소개 등의 장점이 존재한다.

ⓔ 컬렉션 광고에 맞는 템플릿

인스턴트 매장	인스턴트 룩북	인스턴트 신규 고객 확보
• 제품이 4개 이상 포함된 카탈로그가 있는 경우 • 한곳에서 제품을 둘러볼 수 있도록 그리드 형식으로 제품을 표시하려는 경우 • 강조할 하나의 메인 동영상 또는 이미지가 있고, 이어서 관련 제품을 표시하려는 경우 • 사람들이 웹사이트나 앱으로 이동하여 구매하도록 유도하려는 경우 • 카탈로그의 제품을 '회원님을 위한 추천', '최다 조회' 등 관련 있는 항목별로 자동으로 분류하려는 경우	• 제품을 사용하는 모습을 보여주려는 경우 • 기존 카탈로그 인쇄물의 디지털 버전을 만들려는 경우 • 탄탄한 브랜드 스토리를 전하면서 제품 판매도 유도하려는 경우	• 모바일 랜딩 페이지에서 전환을 유도하려는 경우 • 웹사이트나 앱에서 특정 행동을 유도하려는 경우 • 제품을 소개하는 고품질 이미지 또는 동영상이 있는 경우

[Meta for Business 컬렉션]

🔍 **참고** **카달로그**

Facebook과 Instagram에서 광고하거나 판매하려는 모든 상품에 대한 정보가 담긴 공간으로, 제품(이커머스), 호텔, 항공편, 목적지, 주택 매물 리스트, 차량 등 다양한 유형의 인벤토리에 대해 카탈로그를 만들 수 있다. 커머스 관리자는 카탈로그를 만들고 관리할 수 있는 플랫폼이다. 카탈로그의 상품은 픽셀을 통하여 일괄 업로드할 수 있다.

④ 동영상

　⊙ 노출 위치에 따라 다양한 화면 비율을 지원하며, 노출 위치에 따라 동영상 길이를 다르게 할 수 있다.

　⊙ 광고 관리자의 자산 맞춤화 기능을 사용하면 하나의 광고를 여러 노출 위치에서 다양한 비율로 사용할 수 있다.

　⊙ 새로운 방식으로 제품, 서비스 또는 브랜드를 소개할 수 있는 점, 시선을 빨리 사로잡을 수 있는 점, 간결한 메시지를 전달할 수 있는 점 등의 장점이 존재한다.

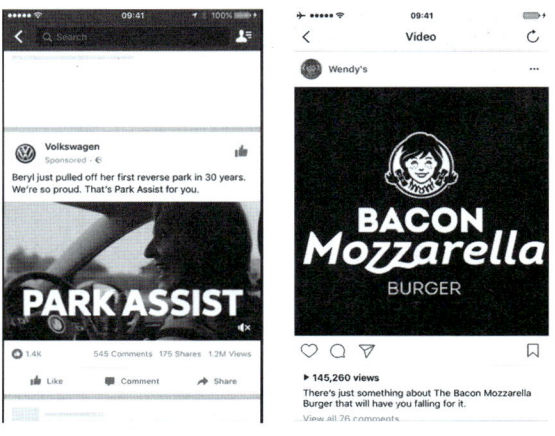

[Meta for Business 동영상]

⑤ 스토리

　⊙ 스토리는 Facebook, Instagram 및 Messenger를 이용하는 사람들이 저장하지 않으면 24시간 내에 사라지는 사진과 동영상을 통해 일상의 특별한 순간을 확인하고 공유할 수 있는 몰입도 높은 크리에이티브 형식으로, WhatsApp에는 이와 유사한 기능으로 WhatsApp 상태가 있다.

　⊙ 스토리 광고는 Facebook, Instagram과 Messenger에서 스토리 사이에 표시되는 전체 화면 이미지, 동영상 또는 슬라이드 광고로, 일반 스토리와 달리 24시간 후에도 사라지지 않는다.

　⊙ 스토리 광고의 장점

　　• 매일 5억 명 이상이 Facebook, Messenger, Instagram, WhatsApp의 스토리 기능을 이용한다.

　　• 매달 4백만 명의 광고주들이 스토리 광고를 사용한다.

　　• Facebook 앱 패밀리에서 매일 10억 개의 스토리가 공유된다.

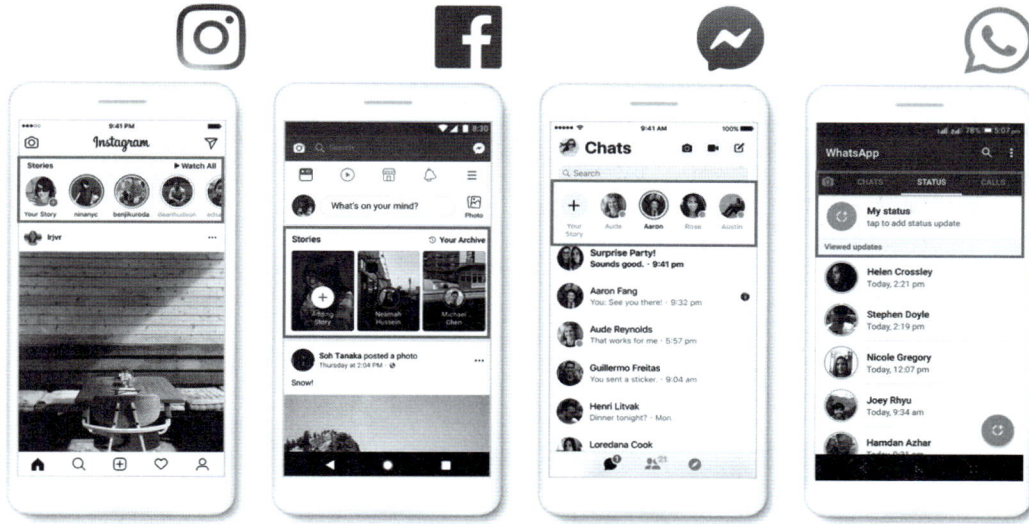

[Meta for Business 스토리 광고]

⑥ 인스턴트 경험

　㉠ 이전의 이름은 캔버스 광고로, 모바일에 최적화되어 즉시 읽어들일 수 있으며 타겟의 시선을 사로잡는 광고 경험을 제공한다.

　㉡ 인스턴트 경험으로 사람들은 단 하나의 광고를 통해 매력적인 동영상과 사진을 감상하고, 슬라이드를 밀어 넘기면서 구경하고, 기울여 더 넓게 보고, 태그된 제품으로 구성된 라이프스타일 이미지를 둘러볼 수 있다.

　㉢ 템플릿

인스턴트 매장	사람들이 한곳에서 더 많은 제품을 둘러볼 수 있도록 그리드 레이아웃 형식으로 제품을 선보인다.
인스턴트 신규 고개 확보	행동을 이끌어내는 모바일 랜딩 페이지로 전환을 유도한다.
인스턴트 스토리텔링	사람들이 브랜드, 제품, 서비스를 집중적으로 살펴볼 수 있도록 한다.
인스턴트 룩북	사진을 통해 제품이 사용되는 모습을 보여준다.

[Meta for Business 인스턴트 경험]

⑦ 앱 데모

　㉠ Facebook 및 Audience Network를 위한 인터랙티브 동영상 광고인 플레이어블 광고를 사용
　한다.

　㉡ 앱을 구매하기 전에 체험해볼 수 있으므로 앱을 다운로드할 의향이 높은 사용자를 찾는 데 도
　움이 된다.

[Meta for Business 앱 데모]

⑧ 브랜디드 콘텐츠

　㉠ 브랜디드 콘텐츠는 크리에이터/퍼블리셔가 후원을 받고 비즈니스 파트너를 소재로 하거나 비
　즈니스 파트너로부터 영향을 받은 내용을 담아 제작한 콘텐츠를 말한다.

ⓛ 크리에이터나 퍼블리셔는 브랜디드 콘텐츠를 게시할 때 반드시 비즈니스 파트너의 페이지를 태그해야 한다.

[Meta for Business 브랜디드 콘텐츠]

🔍 참고   목표별로 지원되는 광고 형식

구분	이미지	동영상	슬라이드	컬렉션	인스턴트 경험
브랜드 인지도	○	○	○		○
도달	○	○	○	○	○
트래픽	○	○	○	○	○
참여	○	○	○		○
앱 설치	○	○	○		○
동영상 조회		○			○
잠재 고객 확보	○	○	○		○
메시지	○	○	○		
전환	○	○	○	○	○
카탈로그 판매	○		○	○	○
매장유입	○	○		○	○

※ 이전 목표에 따른 분류

SNS광고 마케팅 - SNS광고 실무

(2) 광고의 노출 위치

① 타겟을 선택한 후에는 광고를 게재할 위치를 선택하며, Facebook, Instagram, Messenger, Audience Network 중에서 선택하거나 모두 선택할 수 있다. 특정 모바일 기기에 광고가 게재되도록 할 수 있다.

② 노출 위치의 자산 맞춤화를 통해 Facebook, Instagram, Audience Network 및 Messenger에서 크리에이티브 자산을 노출 위치에 맞춤화할 수 있다. 이 기능을 사용하여 각 노출 위치의 타겟 행동과 모범 사례에 맞게 광고를 맞춤 설정하면, 최대한 많은 곳에서 광고가 노출될 수 있다.

③ 자동 노출 위치 설정

　㉠ 앱 패밀리의 광고노출지면에 가장 낮은 비용으로 광고를 최적화하기 위하여 사용한다.

　㉡ 게재 시스템을 통해 예산을 최대한 활용하여, 더 많은 도달과 더 많은 전환을 일으킬 수 있다.

　㉢ Facebook, Instagram, Audience Network, Messenger에서 적용한 설정에 맞게 사용 가능한 모든 노출 위치에 광고가 노출된다.

④ 노출 위치

　㉠ 피드

　　• 받은 메시지함이나 데스크톱, 모바일 피드를 스크롤하는 사람들에게 광고가 노출된다.

　　• 정사각형(1:1) 이미지와 세로(4:5) 비디오를 사용하는 것이 좋다.

　　• Facebook 뉴스피드, Instagram 피드, Facebook Marketplace, Facebook 동영상 피드, Facebook 오른쪽 칼럼, Instagram 탐색, Messenger 받은 메시지함에 존재한다.

| Facebook
News Feed | Instagram
Feed | Facebook
Marketplace | Facebook
Video Feeds | Facebook
Right Column | Instagram
Explore | Messenger
Inbox |

[Meta for Business 피드 노출 위치]

　㉡ 스토리

　　• 세로 방향 전체 화면 광고가 사람들의 스토리에 노출된다.

　　• 전체 화면 수직(9:16) 이미지와 비디오를 사용하는 것이 좋다.

　　• Facebook 스토리, Instagram 스토리, Messenger 스토리에 존재한다.

[Meta for Business 스토리 노출 위치]

ⓒ 인스트림

- 광고가 동영상 콘텐츠 재생 전이나 재생 중 또는 재생 후에 노출되며, 동영상은 15초 이하로 제한된다.
- Facebook의 경우 이미지는 16:9, 동영상은 1:1, 잠재 고객 네트워크의 경우 16:9를 사용하는 것이 좋다.
- Facebook 인스트림 동영상, Instagram 인스트림 동영상, Instagram 릴스에 존재한다.

[Meta for Business 인스트림 노출 위치]

ㄹ 검색

- 광고가 관련 Facebook 및 Marketplace 검색 결과 옆에 노출된다.
- Facebook 검색 결과, Marketplace 검색 결과에 존재한다.

**Facebook
Search Results**

[Meta for Business 검색 노출 위치]

ㅁ 메시지

- 광고가 Messenger에서 비즈니스와 대화를 나눈 적이 있는 사람들에게 메시지 형태로 노출된다.
- 메신저 받은 편지함의 경우 가로(1.91:1 또는 16:9) 이미지를 사용하는 것이 좋다.
- Messenger 홍보 메시지에 존재한다.

**Messenger
Sponsored Messages**

[Meta for Business 메시지 노출 위치]

ⓗ 아티클 내

- 광고가 Facebook 모바일 앱 내의 인스턴트 아티클에 노출된다.
- 가로(16:9) 또는 정사각형(1:1) 이미지와 비디오를 사용하는 것이 좋다.
- Facebook 인스턴트 아티클에 존재한다.

**Facebook
Instant Articles**

[Meta for Business 아티클 내 노출 위치]

ⓢ 앱

- 광고가 외부 앱에 노출된다.
- Audience Network Native, Banner 및 Interstitial ads 및 Audience Network Rewarded Video ads는 9:16 콘텐츠를, Audience Network In-Stream Video 광고의 경우 16:9 콘텐츠를 사용하는 것이 좋다.
- Audience Network 네이티브, 배너 및 전면 광고, Audience Network 보상형 동영상에 존재한다.

**Audience Network
Banner, Native and Interstitial**

**Audience Network
Rewarded Video**

[Meta for Business 앱 노출 위치]

◎ Oculus

- Oculus 모바일 앱 피드 : 홍보 VR 앱 또는 Oculus 이벤트 광고가 Oculus 모바일 앱에 추천 사항으로 표시된다.
- Oculus 모바일 앱 검색 결과 : 홍보 VR 앱 Oculus 이벤트 광고의 관련 키워드가 Oculus 모바일 앱 검색 결과에 표시된다.

(3) 자산 최적화

① 캠페인 예산 최적화(Campaign Budget Optimization, CBO)

    ㉠ 통합 캠페인 예산을 설정하고 가장 효과적인 광고 세트에 예산을 실시간으로 계속 분배할 수 있다.

    ㉡ 캠페인 설정을 간소화하고 수동으로 관리해야 하는 예산의 수를 줄일 수 있다.

    ㉢ 최저 비용으로 최대의 캠페인 성과를 얻는 데 도움이 되며, 캠페인에 포함된 광고 세트가 2개 이상인 경우에 가장 적합하다.

    ㉣ 전체 성과 개선, 게재 및 자동화 증가, 오디언스 중복 예방 등의 장점이 있다.

② 광고 세트 예산 최적화(Ad set Budget Optimization)

    ㉠ 캠페인 예산을 설정하는 대신 개별 광고 세트에 대한 예산을 설정할 수도 있다.

    ㉡ 해당 광고 세트에서 기회를 찾는 즉시 예산을 지출할 수 있다.

    ㉢ 게재를 더 광범위하게 관리할 수 있다.

🔍 참고 자산 최적화별 적합한 경우

캠페인 예산 최적화	광고 세트 예산 최적화
• 여러 광고 세트어 예산을 유연하게 지출하려는 경우 • 캠페인 수준에서 결과를 측정하려는 경우 • 캠페인 설정 및 관리를 간소화하려는 경우 • 모든 광고 세트어 동일한 가치를 부여하려는 경우 • 비용 및 입찰 또는 광고 지출 대비 수익률(ROAS) 관리와 같은 수동 입찰 전략을 통해 상대적 가치를 표시하려는 경우	• 각 광고 세트에 지출하는 금액을 관리하려는 경우 • 각 광고 세트의 가치가 크게 다르며, 수동 입찰을 통해 가치를 표시할 수 없는 경우 • 광고 세트 간의 타겟 크기가 크게 다른 경우 • 여러 최적화 목표 또는 입찰 전략을 함께 사용하려는 경우 • 각 광고 세트의 노출 위치를 다르게 설정하는 경우

5 성과 측정 도구와 광고 보고서

(1) Meta 픽셀

① Meta 픽셀은 웹사이트에서 방문자의 활동을 추적할 수 있는 JavaScript의 픽셀 코드이다.

② 사이트 방문자가 추적(전환)하고자 하는 액션(이벤트)을 취할 때마다 사용할 수 있다.

③ 추적된 전환은 광고 효과를 측정하는 데 사용할 수 있는 광고 관리자에 나타나며, 다이내믹 광고 캠페인의 광고 타겟팅을 위해 맞춤 타겟을 정의하고 웹사이트 전환 퍼널의 효과를 분석하는 데 사용할 수 있다.

④ 알맞은 타겟 생성, 사용자 행동 분석, 머신러닝 최적화 및 광고 전환 최적화를 통한 성과 증대 등의 장점이 있다.

🔍 참고 다이내믹 크리에이티브(다이내믹 광고)

- 개념 : 이미지와 제목 등의 크리에이티브 요소를 제공하면 타겟에 최적화된 조합이 자동으로 생성된다. 버전마다 하나 이상의 요소를 기반으로 서로 다른 형식 또는 템플릿이 포함될 수 있다.
- 다이내믹 광고 타사 파트너 : Facebook에서 BigCommerce, Magento, WooCommerce, Shopify 사용
- 요구 사항 : Facebook 픽셀 또는 SDK, 비즈니스 관리자 계정, 제품 카탈로그
- 다이내믹 광고를 사용하는 이유

맞춤화	고객의 행동과 관심사에 따라 관련성이 높은 콘텐츠와 크리에이티브를 자동으로 제공한다.
상시 게재	각 제품에 따른 개별 광고를 구성하지 않아도 모든 제품을 지속적으로 최적화하고 홍보하는 자동화된 캠페인이다.
리타겟팅	웹사이트나 모바일 앱 고객을 리타겟팅하여 고객이 둘러보았지만 구매하지 않은 제품을 상기 시켜준다.
새로운 고객 확보	웹사이트나 앱을 아직 방문하지 않았더라도 광범위 타겟팅을 활용하여 비즈니스의 제품(또는 유사한 제품)에 관심을 보인 새로운 사람들에게 도달할 수 있다.
일반 재고	사람들이 카탈로그를 재방문하도록 다이내믹 광고 캠페인의 제품 상세 정보가 Instagram Shop 탭 피드와 같은 일반적인 재고 경험과 Facebook 및 Instagram에 표시될 수 있다.

```
<script>
!function(f,b,e,v,n,t,s)
{if(f.fbq)return;n=f.fbq=function(){n.callMethod?
n.callMethod.apply(n,arguments):n.queue.push(arguments)};
if(!f._fbq)f._fbq=n;n.push=n;n.loaded=!0;n.version='2.0';
n.queue=[];t=b.createElement(e);t.async=!0;
t.src=v;s=b.getElementsByTagName(e)[0];
s.parentNode.insertBefore(t,s)}(window, document,'script',
'https://connect.facebook.net/en_US/fbevents.js');
fbq('init', '{your-pixel-id-goes-here}');
fbq('track', 'PageView');
</script>
<noscript>
 <img height="1" width="1" style="display:none"
    src="https://www.facebook.com/tr?id={your-pixel-id-goes-here}&ev=PageView&noscript=1"/>
</noscript>
```

[Meta for Business 픽셀 기본 코드]

(2) 오프라인 전환

① Facebook 광고가 매장 구매, 전화 주문, 예약 등 얼마나 많은 실질적인 성과를 유도했는지 측정할 수 있다.

② 오프라인 활동을 추적하고 해당 활동에 대한 광고의 기여도 및 지출 대비 수익을 측정한다.

③ 오프라인에서 사람들에게 도달하고 사람들이 오프라인에서 취한 행동을 기반으로 광고를 노출한다.

④ 캠페인을 시작하기 전에 이벤트 관리자에서 오프라인 이벤트 세트를 만들고 광고 계정에 연결해야 한다.

(3) 전환 API

① 비즈니스의 서버, 웹사이트 플랫폼 또는 CRM의 마케팅 데이터와 Facebook 간을 직접적이고 안정적으로 연결하며, 이 마케팅 데이터는 Facebook에서 광고 맞춤화, 최적화 및 측정에 도움이 되어 관심을 가질 가능성이 높은 사람들에게 비즈니스의 광고를 노출한다.

② 마케팅 데이터와 Facebook 시스템 간을 직접 연결하여 광고 타겟팅을 최적화하여, 행동당 비용을 낮추며, 결과를 측정할 수 있게 설계되었다.

③ 연결을 개선하여 행동당 비용을 낮추며, 이벤트 매칭을 늘려서 행동당 비용을 낮춘다.

④ 측정을 개선하며, 고객 여정에서 나중에 발생하는 행동에 광고를 최적화하고, 데이터를 더 구체적으로 관리할 수 있다.

최근 쿠키 지원을 중단하는 브라우저가 늘어나면서 웹사이트 전환 추적이 어려워짐에 따라 성과 저하 현상이 나타날 수 있다. 이와 같은 상황에서 캠페인 최적화를 위해서는 전환 API 기능을 실현해야 한다.

(4) Facebook Business SDK

① 앱에서 취하는 행동을 파악하고 측정할 수 있다.

② 비즈니스 API 제품군에 액세스할 수 있어 고유한 맞춤형 솔루션을 구축하여 비즈니스 및 고객에게 서비스를 제공할 수 있다.

③ 광고 구매, Instagram 관리, 규모에 맞는 고객 온보딩, 페이지 관리의 용도로 쓰인다.

(5) 광고 관리자 보고서

① 광고 만들기, 게재 기간과 노출 위치 관리, 마케팅 목표 대비 캠페인 성과 추적 등을 한 눈에 확인할 수 있다.

② 선택한 매개변수에 따라 광고 성과에 관한 보고서를 만들고, 맞춤 설정하고, 내보내고, 공유하고, 예약할 수 있다.

③ 처음부터 맞춤 보고서를 만들거나 분석 데이터, 필터, 정렬을 비롯한 다양한 고급 기능을 사용하여 보고서를 맞춤 설정할 수 있다.

참고 Facebook 성과기여

• 여러 퍼블리셔, 채널, 기기에서 광고의 효과를 측정하고 파악할 수 있는 도구로 현재는 사용이 불가능하다.
• 타겟에게 다양한 플랫폼에서 마케팅할 수 있고, 최적으로 노출 중인 노출 위치, 크리에이티브, 타겟을 최적화할 수 있다.
• 효과적으로 전환을 유도하는 캠페인에 예산을 재분배하여 투자 수익률을 최대화한다.

part 02

SNS광고 마케팅 – SNS광고 실무

제**2**장

유튜브

SOCIAL NETWORK SERVICE ADVERTISEMENT MARKETER

1 유튜브 광고 입문

(1) Google Ads

① 구글과 유튜브 광고를 하나로 통합하여 운영하는 플랫폼이다.

② 검색광고, 디스플레이 광고(GDN), 동영상 광고(YouTube), 쇼핑 광고, 앱 프로모션광고가 존재한다.

③ 광고등록

> 캠페인 목표 및 유형 설정 → 캠페인 설정 → 광고그룹 만들기 → 광고 만들기

㉠ 판매, 리드, 웹사이트 트래픽, 제품 및 브랜드 구매 고려도, 브랜드 인지도 및 도달범위, 앱 프로모션, 오프라인 매장 방문 및 프로모션, 목표 설정 없이 캠페인 만들기 중 선택할 수 있다.

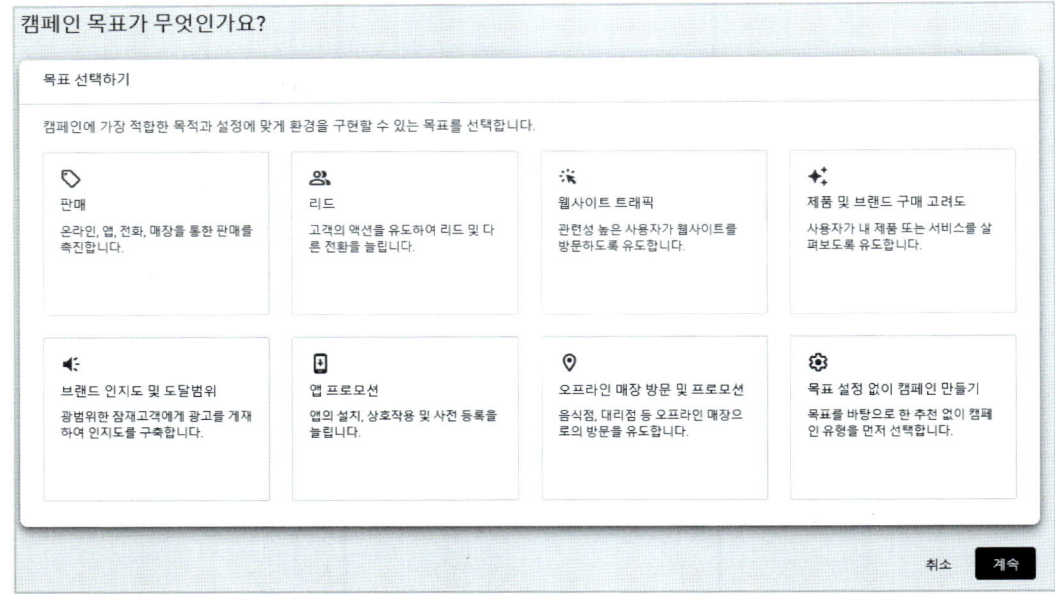

[Google ads 캠페인 목표]

ⓛ 캠페인 목표에 맞는 캠페인 유형을 선택한다.

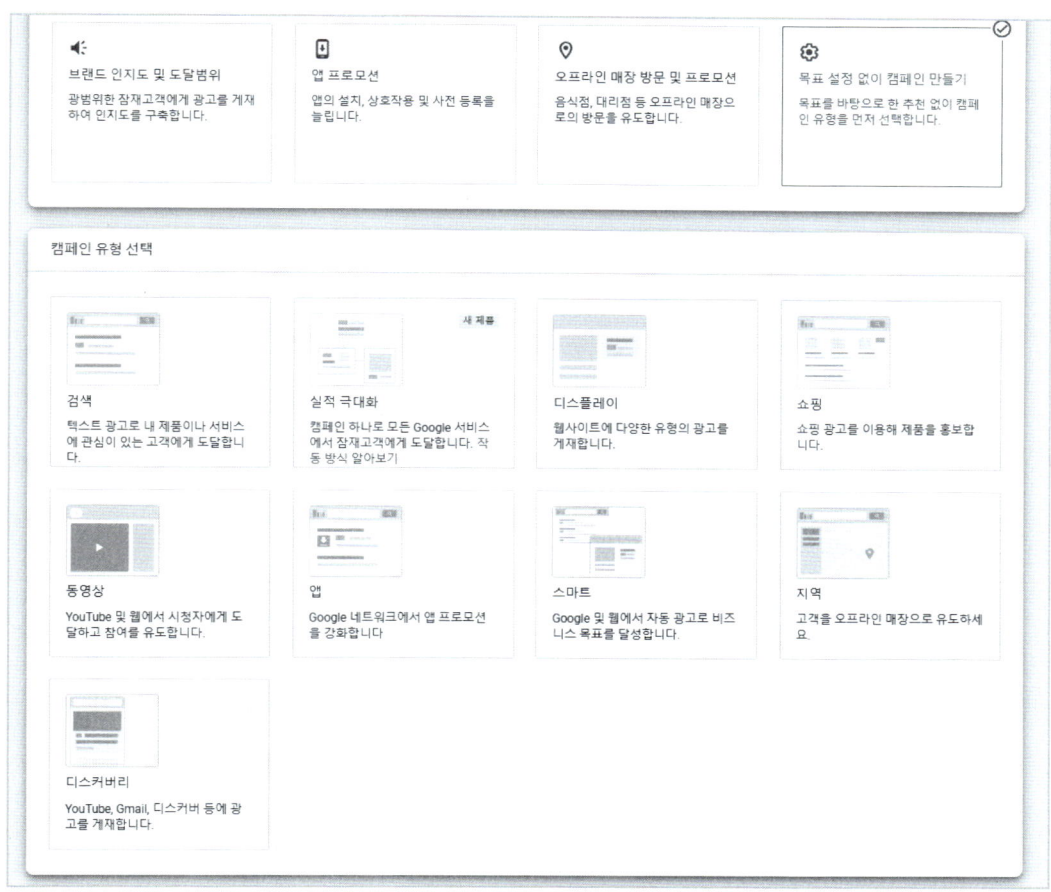

[Google ads 캠페인 유형]

🔍 참고   캠페인을 성공적으로 준비하기 위한 8가지 단계

목표정의 → 캠페인 유형 선택 → 예산 설정 → 입찰유형 선택 → 광고에 광고 확장 추가 → 광고그룹 생성 → 타겟팅 선택 → 전환 설정

(2) 유튜브 기능

기능	설명
YouTube Go	동영상 미리보기 및 다운로드, 데이터 사용 제어, 관심사 찾기
YouTube Kids	어린이를 위한 안전한 온라인 환경, 부모님용 자료, 가족용 동영상
YouTube Music	YouTube 음악 앱, 음악 추천, 오프라인 저장

part
02

SNS광고 마케터 - SNS광고 실무

YouTube Originals	오리지널 시리즈, 영화, 이벤트
YouTube Premium	광고 없이 백그라운드, 오프라인 저장, YouTube Music Premium
YouTube Select	고유한 마케팅 요구 사항에 맞게 조정된 다양한 관련 콘텐츠 라인업 및 프로그램 제공
YouTube Studio	크리에이터를 위한 공간, 인지도 관리, 채널 성장, 시청자와의 소통, 수익 창출
YouTube TV	주요 방송 및 인기 케이블 네트워크의 라이브 TV를 시청할 수 있는 구독 스트리밍 서비스

참고 Google Tool

- 비디오 빌더(Video Builder) : 브랜드가 보유한 이미지와 텍스트만으로 15초 유튜브 동영상 제작이 가능한 도구이다.
- 비디오 애드 시퀀싱(Video Ads Sequencing) : 광고를 원하는 순서대로 잠재 고객에게 스토리텔링할 수 있어, 제품과 서비스의 소비자 인지도 및 고려도 제고에 효과적이다.
- 디렉터 믹스(Director Mix) : 구글의 맞춤형 메시지 동영상 자동화 솔루션으로, 타겟 그룹별 맞춤 크리에이티브를 전달하는 방식의 도구이다.

(3) 유튜브 수익 창출

방법	설명	조건
채널 수익	YouTube 리소스와 수익 창출 기능을 더 폭넓게 사용할 수 있는 기회를 얻어, 콘텐츠에 게재된 광고의 수익 공유할 수 있다.	• 모든 YouTube 채널 수익 창출 정책을 준수하여야 함 • YouTube 파트너 프로그램이 제공되는 국가/지역에 거주해야 함 • 채널에 활성 상태의 커뮤니티 가이드 위반 경고가 없어야 함 • 최근 12개월간 공개 동영상의 유효 시청 시간이 4,000시간을 넘음 • 구독자 수 1,000명 초과 • 연결된 애드센스 계정 존재
광고 수익	디스플레이, 오버레이, 동영상 광고를 통해 광고 수익을 올린다.	• 만 18세 이상이거나, 애드센스를 통해 지급액을 처리할 수 있는 만 18세 이상의 법적 보호자가 있어야 함 • 광고주 친화적인 콘텐츠 가이드라인을 준수하는 콘텐츠 제작
채널 멤버십	채널 회원이 크리에이터가 제공하는 특별한 혜택을 이용하는 대가로 매월 이용료를 지불한다.	• 만 18세 이상 • 구독자 수 1,000명 초과
상품 섹션	팬들이 보기 페이지에 진열된 공식 브랜드 상품을 둘러보고 구입할 수 있다.	• 만 18세 이상 • 구독자 수 10,000명 초과

Super Chat 및 Super Sticker	팬들이 채팅 스트림에서 자신의 메시지를 강조표시하기 위해 구입한다.	• 만 18세 이상 • Super Chat이 제공되는 국가/지역에 거주
YouTube Premium 수익	YouTube Premium 구독자가 크리에이터의 콘텐츠를 시청하면 구독료의 일부가 지급된다.	YouTube Premium 구독자용 콘텐츠 제작

참고 유튜브 핵심 알고리즘 항목

• 조회수
• 검색결과
• 추천 영상
• 인기 영상
• 수익 창출

(4) 유튜브 광고 상품

① 건너뛸 수 있는 인스트림 광고

㉠ 이전의 트루뷰 인스트림 광고로, 5초 후 시청자가 광고를 건너뛰고 동영상을 계속 볼 수 있는 광고이다.

㉡ YouTube와 Google 동영상 파트너 웹사이트 및 앱에 게시된 다른 동영상 전(프리 롤), 후(포스트 롤) 또는 중간(미드롤, 영상 길이 8분 이상에서만 가능)에 재생되며, 동영상 길이에 제한은 없지만 3분 미만의 동영상을 사용하는 것이 효과가 좋다.

㉢ 클릭 유도 문구 버튼, 사이트링크 광고 확장, 제품 피드 등의 상호작용 기능을 광고에 추가하여 사용자가 브랜드 또는 비즈니스와 상호작용하도록 유도할 수 있다.

㉣ **사용 가능 에셋** : YouTube 동영상 URL, 최종 URL, 표시 URL, 클릭 유도 문구, 광고 제목, 컴패니언 배너

㉤ 과금 방식

• 조회당 비용(CPV)을 사용할 경우 시청자가 동영상을 30초 지점까지(동영상 광고가 30초 미만인 경우 광고 전체) 시청하거나 동영상과 상호작용할 때(둘 중 **빠른** 시점 적용) 비용을 지불한다.

• 타겟 CPM, 타겟 CPA, 전환수 최대화 입찰을 사용하는 경우 노출수를 기준으로 비용을 지불한다.

• 클릭 유도 문구 버튼, 랜딩 URL 등 클릭 영역 연결시 과금된다.

part
02

SNS광고 마케팅 - SNS광고 실무

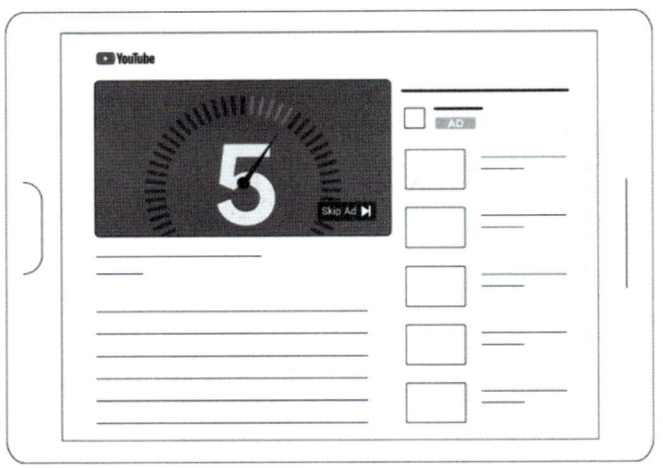

[유튜브 건너뛸 수 있는 인스트림 광고]

참고 컴패니언 배너

• 컴패니언 배너는 YouTube에서 동영상 광고 옆(우측 상단)에 표시된다.
• 데스크톱에만 표시되며, 건너뛸 수 있는 인스트림 광고, 건너뛸 수 없는 인스트림 광고, 범퍼 광고에 지원한다.
• 컴패니언 배너를 클릭하면 캠페인을 만들 때 제공한 웹사이트 URL로 이동하며, 사용자가 광고를 30초 이상 시청하지 않더라도 조회로 집계된다.
• 파일 형식(JPEG, GIF 또는 PNG), 해상도(300px×60px), GIF 프레임 속도(초당 5프레임 미만), 최대 크기(150KB)의 요구사항이 있다.

[유튜브 컴패니언 배너]

② 건너뛸 수 없는 인스트림 광고

　㉠ 시청자가 건너뛸 수 없는 광고이다.

　㉡ 다른 동영상 전후 또는 중간에 재생되며, 동영상 길이는 15초 이하이다.

　㉢ **사용가능한 에셋** : YouTube 동영상 URL, 최종 URL, 표시 URL, 클릭 유도 문구(선택사항),

광고 제목(선택사항), 컴패니언 배너

ⓔ **과금 방식** : 1,000회 노출당 비용(CPM)

[유튜브 건너뛸 수 없는 인스트림 광고]

🔍 참고 오버레이 광고

데스크톱에만 노출되는 광고로, 오버레이 이미지 또는 텍스트 광고가 동영상 하단 20% 부분에 게재된다. 사양은 468×60 또는 728×90 픽셀의 제한이 있다.

③ 인피드 동영상 광고

ⓐ 브랜드, 제품, 서비스를 타겟층이 시청할 가능성이 높은 YouTube 콘텐츠 옆에 게재하는 광고이다.

ⓑ 영상 미리보기 이미지와 텍스트가 노출되며, 광고 영상의 길이에 제한이 없고, 광고 클릭 시 영상 시청 페이지로 넘어간다.

ⓒ **사용가능한 에셋** : YouTube 동영상 URL, 채널 이름, 썸네일, 광고 제목, 설명(최대 2줄의 텍스트)

ⓓ **게재위치**

- YouTube 검색결과
- YouTube 다음 볼만한 동영상
- YouTube 모바일 피드

ⓔ **과금 방식** : 조회당 비용(CPV), 즉 영상 이미지 또는 텍스트 클릭시(단, YouTube 앱의 경우 시청자가 '피드에서 재생'을 사용 설정할 때 광고에서 자동으로 재생되는 동영상의 조회수는 계산하지 않는다.)

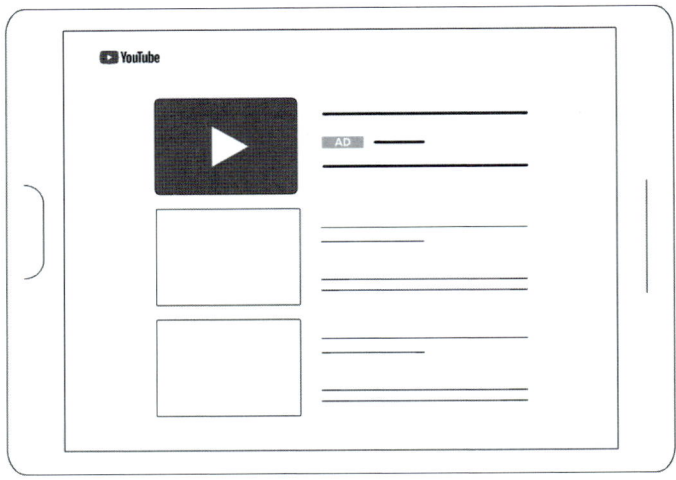

[유튜브 인피드 광고]

④ CPM 마스트헤드

   ㉠ 모든 기기에 노출되는 네이티브 동영상 기반 광고 형식으로 브랜드, 제품 또는 서비스를 선보일 수 있다.

   ㉡ 예약 방식으로만 제공되므로, 광고 소재를 영업시간 기준 48시간 전에 미리 제출하여야 한다.

   ㉢ **과금 방식** : 1,000회 노출당 비용(CPM)

   ㉣ **사용가능한 에셋** : YouTube 동영상 URL, 광고 제목, 클릭 유도문안 버튼 텍스트, 클릭 유도문안 클릭연결 URL, 설명문안 텍스트 지원, 기본 동영상 레이아웃, 자동재생 타이밍, 컴패니언 동영상, 채널 아트, 채널 아이콘

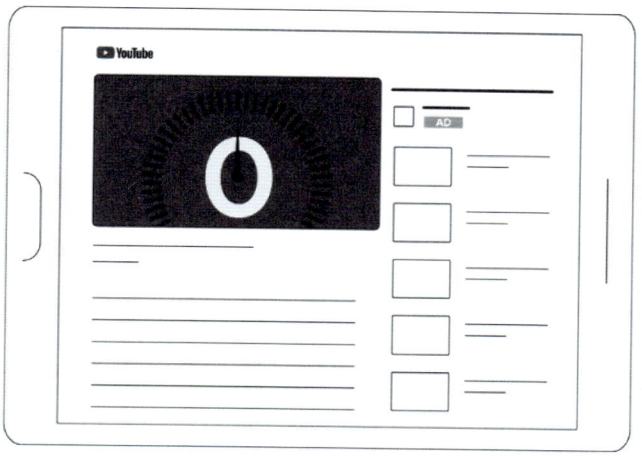

[유튜브 마스트헤드]

⑤ 범퍼애드

㉠ 6초 이하의 건너뛸 수 없는 광고로, 다른 동영상 전후 또는 중간에 재생된다.

㉡ 짧고 기억하기 쉬운 메시지로 광범위한 고객에게 도달할 때 사용한다.

㉢ **과금 방식** : 1,000회 노출당 비용(CPM)

🔍 **참고** 범퍼애드의 장점

• 낮은 거부감
• 제작의 편리성
• 상대적으로 저렴한 광고비

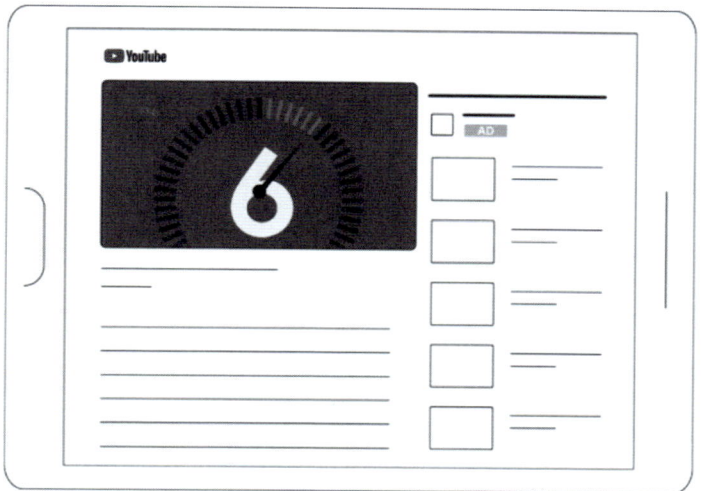

[유튜브 범퍼애드]

> **⊕ 참고**   아웃스트림
>
> • 음소거 상태로 재생되며, 시청자가 광고를 탭하면 동영상의 음소거를 해제할 수 있다.
> • YouTube에서 사용할 수 없으며, YouTube 이외에서 노출되는 상품이다.
> • 비용 효율적으로 동영상 도달 범위를 늘릴 수 있도록 설계되어, 모바일에서 동영상 광고의 도달범위를 확장하여 더 많은 고객에게 도달하고자 할 때 사용한다.
> • 조회가능 1,000회 노출당비용(vCPM)을 기준으로 광고 비용이 청구되고, 사용자가 2초 이상 동영상을 본 경우에만 비용이 청구된다.

(5) 목표별 적절한 유튜브 광고

① 브랜드 인지도(CPM 과금)

CPM 마스트헤드	• YouTube 홈 피드의 눈에 띄는 위치(홈 최상단)에서 브랜드 또는 서비스를 홍보한다. • 모든 사용자에게 노출할 수 있으며, 클릭 유도를 통해 웹사이트 방문이 가능하다.
범퍼애드	• 6초 이하의 영상으로 제작이 용이하며, 거부감이 적다. • 저렴한 단가로 사용자들에게 도달할 수 있다.
트루뷰포리치	• 범퍼애드와 건너뛸 수 있는 인스트림 광고의 결합 상품으로, 영상 길이의 제한이 없다. • 트루뷰포리치 상품과 믹스하면 도달률을 높일 수 있다.

② 브랜드 고려도(CPV 과금)

건너뛸 수 있는 인스트림 광고	• 영상에 관심이 없는 사용자들, 즉 건너뛰기 또는 이탈한 사용자에게는 과금되지 않는다. • 브랜드 스토리를 효율적으로 전달할 수 있다.
인피드 광고	• 광고 클릭 시 영상 시청 페이지로 넘어가 채널 활성화에 좋다. • 시청자가 브랜드의 동영상을 구독, 공유, 시청할 가능성이 더 높아진다(인게이지먼트 유도).

③ 퍼포먼스 증대(CPC 과금)

비디오 액션 캠페인	• 전환 가능성이 높은 사용자에게 유튜브 내 모든 페이지에서 광고가 노출된다. • 앱 내의 상세 페이지로 사용자를 유입시키는 앱 딥링킹(App Deeplinking) 기능을 사용한다.
유튜브 디스커버리	• 이미지, 텍스트로 광고를 노출한다. • 광고 클릭시 해당 페이지로 사용자를 유입시킨다.

2 유튜브 광고 시작하기

(1) 캠페인 설정

① 캠페인 이름과 입찰전략

⊙ 건너뛸 수 있는 인스트림 또는 인피드 광고 : CPV 입찰

ⓒ 건너뛸 수 없는 인스트림 또는 범퍼애드 : CPM 입찰

ⓒ 비디오액션 또는 전환 : 전환수 최대화 또는 타겟 CPA 입찰

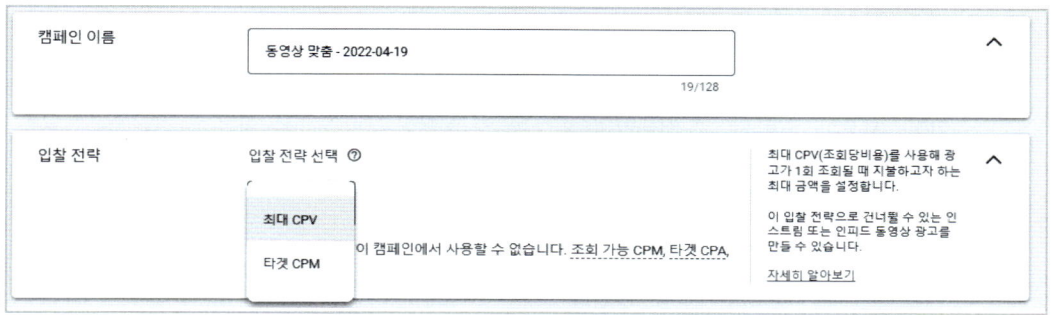

[유튜브 캠페인 설정 입찰전략]

② 예산 및 날짜

⊙ 캠페인 총 예산 : 캠페인 기간에 발생하는 총 지출이므로 캠페인 종료일을 입력해야 한다.

ⓒ 일일예산 : 일예산을 직접 관리하며, 하루 광고 비용을 설정해 예산을 균등하게 사용한다.

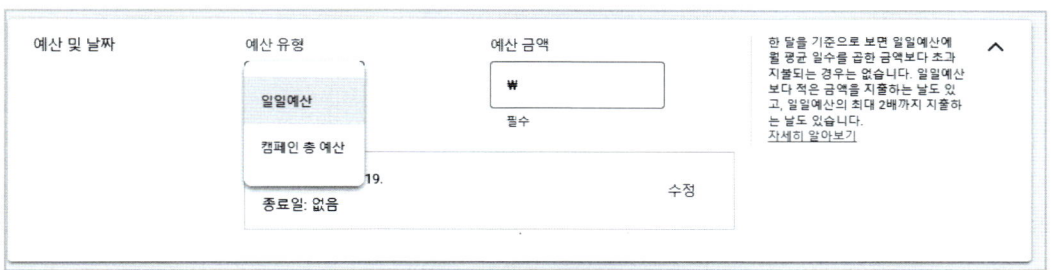

[유튜브 캠페인 설정 예산 및 날짜]

③ 네트워크

⊙ YouTube 검색결과 : YouTube 검색결과 옆에 노출되며, 반응형 및 인피드 동영상 광고만 선택이 가능하다.

ⓒ YouTube 동영상 : YouTube 동영상, 채널 페이지, YouTube 홈페이지에 노출되며 모든 광고가 선택이 가능하다.

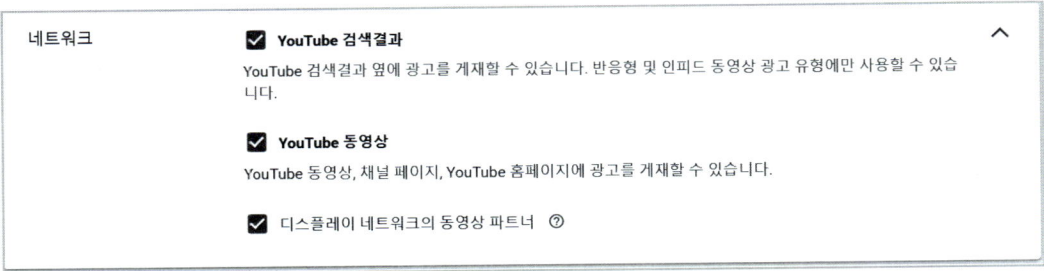

[유튜브 캠페인 설정 네트워크]

④ 위치 및 언어

㉠ 위치 : 모든 국가 및 지역, 대한민국, 다른 위치 입력을 설정할 수 있다.

㉡ 언어 : 사용할 언어를 다수 선택할 수 있으며, 모든 언어를 선택할 수 있다.

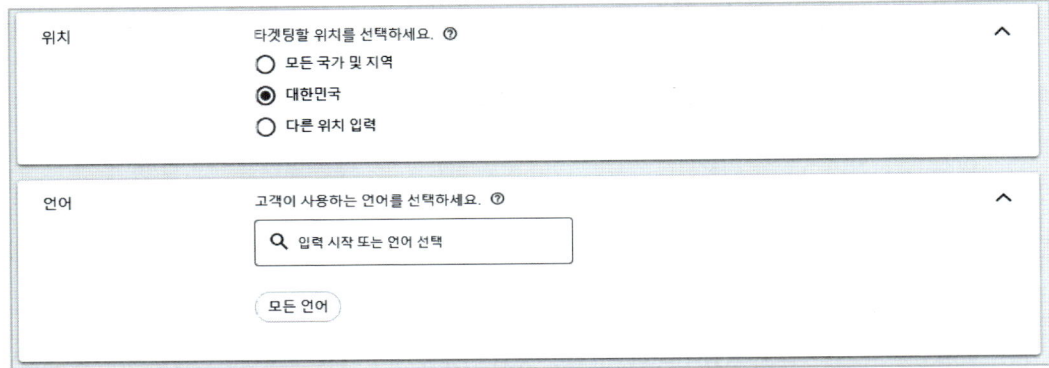

[유튜브 캠페인 설정 위치/언어]

⑤ 콘텐츠 제외

㉠ 인벤토리 유형 : 브랜드 또는 캠페인 메시지와 부합하지 않는 민감한 콘텐츠 그룹을 선택 해제
할 수 있도록 하여 광고가 표시하는 동영상 및 디스플레이 네트워크 인벤토리에 대해 추가적
인 통제를 할 수 있다.

확장된 인벤토리	표준 인벤토리(권장)	제한된 인벤토리
수익 창출에 대한 당사의 표준을 충족하는 YouTube 및 Google 동영상 파트너의 모든 동영상에 광고를 표시할 수 있다. 코미디 또는 다큐멘터리의 맥락에서 강한 욕설을 가진 비디오 또는 비디오 게임에 등장하는 과도한 폭력을 포함하여 광고에 적합한 전체 범위의 비디오에 최대한 액세스하려는 브랜드에 적합한 선택일 수 있다.	모든 Google Ads 계정은 기본적으로 이 인벤토리 유형에 선택되며, 이 옵션을 사용하면 인기 뮤직비디오, 다큐멘터리 및 영화 예고편과 같은 대부분의 브랜드에 적합한 다양한 콘텐츠에 광고를 표시할 수 있다. 광고를 게재할 수 있는 콘텐츠는 광고주에게 친숙한 콘텐츠 가이드라인을 고려한 것이다.	광고주 친화적인 콘텐츠 지침이 다루는 것 이상으로 부적절한 언어 및 성적 암시에 대한 특히 엄격한 지침이 있는 브랜드에 적합한 축소된 범위의 콘텐츠에 광고를 표시할 수 있다. 이 인벤토리 유형에서 액세스할 수 있는 비디오는 특히 부적절한 언어 및 성적 암시에 대한 높은 요구 사항을 충족시킨다.

ⓛ 제외된 유형 및 라벨 : 브랜드에 맞지 않는 콘텐츠에서의 광고 게재를 차단할 수 있다.

라벨	대상
DL-G	전체 시청가
DL-PG	보호자 동반 시청가
DL-T	청소년 이상 시청가
DL-MA	성인용

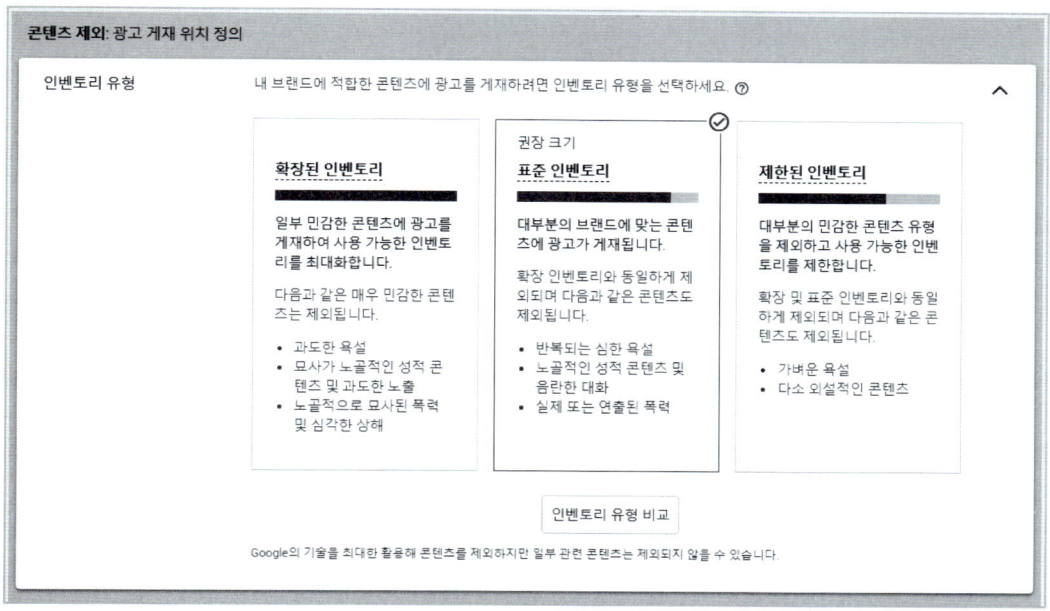

[유튜브 캠페인 설정 인벤토리 유형]

제외된 유형 및 라벨	브랜드에 맞지 않는 콘텐츠에서의 광고 게재 차단	
	제외할 콘텐츠 유형 선택 ⑦	제외할 디지털 콘텐츠 라벨 선택 ⑦
	☐ 삽입된 YouTube 동영상 ⑦	☐ DL-G: 전체 시청가
	☐ 실시간 스트리밍 동영상*	☐ 가족용 콘텐츠 ⑦
	☐ 게임 운영중지	☐ DL-PG: 보호자 동반 시청가
		☐ DL-T: 청소년 이상 시청가
		☐ DL-MA: 성인용 ⑦
		☑ 라벨이 지정되지 않은 콘텐츠 ⑦

Google의 기술을 최대한 활용해 콘텐츠를 제외하지만 일부 관련 콘텐츠는 제외되지 않을 수 있습니다.
*실시간 스트리밍 동영상에는 미디어 검증 위원회(MRC)의 YouTube 브랜드 안전성 인증이 적용되지 않습니다. 자세히 알아보기

[유튜브 캠페인 설정 제외된 유형 및 라벨]

⑥ 추가설정

㉠ 기기

기기	○ 게재 가능한 모든 기기(컴퓨터, 모바일, 태블릿, TV 화면)에 게재	모든 기기를 타겟팅하지 않으면 도달 범위가 좁아집니다. 하지만 타겟팅하는 기기에는 광고가 더 자주 게재될 수 있습니다.
	◉ 특정 기기 타겟팅 설정	
	☑ 컴퓨터	
	☑ 휴대전화	
	☑ 태블릿	
	☑ TV 화면	

휴대전화 및 태블릿용 고급 타겟팅

운영체제
모든 운영체제

기기 모델
모든 기기 모델

네트워크
모든 네트워크

[유튜브 캠페인 설정 기기]

ⓒ 게재빈도 설정

[유튜브 캠페인 설정 게재빈도 설정]

ⓒ 광고 일정 및 제3자 측정

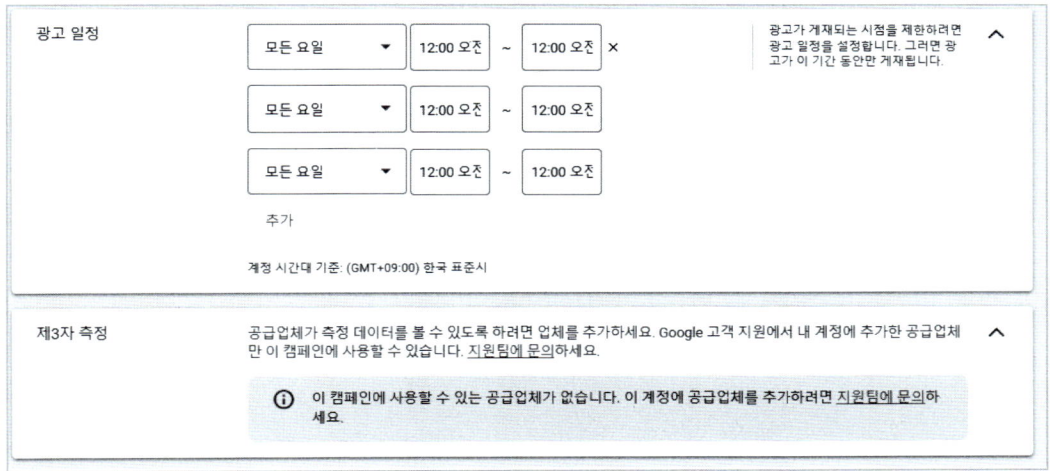

[유튜브 캠페인 설정 광고 일정 및 제3자 측정]

(2) 광고그룹 설정

① 광고그룹 이름

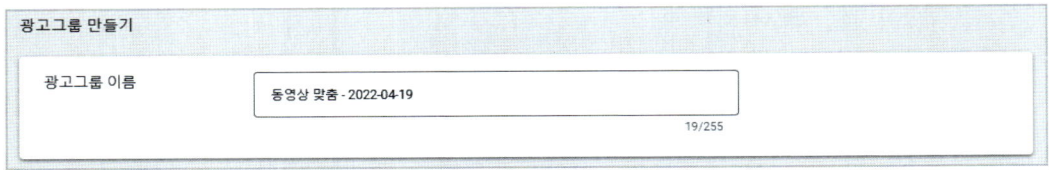

[유튜브 광고그룹 설정 광고그룹 이름]

② 사용자(타겟팅할 사용자)

ㄱ 인구통계 : 성별, 연령, 자녀 유무, 가계 소득

ㄴ 잠재고객 세그먼트 : 잠재고객 관리자를 통하여 새로운 세그먼트 생성 가능

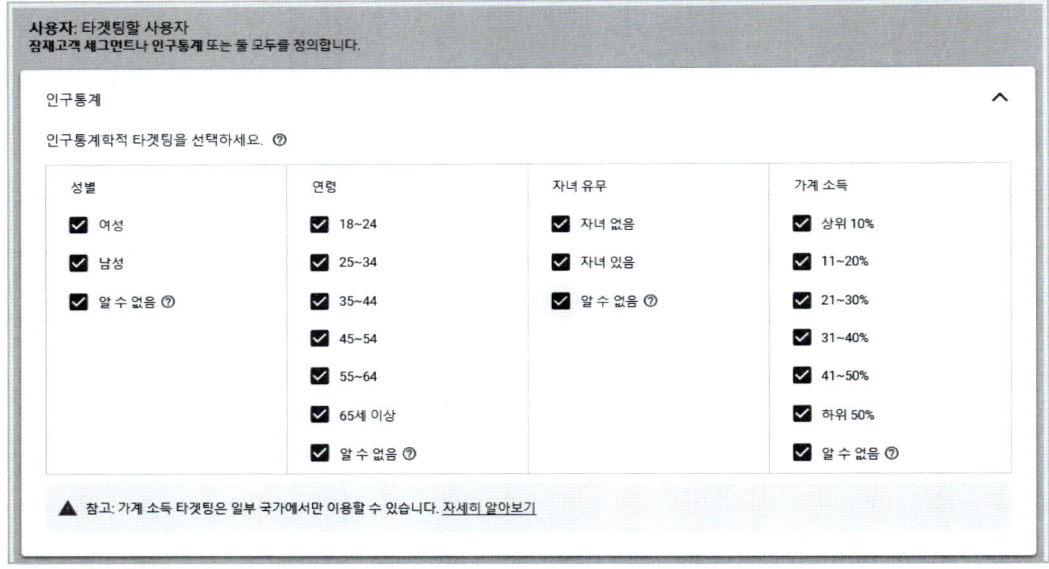

[유튜브 광고그룹 설정 인구통계]

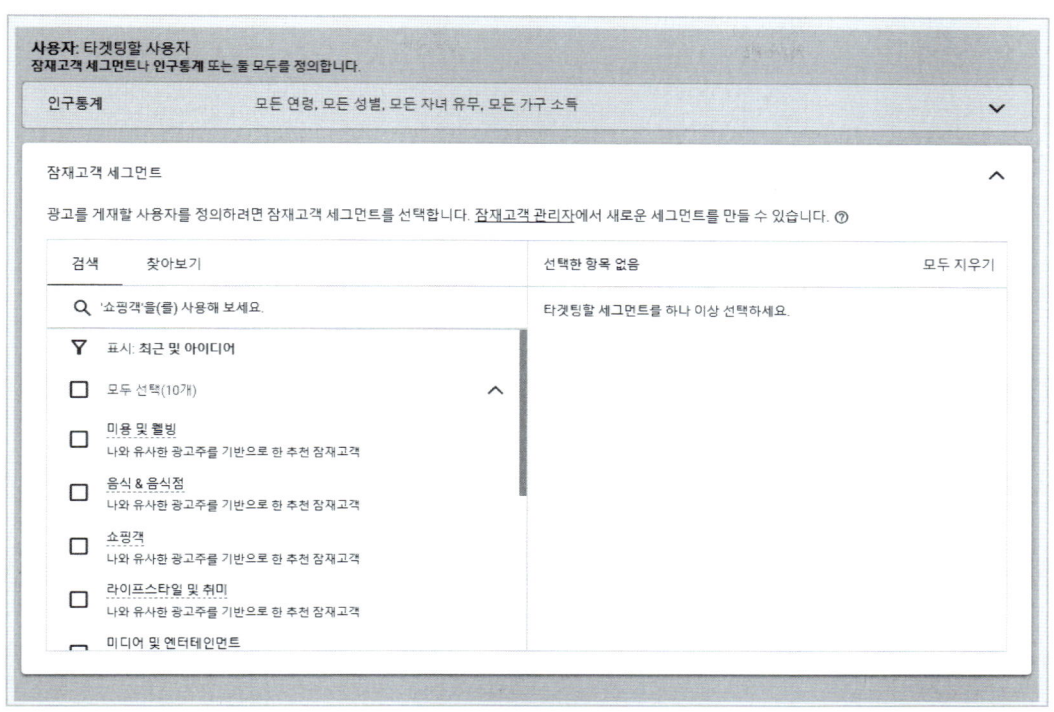

[유튜브 광고그룹 설정 잠재고객 세그먼트]

③ 콘텐츠(광고 게재위치)

    ㉠ 키워드 : 제공하는 제품이나 서비스와 관련이 있는 단어나 구문을 선택하여 관련 YouTube 동영상, YouTube 채널 또는 잠재고객이 관심을 보이는 웹사이트에 동영상 광고를 게재할 수 있다.

    ㉡ 주제 : 특정 주제와 관련된 여러 웹페이지, 앱, 동영상에 간편하게 광고를 게재할 수 있다.

    ㉢ 게재위치 : 게재위치를 추가하여 Google 디스플레이 네트워크 또는 YouTube에서 특정 위치를 타겟팅할 수 있다.

[유튜브 광고그룹 설정 콘텐츠(광고 게재위치)]

④ 입찰(방식에 따라 다름)

입찰	최대 CPV 입찰가	최대 CPV(조회당비용) 입찰가는 동영상 광고를 사용자가 시청할 때 광고주가 지불하고자 하는 최대 금액입니다. 자세히 알아보기
	₩	
	필수	
	∨ 인기 페이지 입찰가 조정 ⑦	

[유튜브 광고그룹 설정 입찰]

(3) 광고

① 동영상 광고

㉠ 유튜브 채널을 통하여 동영상을 미리 업로드하여야 한다.

㉡ 업로드된 동영상의 URL을 통하여 광고 설정을 할 수 있다.

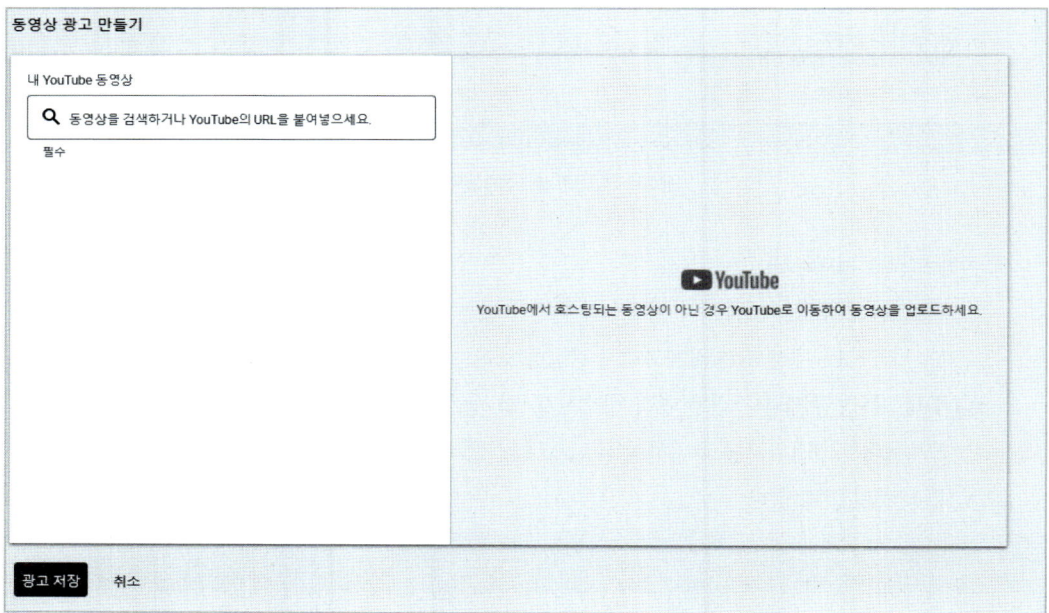

[유튜브 광고 설정]

② 유튜브 광고 영상 업로드 옵션

채널 내 상태	설명	광고 가능 여부
공개	누구나 영상을 볼 수 있는 상태로, 유튜브 채널에 노출되는 상태이다.	가능
일부공개	영상 URL을 입력하고 들어온 사람들만이 영상 시청이 가능하며, 해당 영상은 유튜브 채널에 노출되지 않는 상태이다.	
비공개	나와 내가 선택한 사람만이 동영상을 시청할 수 있으며, 최초 업로드 시 비공개로 저장된다.	불가능
예약	특정 시간에 업로드되게 예약을 해둔 상태로, 예약기능을 통해 영상 업로드를 할 경우 예약시간이 지나야 광고 세팅이 가능하다.	

(4) 광고 검토

① 유튜브 광고의 검토 소요시간은 대부분 영업일 기준 24시간(1일) 이내이며, 검토 시간이 48시간 이상일 경우 구글 고객센터에 문의하여야 한다.

② 광고 소재 검토 상태

상태	내용
광고 '검토 중'	광고가 아직 검토 중이며, 운영 가능 상태가 될 때까지 게재될 수 없음
광고 '운영 가능'	광고가 Google Ads 정책을 준수하므로 모든 잠재고객에게 게재될 수 있음
광고 '운영 가능 (제한적)'	광고가 게재될 수 있지만, 상표 사용이나 도박 관련 콘텐츠 등에 관한 정책 제한 때문에 모든 상황에서 게재될 수 있는 상태가 아님
광고 '운영 가능 (모든 위치 제한)'	정책 제한 및 타겟팅 설정으로 인해 타겟 지역에서 광고를 게재할 수 없지만, 타겟 지역에 관심을 보이는 사용자에게는 광고를 게재할 수 있음
광고 '게재 중'	동영상 광고가 YouTube에 게재될 수 있음
광고 '승인됨'	광고 확장이 Google Ads 정책에 부합하여 모든 잠재고객에게 게재될 수 있는 상태
광고 '승인됨 (제한적)'	광고 확장이 게재될 수는 있지만, 상표 사용이나 도박 관련 콘텐츠 등에 관한 정책 제한 때문에 모든 상황에서 게재될 수 있는 상태가 아님
광고 '비승인'	광고의 콘텐츠 또는 도착 페이지가 Google Ads 정책을 위반하므로 광고가 게재될 수 없음
광고 '운영 불가능'	캠페인이 일시중지, 삭제, 종료 또는 대기 중이거나 광고그룹이 일시중지, 삭제 또는 설정이 미완료되어 광고가 게재되지 않음

3 **유튜브 타겟팅 전략**

(1) 사용자(행동) 타겟팅

① 지리적 위치 타겟팅

㉠ Google Ads 위치 타겟팅을 사용하면 국가, 국내 지역, 특정 위치를 중심으로 하는 반경 지역 또는 위치 그룹 등 선택한 지리적 위치에 광고를 게재할 수 있으며, 이 옵션에는 관심 장소, 업체 위치 또는 계층화된 인구통계가 포함될 수 있다.

㉡ 사용자의 위치 또는 사용자가 자주 방문하는 위치(물리적 위치)와 사용자가 관심을 보인 위치(관심 위치)를 반영한다.

㉢ 방법

물리적 위치	관심 위치
• IP주소 • 기기위치(GPS, Wi-fi, 블루투스, Google의 셀 ID 위치 데이터 베이스)	• 검색에 위치를 나타내는 용어가 사용된 경우 • 이전 검색에 관심 위치가 표시된 경우 • 사용자의 이전 물리적 위치 • Google 지도 및 Google 모바일 지도에서 검색하는 경우 • Google 검색결과에 맞춤 위치를 설정하는 경우

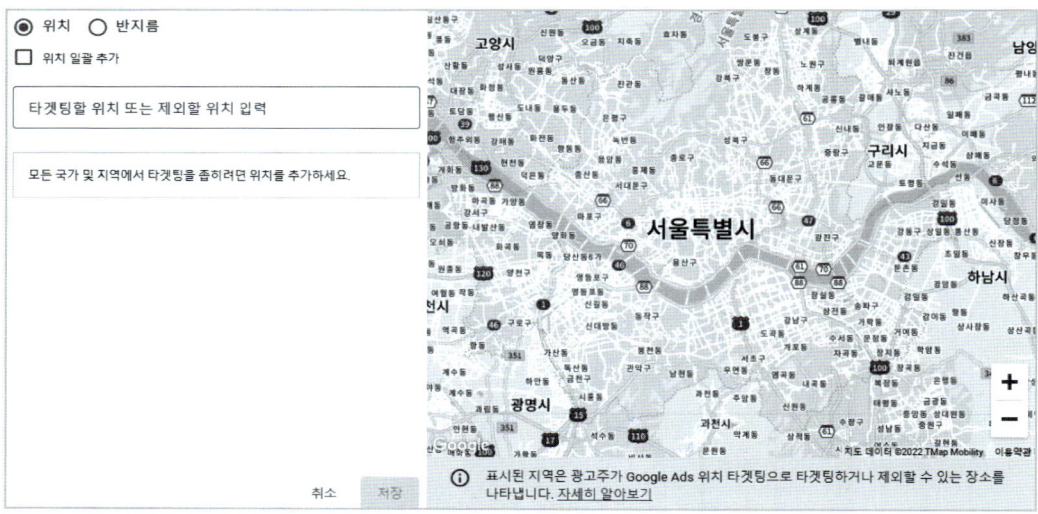

[유튜브 광고 위치타겟팅]

② 언어 타겟팅

⑴ 언어 타겟팅을 사용하면 광고를 게재하려는 잠재고객의 언어를 선택할 수 있다.

⑵ Google Ads는 한 가지 언어, 여러 언어 또는 모든 언어를 타겟팅할 수 있다.

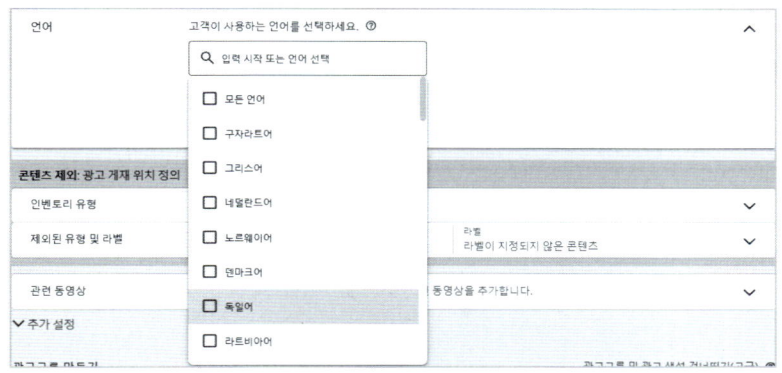

[유튜브 광고 언어타겟팅]

③ 기기 타겟팅

⑴ 특정 기기 유형, 운영체제, 기기 모델, 광고 인벤토리(게시자가 광고 게재를 허용하는 공간), 이동통신사 및 무선 네트워크를 타겟팅할 수 있다.

⑵ 태블릿, 휴대전화, 데스크톱 컴퓨터의 타겟 입찰가 조정을 설정할 수 있다.

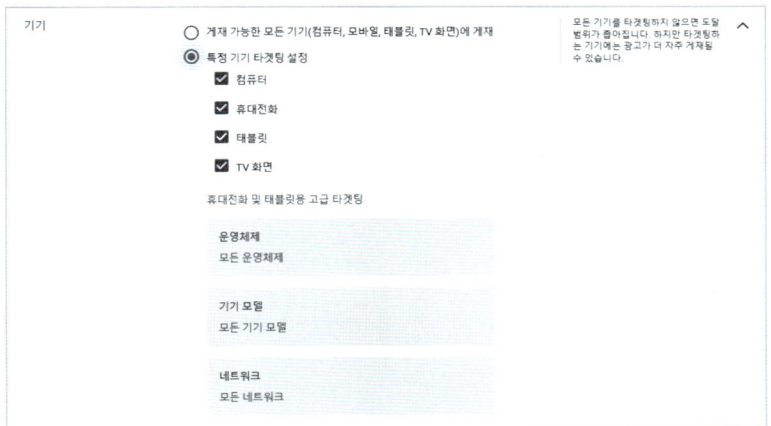

[유튜브 광고 기기타겟팅]

> **참고** 타겟팅 최적화
>
> 모든 캠페인에서 자동으로 사용 설정되며, 방문 페이지 또는 광고 애셋의 키워드와 같은 정보를 검토한 후 캠페인 목표를 달성할 수 있는 잠재고객을 찾는다. 최근에 전환한 사용자의 검색어와 같은 실시간 캠페인 전환 데이터를 토대로 전환 가능성이 큰 사용자를 타겟팅하여 추가 전환을 찾는다. 최적화 타겟팅을 사용하면 수동으로 선택한 잠재고객 세그먼트의 정보를 출발점으로 삼아 모델에 영향을 미칠 수 있다.

(2) 콘텐츠 타겟팅

① 키워드 타겟팅

㉠ 동영상 광고 형식에 따라 YouTube 동영상, YouTube 채널, 잠재고객이 관심을 보이는 웹사이트의 유형과 관련된 단어 또는 구문(키워드)을 기반으로 동영상 광고를 게재할 수 있다.

㉡ 타겟팅한 키워드가 포함된 동영상 콘텐츠에 광고가 노출된다.

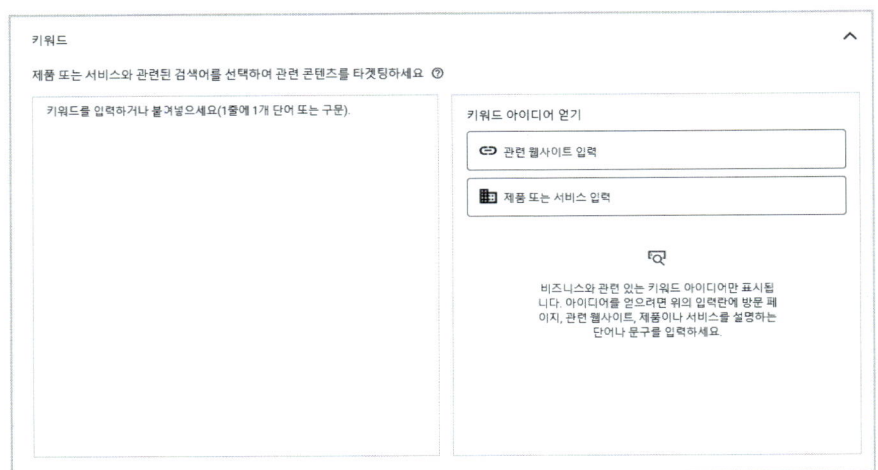

[유튜브 광고 콘텐츠타겟팅 키워드]

② 주제 타겟팅

㉠ YouTube와 Google 디스플레이 네트워크에서 동영상 광고를 특정 주제로 타겟팅한다.

㉡ 선택한 주제와 관련된 다양한 동영상, 채널, 웹사이트에 광고를 게재할 수 있다.

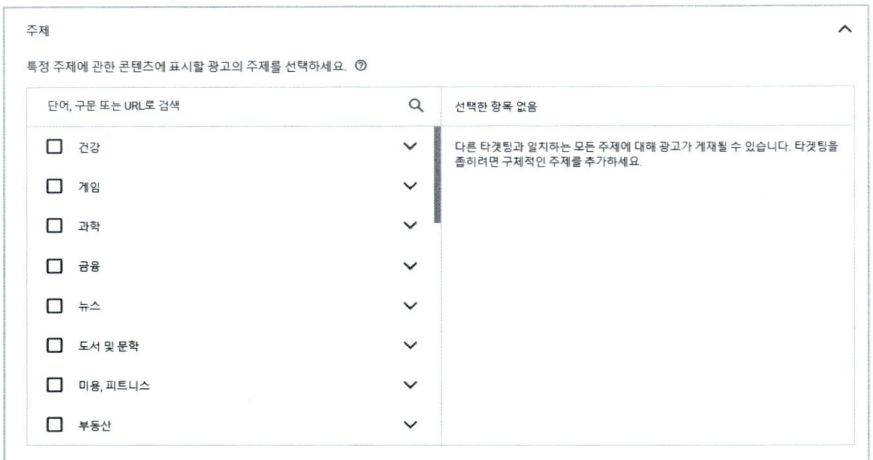

[유튜브 광고 콘텐츠타겟팅 주제]

③ 게재위치 타겟팅

㉠ 채널, 동영상, 앱, 웹사이트 또는 웹사이트 내 게재위치를 타겟팅한다.

㉡ 게재위치는 YouTube 채널, YouTube 동영상, Google 디스플레이 네트워크의 웹사이트,
Google 디스플레이 네트워크의 앱을 포함한다.

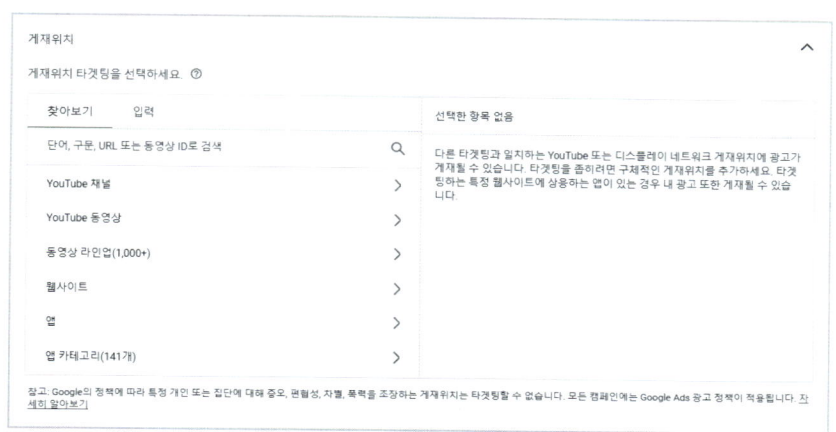

[유튜브 광고 콘텐츠타겟팅 게재위치]

④ 제외 타겟팅

㉠ 브랜드에 적합하지 않거나 광고 목표 달성에 도움이 되지 않을 수 있는 특정 카테고리의 웹사
이트, 동영상, 모바일 앱에 광고가 게재되지 않게 할 수 있다.

㉡ 목록

인벤토리 유형	• 확장된 인벤토리 : Google에서 표준화한 수익 창출 기준을 충족하는 YouTube 및 Google 동영상 파트너의 모든 동영상에 광고를 게재할 수 있다. • 표준 인벤토리(권장) : 모든 Google Ads 계정에는 기본적으로 이 인벤토리 유형이 선택되며, 인기 있는 뮤직 비디오, 다큐멘터리 및 동영상과 같이 대부분의 브랜드에 적합하고 다양한 콘텐츠에 광고를 게재할 수 있다. • 제한된 인벤토리 : 부적절한 언어 및 성적인 암시에 대해 광고주 친화적인 콘텐츠 가이드라인에서 정한 수준 이상으로 엄격한 가이드라인을 적용하는 브랜드에 적합하도록 콘텐츠의 범위를 줄여 광고를 게재할 수 있다.
디지털 콘텐츠 라벨	• DL-G : 전체 이용가 콘텐츠('가족용 콘텐츠'도 선택 가능) • DL-PG : 대부분의 사용자에게 적합한 콘텐츠(보호자의 지도 필요) • DL-T : 청소년 이상의 사용자에게 적합한 콘텐츠 • DL-MA : 성인용 콘텐츠 • 등급 미지정 : 분류 과정을 완료하지 않아 아직 등급이 지정되지 않은 콘텐츠
콘텐츠 유형	• 삽입된 YouTube 동영상 : YouTube.com 외부의 웹사이트에 삽입된 동영상 • 실시간 스트리밍 동영상 : 인터넷을 통해 스트리밍되는 실시간 이벤트 동영상

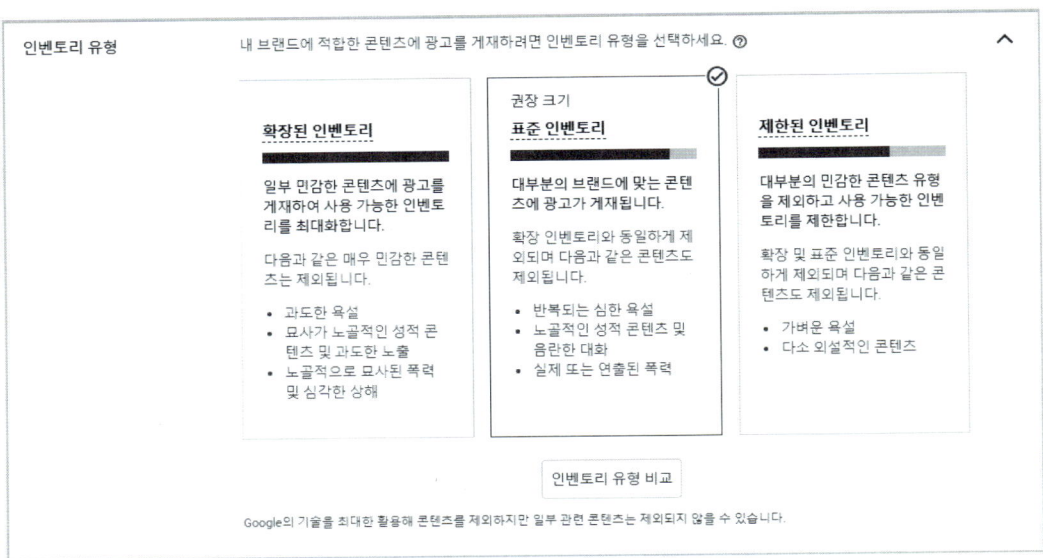

[유튜브 광고 콘텐츠타겟팅 게재위치 인벤토리 유형]

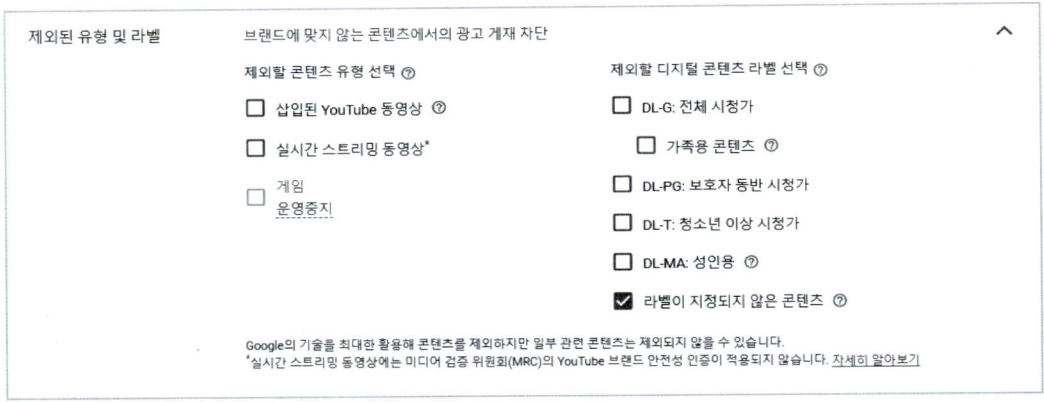

[유튜브 광고 콘텐츠타겟팅 게재위치 제외된 유형 및 라벨]

(3) 사용자 기반 타겟팅

① 인구통계 타겟팅

ㄱ 기본적으로 도달하려는 잠재고객의 나이, 성별, 자녀 유무, 가계 소득을 타겟팅한다.

ㄴ 타겟팅 범위를 좁히기 위한 하나의 옵션으로, 광고주가 선택한 인구통계 그룹에 속하지 않은 고객에게 광고가 게재되지 않도록 차단할 수 있다.

[유튜브 광고 사용자타겟팅 인구통계]

② 잠재고객 세그먼트

상세한 인구통계	대학생, 주택 소유자 또는 첫 자녀를 출산한 부모와 같은 다양한 공통된 특징을 기반으로 사용자에게 도달한다.
관심분야 세그먼트	관련성 높은 주제에 이미 관심이 많은 사용자를 대상으로 동영상 광고를 게재하여 브랜드 인지도와 구매 고려도를 높인다.
구매의도 세그먼트	광고주가 제공하는 서비스 또는 제품을 검색하고 구매를 적극적으로 고려하는 고객을 찾는다.
생애 주요 이벤트	이사, 대학 졸업, 결혼 등 구매 행위가 달라지고 브랜드 선호도가 변화하는 삶의 중요한 시점에 YouTube 및 Gmail의 잠재고객에게 광고를 게재한다.
내 데이터 세그먼트	YouTube 채널을 Google Ads 계정에 연결한 후 이전에 동영상, 동영상 광고 또는 YouTube 채널을 이용한 기록을 바탕으로 YouTube 및 Google 동영상 파트너에서 더 많은 시청자에게 도달한다. 웹사이트 또는 모바일 앱을 이용한 사용자에게 광고를 게재할 수도 있다.
유사 세그먼트	자사 데이터 목록을 기반으로 하는 타겟팅 기능이다. 유사 세그먼트를 사용하면 데이터 세그먼트 또는 고객 일치 타겟팅 세그먼트와 유사한 특성을 가진 신규 사용자를 타겟팅하여 실적이 가장 우수한 잠재고객에게 도달범위를 확대할 수 있다.
고객 일치 타겟팅	고객 일치 타겟팅을 사용하면 광고주의 자사 온라인 및 오프라인 데이터를 활용하여 YouTube 및 Google 동영상 파트너에서 고객에게 도달하고 고객의 재참여를 유도할 수 있다.
맞춤 관심분야 세그먼트	TV와 같이 광범위한 관심분야 세그먼트보다 브랜드에 더 적합한 잠재고객을 만들 수 있다.

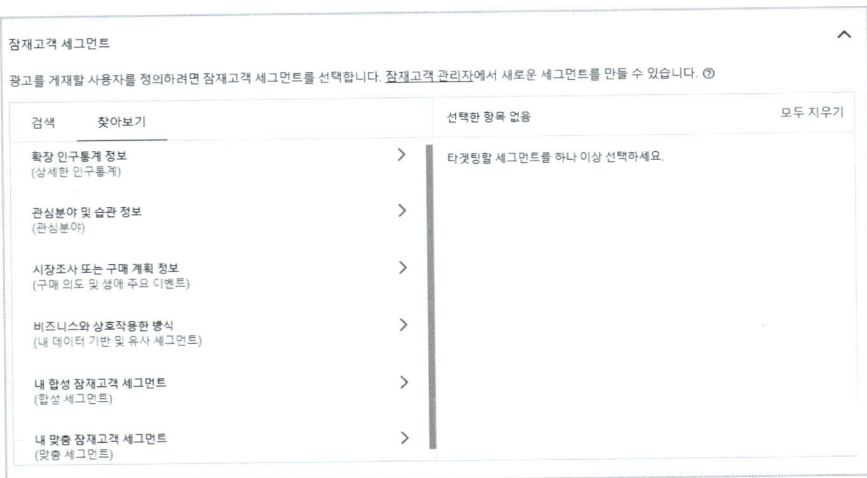

[유튜브 광고 사용자타겟팅 잠재고객 세그먼트]

🔍 참고   내 데이터 기반 동영상 세그먼트

이전에 페이지를 방문했던 사용자가 포함된 잠재고객 세그먼트를 만드는 것으로, 비디오 리마케팅 방식이다. 세그먼트 적용시 입찰가에는 영향을 주지 않고, 생성된 목록은 GDN에도 활용할 수 있다. 별도의 태그는 필요 없으나, 영상이 업로드된 유튜브 계정과 유튜브 동영상 광고를 진행할 구글애즈 계정을 서로 연동되어 있어야 한다. 하나의 채널에 여러 개의 계정을 연동할 수 있다. 초기 목록의 크기는 과거 30일이 기본이고, 최대 시청자 데이터 보관 가능 기간은 540일이다.

4 유튜브 광고 성과측정

(1) 주요 실적 측정항목

측정항목	세부항목
핵심 실적	조회 충족, 조회수, 조회율, 평균 CPV, 시청 시간, 평균 시청 시간/노출수
클릭 실적	클릭수, 클릭률(CTR)
참여 실적	참여수, 참여율
도달범위 및 게재 빈도	순 사용자, 고유 쿠키, 순 시청자(쿠키), 사용자당 평균 노출수, 쿠키당 평균 노출 게재빈도, 쿠키당 평균 조회 빈도
동영상 조회율 ('사분위수 보고')	동영상 재생 진행률 : 25%, 50%, 75%, 100%
YouTube 참여도	획득 조회수, 가입자(획득), 재생목록 추가(획득), 좋아요 수, 공유(획득), Active View

※ 건너뛸 수 없는 동영상 광고는 조회수 및 조회수로 얻는 측정항목이 채워지지 않는다.

(2) Google Ads 광고 보고서

① 구글 애즈 대시보드를 통하여 캠페인의 예산, 상태, 캠페인 유형, 노출수, 조회수, 조회율, 평균 CPV, 비용, 전환 수, 전환당 비용 등을 확인할 수 있으며, 선택항목에 따라 차트로 확인 할 수 있다.

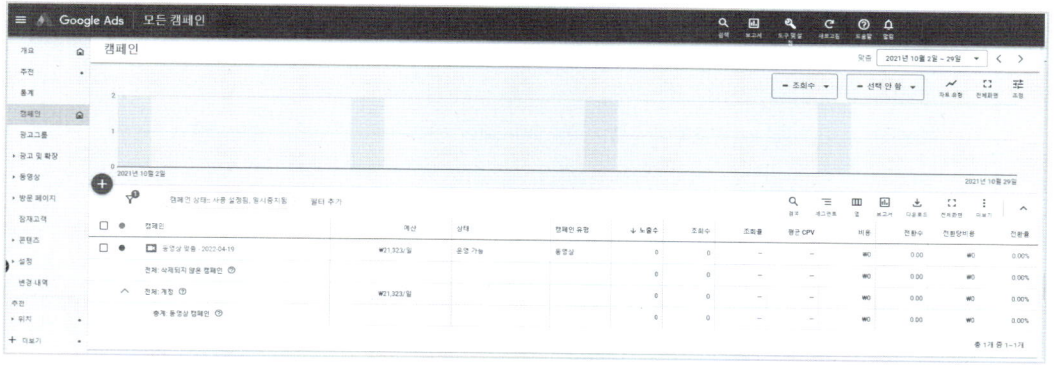

[Google ads 대시보드]

② 구글 애즈 보고서를 통하여 사전 정의된 보고서(측정기준), 보고서, 대시보드를 확인할 수 있으며, 동영상 조회가능성 보고서를 다운로드 할 수 있다.

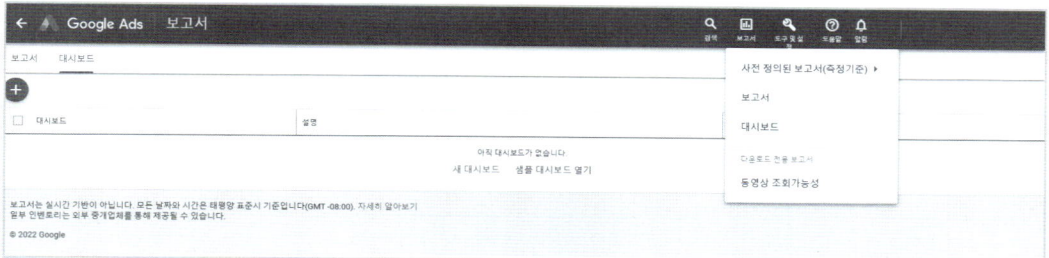

[Google ads 광고보고서 기본]

참고 사전 정의된 보고서(측정기준)

항목	세부항목
기본	캠페인, 광고그룹, 광고, 검색키워드, 검색어, 최종 URL, 유료 및 무료, 캠페인 세부정보, 광고그룹 세부정보, 잠재고객 세그먼트, 방문 페이지, 확장 방문 페이지
시간	요일, 일, 주, 월별, 분기별, 연도별, 시간대
전환	전환 카테고리, 전환 액션 이름, 전환 발생 위치, 매장 방문
라벨	라벨-캠페인, 라벨-광고그룹, 라벨-광고, 라벨-키워드
위치	거리
호텔	호텔 실적
광고 확장	추가 사이트 링크 정보, 전화번호 광고 확장, 앱 광고 확장, 위치 광고 확장, 콜아웃 광고 확장, 통화 세부정보, 메시지 세부정보, 리드 양식 광고 확장, 프로모션 광고 확장, 구조화된 스니펫 광고 확장
광고 확장 (업그레이드 됨)	사이트링크 광고 확장, 콜아웃 광고 확장, 리드 양식 광고 확장, 프로모션 광고 확장, 구조화된 스니펫 광고 확장, 전화번호 광고 확장, 앱 광고 확장, 가격 광고 확장, 호텔 콜아웃 광고 확장
입찰 통계	검색-계정, 검색-캠페인, 검색-광고그룹, 검색-키워드, 쇼핑-계정, 쇼핑-캠페인, 쇼핑-광고그룹
디스플레이/동영상	주제, YouTube 검색어, 자동게재위치(그룹), 디스플레이/동영상 키워드

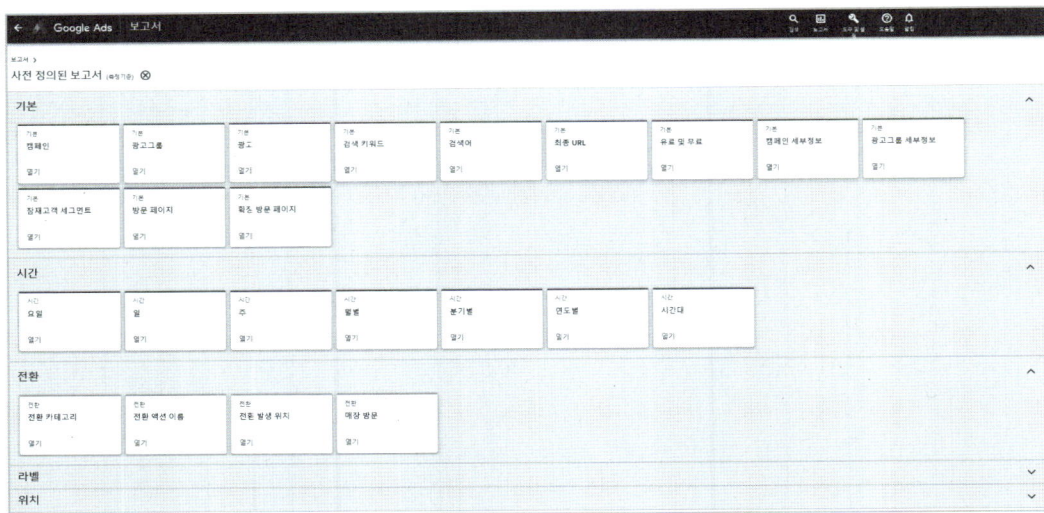

[Google ads 광고보고서 확인 항목]

(3) 유튜브 스튜디오 분석

① 잠재고객의 웹사이트 이용에 대한 자세한 보고서를 제공하는 무료 Google 제품으로, Google 애널리틱스를 사용하면 광고를 클릭하여 사이트를 방문한 잠재고객들이 무엇을 하는지 알 수 있다.

② 측정항목

항목	세부항목
도달범위	노출수, 노출클릭률, 조회수, 순 시청자수, 트래픽소스 유형, 트래픽소스(외부, 추천 동영상, 재생목록, YouTube 검색), 노출수 및 노출수가 시청 기간에 미치는 영향
참여도	시청시간, 평균시청지속시간, 시청지속시간, 좋아요 수, 최종화면요소 클릭률
시청자층	재방문 시청자, 순 시청자 수, 구독자, 구독자 시청시간, 많이 본 지역, 인기 자막 언어, 연령 및 성별

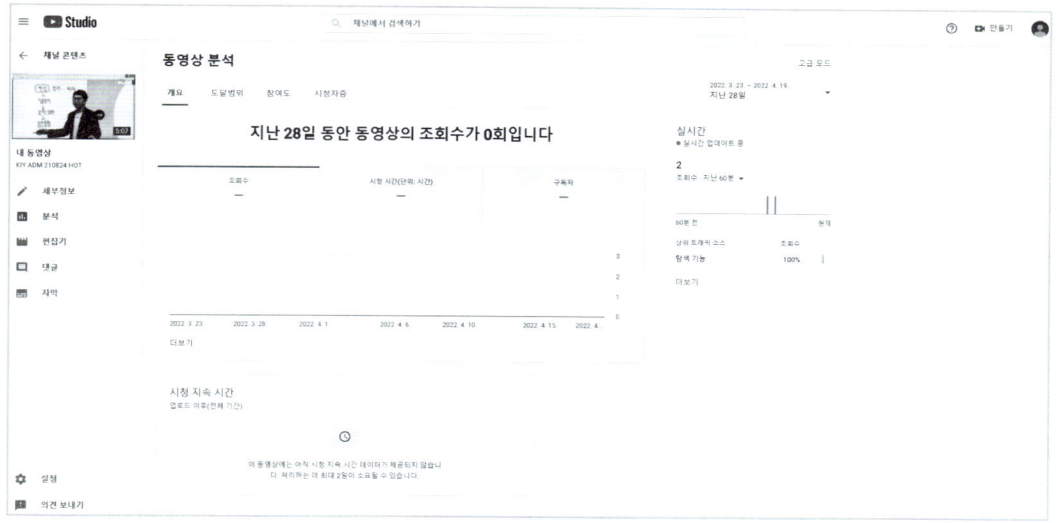

[유튜브 스튜디오 분석]

(4) 유튜브 광고 측정 도구

① 도달범위 플래너

　㉠ YouTube와 동영상 파트너 사이트 및 앱에 광고를 게재하는 도달범위 기반 동영상 캠페인을 정확하게 설정할 수 있게 해주는 Google Ads 캠페인 계획 도구이다.

　㉡ 도달범위 플래너의 데이터는 Google의 순사용자 도달범위 산출 방식에 기반한 것으로 제3자가 유효성을 검증했으며, 실제 도달범위 및 입찰가와 일치하며, 매주 업데이트된다.

　㉢ 도달범위 플래너가 광고 형식 및 예산 할당을 선택하거나 맞춤 미디어 계획을 만들 수 있으며, 캠페인 유형의 다양한 조합을 만들어 효과를 비교한다.

ⓔ 도달, 노출수, 조회수, 노출당 비용, 조회당 비용 등을 예측한다.

② 브랜드 리프트 서베이(Brand Lift Survey)

ⓐ 동영상 광고의 효과를 측정하는 무료 도구로, 동영상 캠페인을 조정하고 개선할 수 있다.

ⓑ 전통적인 측정항목 대신 광고 상기도, 브랜드 인지도, 브랜드 구매고려도, 브랜드 선호도, 브랜드 구매의도 같은 측정항목에 중점을 두어 캠페인을 마케팅 목표에 맞게 조정하는 데 도움이 된다.

ⓒ 경매를 통해 구입 한 인스트림 및 범퍼 광고에 사용할 수 있으며, 현재 아웃스트림 및 인피드 동영상 광고에는 사용할 수 없다.

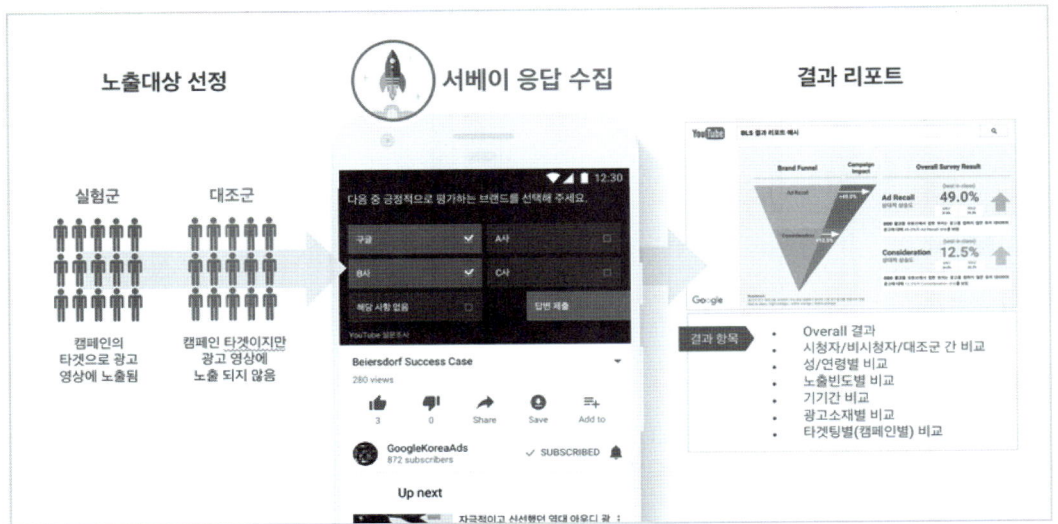

[출처 : Think With Google]

[유튜브 광고 효과 측정 브랜드 리프트 서베이]

제3장 카카오톡

1 카카오톡 광고상품의 이해

(1) 카카오모먼트

① Kakao의 대표 광고 플랫폼으로, 카카오비즈보드, 디스플레이 광고, 동영상 광고, 메시지 광고 등을 누구나 직접 집행할 수 있다.

② 카카오톡을 중심으로 다양한 지면에 노출되며, 카카오의 빅데이터를 바탕으로 고도화된 타겟팅이 가능하다.

③ 카카오비즈보드, 디스플레이 광고, 동영상 광고, 채널 메시지, 쇼핑 광고, 스폰서드 광고에 노출된다.

④ 고정 단가가 아니라, 과금 방식, 입찰가, 광고 반응률 등 입찰에 참여하는 요소들이 실시간 계산되어 반영되는 실시간 입찰방식으로, 대표적으로 클릭 발생시에 과금하는 CPC(Cost Per Click) 방식이 있다.

> **🔍 참고 | 카카오모먼트 초과과금**
>
> • 마이너스 잔액 : 해당 시간 동안 노출된 광고로부터 유효한 클릭이 발생하거나 또는 특정시점 광고 노출 및 소진량이 증가하면서 예측된 광고 종료 지점에 비하여 빠르게 소진되어 마이너스 잔액이 발생될 수 있다.
> • 일예산 초과 : 광고그룹에 있는 소재 중 설정한 일예산 대비 입찰가가 높은 경우 일예산을 초과하는 과금액이 커질 수 있다.

[카카오모먼트 대시보드]

(2) 카카오톡 광고유형

① 카카오 비즈보드

㉠ 카카오톡 채팅탭의 메가트래픽을 활용하여 최적의 광고 효율을 이끌어낼 수 있는 상품으로, 카카오톡 채팅리스트 최상단에 고정된 이미지 배너이다.

㉡ 과금 방식 : CPC, CPM, CPA

㉢ 장점

카카오톡	메가 트래픽의 채팅목록탭 최상단에 비즈보드가 위치하여 노출수가 매우 높다.
프리미엄 랜딩 페이지와 연결	애드뷰, 챗봇, 비즈니스폼 등 다양한 프리미엄 랜딩페이지와 연결이 가능하다.
톡 비즈 솔루션을 활용한 마케팅 액션의 완결	카카오싱크, 비즈니스폼, 비즈플러그인 등을 활용한 마케팅 액션을 완결한다.
퍼포먼스 중심의 비딩형 광고	• 빅데이터를 기반으로 최적화된 맞춤형 광고를 노출한다. • 비딩형 광고는 모먼트를 통한 광고 등록부터 맞춤 타켓팅, 보고서 확인까지 직접 운영할 수 있어 효율 관리에 용이하다. • 캠페인 목표에 따라 픽셀&SDK설치 시, 전환 최적화 기능이 가능하다.
다양한 게재지면 활용	카카오톡뿐만 아니라 다음앱, 다음웹툰 그리고 카카오의 주요 서비스에도 노출이 가능하다.

㉣ 랜딩페이지

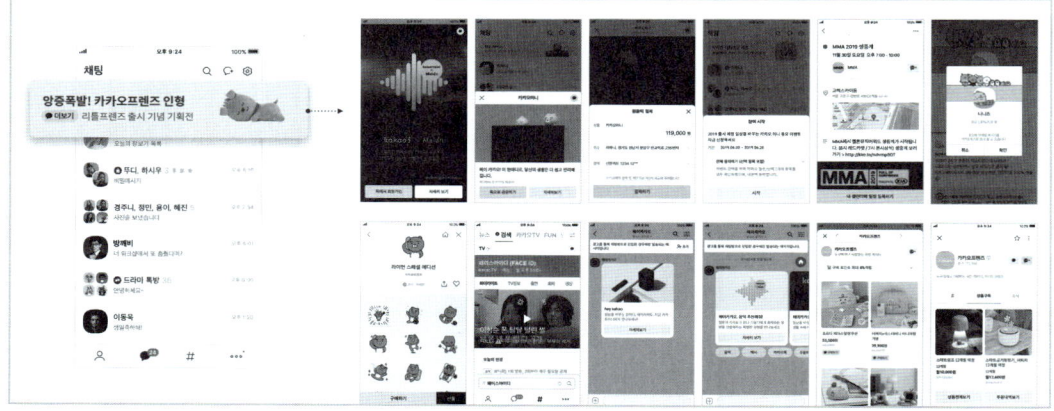

[카카오 비즈보드의 다양한 랜딩페이지]

• 애드뷰

풀뷰	• 채팅리스트 아래에서 위로 전체 화면이 노출되어 사용자에게 화면 전환의 이질감 없이 자연스럽게 광고 상세 정보를 노출할 수 있는 랜딩페이지이다. • 모바일 화면 전체를 세로 이미지 혹은 세로 동영상으로 채워 사용자의 시선을 사로잡는다.
콤팩트뷰	• 모바일에 적합한 형태로, 모바일 화면 전체를 가리지 않는 절반 정도의 크기로 노출된다. • 네이티브 광고와 같이 이미지 혹은 동영상과 함께 홍보 텍스트를 등록하여 구성되는 형태로, 적은 제작 공수로 빠른 소재 교체가 가능하여 캠페인 전체의 효율 관리가 용이하다.

[카카오 비즈보드→애드뷰-풀뷰→랜딩페이지]

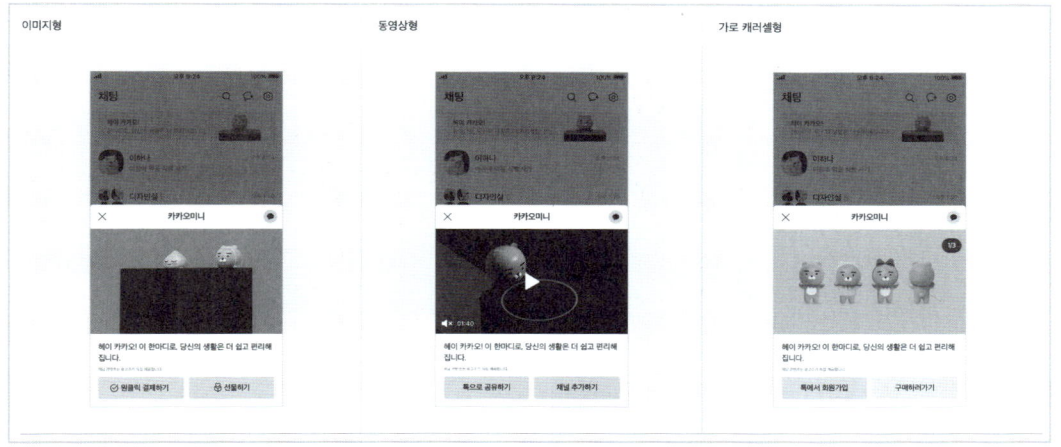

[카카오 비즈보드→애드뷰-콤팩트뷰→랜딩페이지]

• 채팅방

챗봇	챗봇 개발이 완료된 카카오톡 채널의 채팅방으로 연결하여 사용자가 원하는 정보를 다이렉트로 전달할 수 있다.
비즈니스폼	카카오톡 채널의 채팅방으로 연결하여 챗봇을 통해 응모, 설문, 예약 등 사용자에게 직접 참여형 이벤트를 실시할 수 있다.

> **참고** **카카오 비즈 솔루션 배지**
>
> 카카오의 비즈니스 솔루션을 활용할 경우, 소재에 비즈 솔루션 배지를 필수로 표기해야 한다. 카카오 서비스 랜딩에 알맞은 배지를 선택하여 비즈보드 소재를 제작할 수 있다.
>
>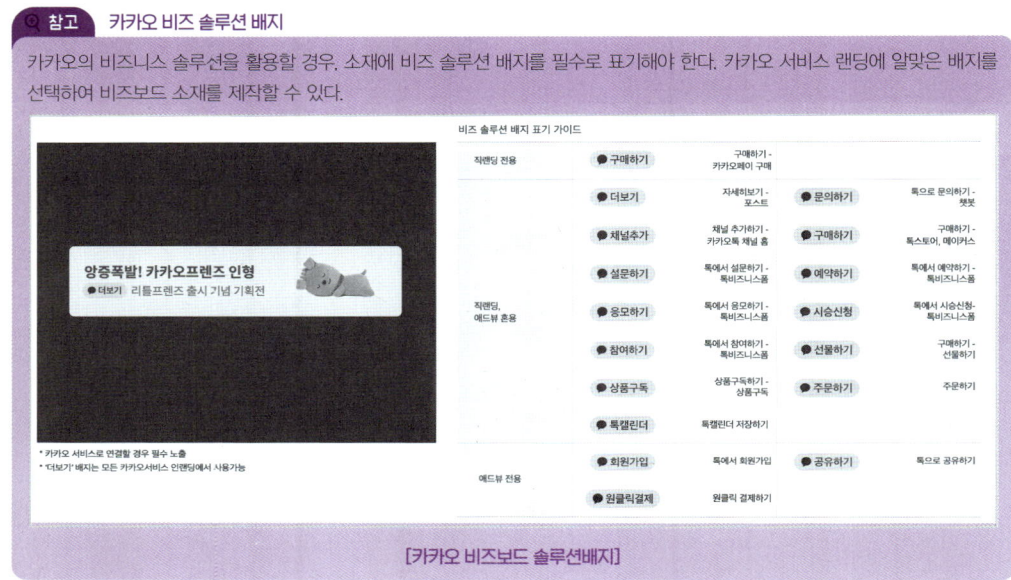
>
> [카카오 비즈보드 솔루션배지]

• 비즈플러그인 : 원클릭 결제 플러그인을 사용하면 카카오톡 안에서 카카오톡 사용자가 간편하게 상품을 구입할 수 있다.

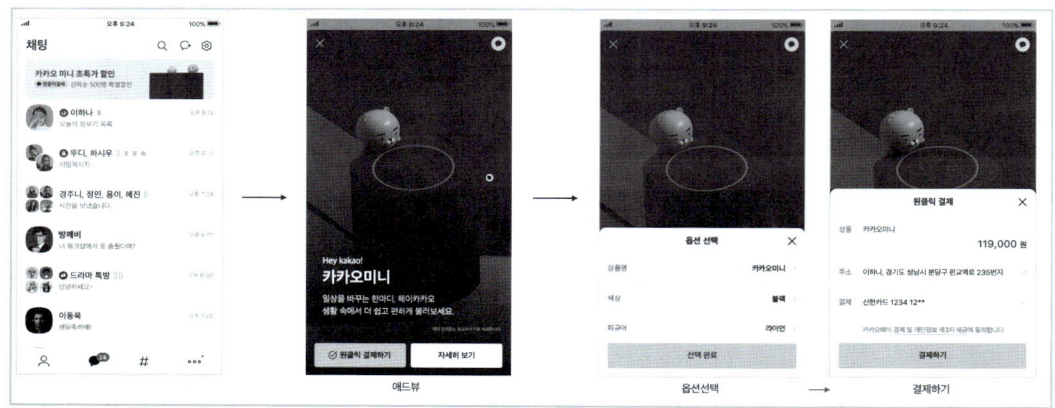

[카카오 비즈보드 비즈플러그인]

• 카카오 커머스 플랫폼 : 톡스토어, 선물하기, 메이커스에 입점한 상품이나 주문하기 입점 페이지, 카카오페이 구매 판매점 페이지, 카카오구독 ON 페이지를 랜딩으로 설정하여 빠른 전환을 이끌어낼 수 있다.

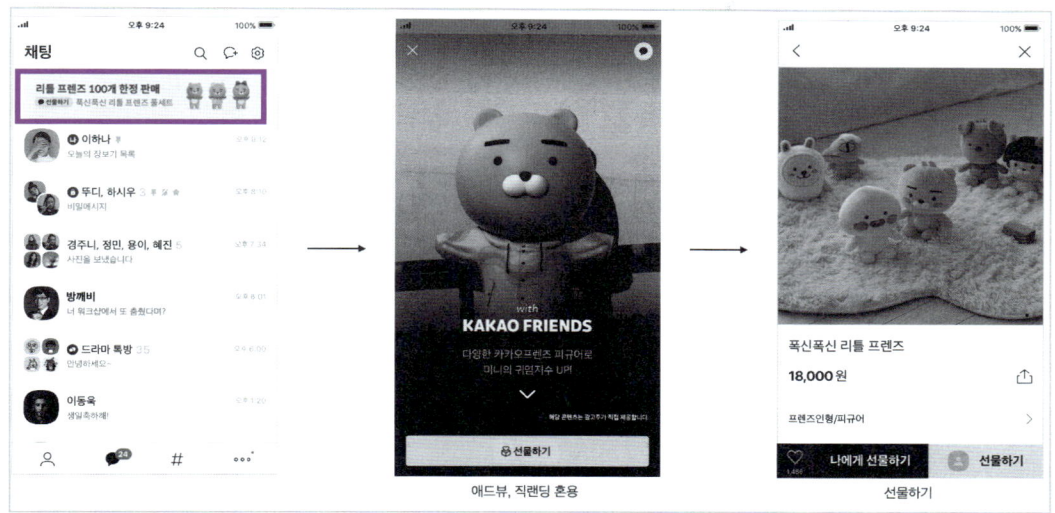

[카카오 비즈보드 카카오 커머스 플랫폼]

ⓜ 대표 노출 위치

카카오톡	카카오톡 채팅탭 채팅목록 상단, 카카오톡 뷰탭(뷰, MY뷰, 카테고리판, 보드별 게시글 (2depth) 상단)
다음	다음 메일, 뉴스 기사, 커뮤니티, 콘텐츠뷰, 다음 TOP, 카페
카카오서비스	카카오페이지, 카카오 웹툰, 카카오T, 카카오내비

[카카오 비즈보드 대표 노출위치 다음]

[카카오 비즈보드 대표 노출위치 카카오서비스]

ⓗ 소재 유형

오브젝트형	배경이 제거된 오브젝트 이미지를 사용한다.
섬네일형	박스형 블러형, 멀티 섬네일 이미지 등을 사용한다.
마스킹형	반원형, 원기둥형 이미지와 로고 이미지를 사용한다.
텍스트형	텍스트로만 된 소재로 강조하고 싶은 내용을 표현한다(한줄 또는 두줄).

참고 비즈보드 익스팬더블(BETA)

• 개념 : 카카오비즈보드의 프리미엄 확장 형태로 확장 요소를 등록하여 리치한 정보를 제공할 수 있다. 확장 요소에는 행동유도버튼을 제공하고 있어 자연스럽게 최종 랜딩으로 연결하여 마케팅 액션의 완결까지 제공한다.

• 종류

익스팬더블 동영상 유형	배너 내 힌트 에셋의 애니메이션 효과를 통해 자연스럽게 배너 클릭 및 브랜드의 영상을 시청할 수 있도록 유도한다.
익스팬더블 이미지 유형	배너 내 힌트 에셋의 애니메이션 효과를 통해 자연스럽게 배너 확장을 유도한다. 확장된 이미지를 통해 고객에게 리치한 정보와 소구점을 담는다.
익스팬더블 멀티형	배너 내 힌트 에셋의 애니메이션 효과를 통해 자연스럽게 배너 확장을 유도한다. 확장된 화면에서 상품 상세 이미지, 가격 정보 등 풍성한 상품 정보를 카탈로그 형태로 제공한다.

② 디스플레이 광고

㉠ 다양한 크리에이티브를 활용하여, 카카오의 핵심 서비스, 주요 파트너 서비스를 중심으로 한 많은 지면에 광고를 노출하며, 최적의 오디언스를 찾아줄 다양한 타겟 옵션을 통하여 광고의 효율을 높일 수 있다.

㉡ 과금 기준 : CPC, CPM, CPA

㉢ 광고 유형

이미지 네이티브형	• 콘텐츠 페이지 또는 소셜미디어 피드 사이에 자연스러운 형태로 구성해 노출할 수 있다. • 1200×600 이상의 2:1 비율, 500×500 이상의 1:1 비율의 규격이 있다.
이미지 카탈로그형	• 하나의 소재에 최대 10개의 상품 정보를 효과적으로 노출할 수 있다. • 슬라이드는 최소 4개이며, 500×500px 이상의 1:1비율 이미지(JPG, JPEG, PNG), 500KB이하여야 한다.

[카카오 디스플레이 광고 이미지 네이티브형]　　　　　　　[카카오 디스플레이 광고 이미지 카탈로그형]

② 노출 위치

카카오톡	친구탭, 채팅탭, 뷰탭, 더보기탭의 모바일 지면과 PC 로그인 시 팝업 그리고 채팅창 하단 등 다양한 콘텐츠 소비 영역에 노출된다.
다음	모바일, PC 다음의 다양한 콘텐츠 소비 영역에 노출된다.
카카오스토리	카카오스토리 사용시 소식 피드 사이에 광고가 노출된다.
카카오서비스	카카오페이지, 카카오헤어샵과 같은 프리미엄 네트워크 서비스에서 노출된다.

③ 카카오 동영상 광고

　㉠ 브랜드 세이프티가 보장되는 카카오의 프리미엄 콘텐츠 영역에 노출되는 동영상 광고이다.

　㉡ 카카오의 노출을 기반으로 한 높은 타겟 커버리지를 확보하고, 브랜드 타겟에 적합한 최적의 오디언스에게 동영상 광고를 노출한다.

　㉢ 과금 기준 : CPV

　㉣ 광고 유형과 노출 위치

구분	설명	노출 위치
인스트림	시청하는 영상과 동일한 형태로, 영상 시청 전과 중간에 몰입도 높은 동영상 소재를 노출한다.	• 카카오톡 • 카카오톡 채팅방 • 카카오TV 앱/웹 • 다음
아웃스트림	카카오의 뉴스, 웹툰 콘텐츠 등에 In-Read 형태로 노출되어 방해가 되지 않고 자연스러운 브랜드 경험을 할 수 있다.	• 카카오톡 • 다음 • 카카오서비스

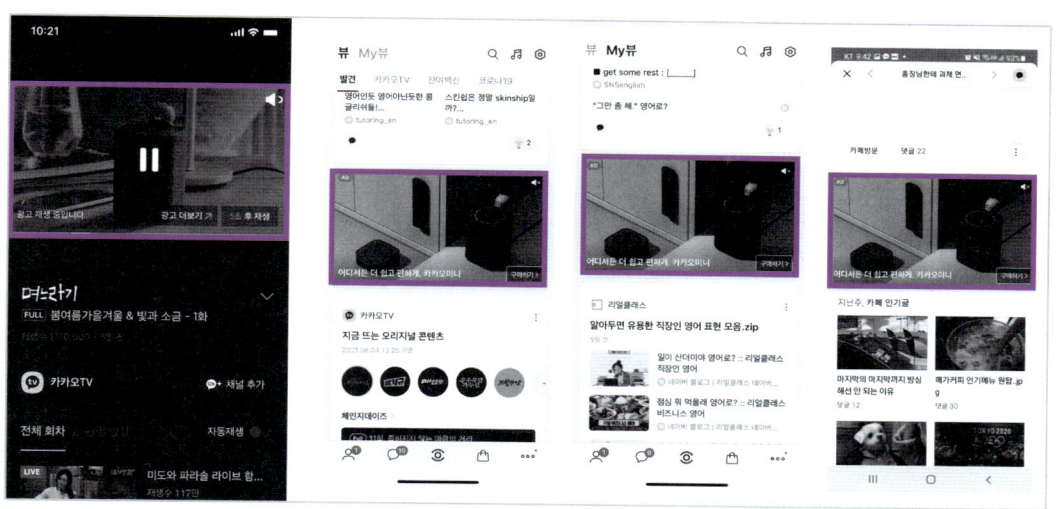

[카카오 동영상 광고 노출 유형]

④ 스폰서드 광고

    ㉠ 카카오톡 세 번째 탭의 카카오 뷰 발견탭에 노출되는 '보드' 소재의 광고로, 브랜드 또는 채널 콘텐츠를 담은 보드를 노출함으로써 자연스럽게 브랜드 메시지를 전달할 수 있다.

    ㉡ 카카오 뷰에서 채널은 하나의 프로필과 같은 역할로, 개별 창작 채널이 보드를 발행하는 주체가 되기 때문에, 채널 개설은 필수이다.

    ㉢ 과금 기준 : CPM

    ㉣ 노출 위치 : 카카오톡 뷰탭(3탭)〉발견탭에만 노출된다.

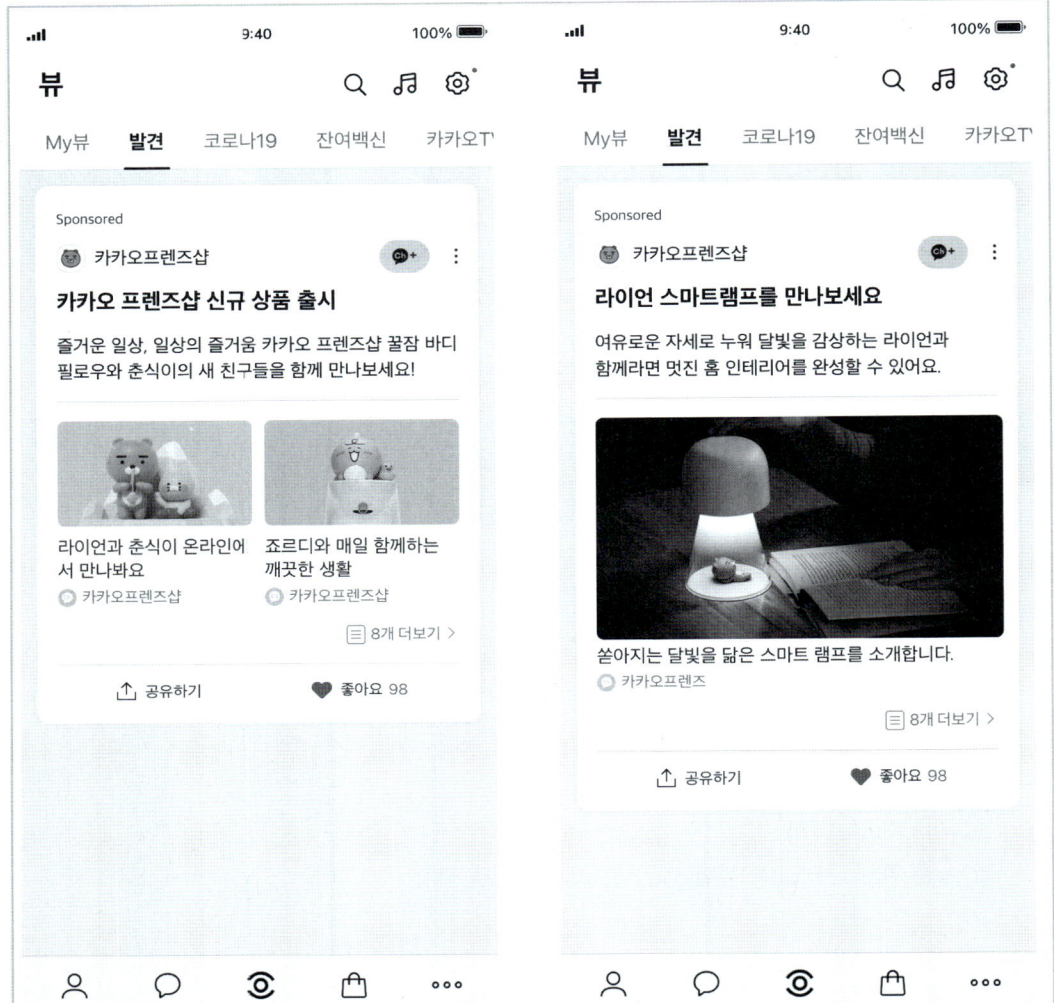

[카카오 스폰서드 광고 노출 위치]

⑤ 채널 메시지

 ㉠ 내 카카오톡 채널의 카카오톡 채팅방으로 전달되는 메시지형 광고이다.

 ㉡ 쿠폰 발송, 시즈널 세일 알림 등 관여도 높은 메시지 광고를 통하여 효과적인 마케팅을 할 수
  있다.

 ㉢ 과금 기준 : CPMS

 ㉣ 노출 위치 : 카카오톡 채널 채팅방에서 메시지 형태로 가능하다.

ⓜ 광고 유형

와이드 이미지형	큰 사이즈의 이미지를 활용해 주목도 높은 메시지를 구성할 수 있다.
와이드 리스트형	다양한 주제의 메시지를 리스트 유형으로 구성할 수 있다.
기본 텍스트형	상품이나 서비스에 대한 자세한 설명이 필요할 때 효과적이다.
캐러셀형	2개 이상의 이미지에 상품 가격 등 다양한 정보를 담을 수 있으며, 커머스형 메시지에 적합하다.

⑥ 쇼핑 광고

　ⓐ 쇼핑박스에서 유저가 다양한 소재를 카탈로그를 보며 쇼핑하는 듯한 경험을 주는 광고이다.

　ⓑ 과금 기준 : CPT

　ⓒ 노출 위치 : 모바일 다음 웹/앱 내 뉴스/랭킹/연예/TV 등 총 8개 탭과 PC 다음 메인 페이지 우측 중단 등 쇼핑에 특화된 영역에 집중하여 노출된다.

2 카카오광고 시작하기

(1) 유형과 목표

[카카오 광고 유형과 목표]

① 카카오모먼트를 이용하여 캠페인을 생성 시 광고 유형과 광고 목표를 설정해야 한다.

② 광고 유형별 광고 목표

구분	전환	방문	도달	조회
카카오 비즈보드	○	○	○	
디스플레이	○	○		
카카오톡 채널			○	
다음 쇼핑			○	
동영상				○
스폰서드 보드		○		

③ 광고 유형별 과금기준과 노출가능 소재

구분	과금기준	노출가능 소재
카카오 비즈보드	CPC, CPM, CPA	이미지 배너
디스플레이	CPC, CPM, CPA	이미지 네이티브, 이미지 카탈로그
카카오톡 채널	CPMS	메시지
다음 쇼핑	CPT	이미지박스
동영상	CPV	동영상 네이티브
스폰서드 보드	CPM	콘텐츠

④ 전환 추적 및 예산 설정

　㉠ 광고 계정과 연동된 픽셀&SDK를 설정할 수 있다.

　㉡ 일 예산은 최소 50,000원부터 10억 원 이하 10원 단위로 설정할 수 있다.

⑤ 목표별 설정

구분	설정	이미지
전환	카카오 비즈보드와 디스플레이에서 설정 가능하며, 광고 목표 설정, 예산 설정, 캠페인 이름을 설정할 수 있다.	 [카카오 캠페인 설정(전환)]

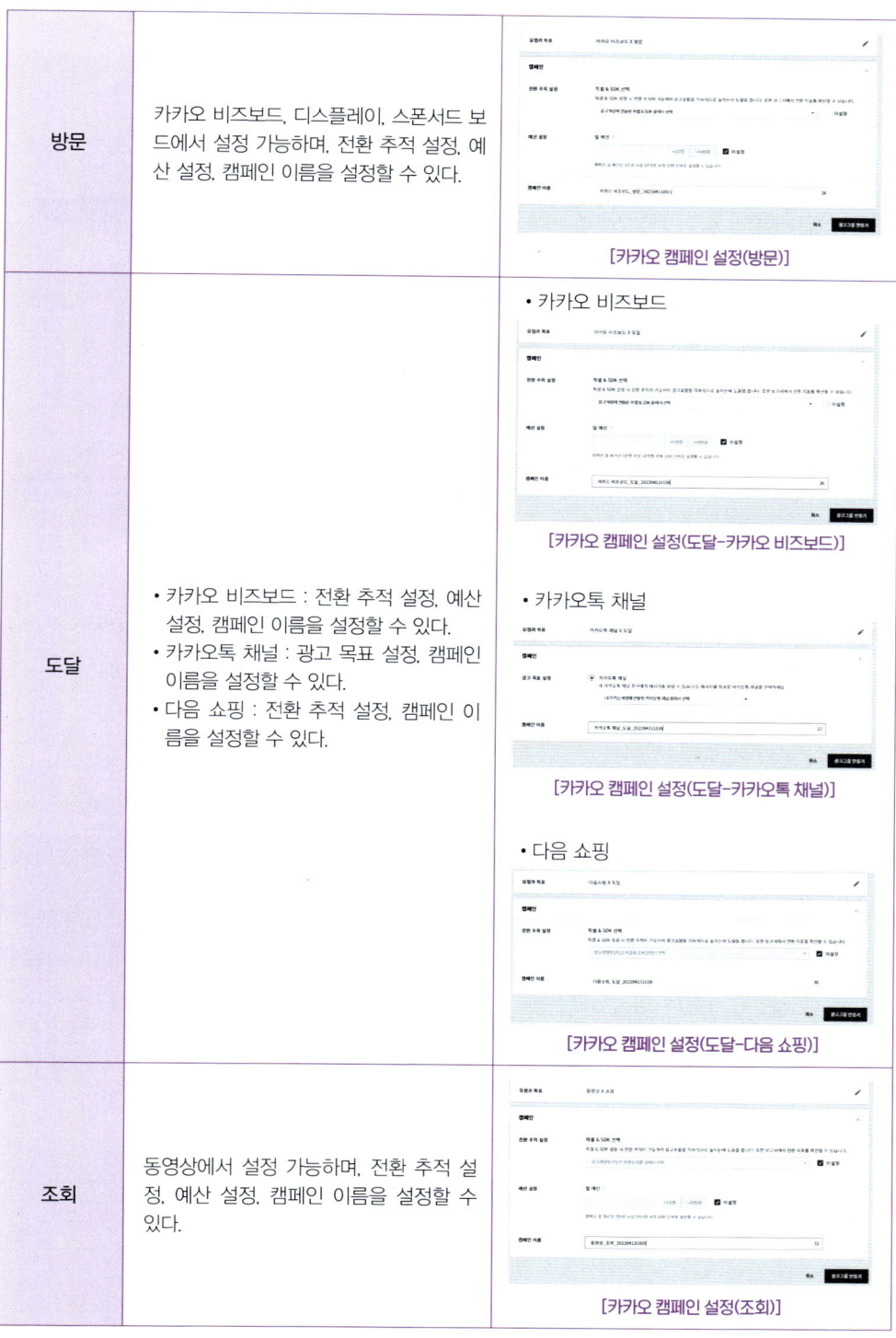

방문	카카오 비즈보드, 디스플레이, 스폰서드 보드에서 설정 가능하며, 전환 추적 설정, 예산 설정, 캠페인 이름을 설정할 수 있다.	[카카오 캠페인 설정(방문)]
도달	• 카카오 비즈보드 : 전환 추적 설정, 예산 설정, 캠페인 이름을 설정할 수 있다. • 카카오톡 채널 : 광고 목표 설정, 캠페인 이름을 설정할 수 있다. • 다음 쇼핑 : 전환 추적 설정, 캠페인 이름을 설정할 수 있다.	• 카카오 비즈보드 [카카오 캠페인 설정(도달-카카오 비즈보드)] • 카카오톡 채널 [카카오 캠페인 설정(도달-카카오톡 채널)] • 다음 쇼핑 [카카오 캠페인 설정(도달-다음 쇼핑)]
조회	동영상에서 설정 가능하며, 전환 추적 설정, 예산 설정, 캠페인 이름을 설정할 수 있다.	[카카오 캠페인 설정(조회)]

part
02

SNS광고 마케터 - SNS광고 실무

117

(2) 광고그룹

① 오디언스

㉠ 내 데이터 설정 또는 새로운 설정을 통하여 맞춤 타겟을 설정할 수 있다.

㉡ 데모그래픽(인구통계학적 기준)을 통하여 성별, 나이, 지역을 설정할 수 있다.

[카카오 광고그룹 오디언스 타겟 설정]

> **참고 맞춤타겟**
>
> • 광고반응타겟 : 카카오모먼트에서 집행한 웹/앱 광고 및 메시지에 반응(클릭, 전환, 재생, 열람)한 사용자를 리타겟팅한다.
> • 픽셀&SDK : 카카오 픽셀&SDK로 수집한 웹/앱 방문, 가입, 설치, 구매 등의 행동을 한 사용자를 리타겟팅한다.
> • 카카오 사용자 : 내 카카오계정과 연동된 카카오톡, 채널 프로필을 활용하여, 채널 친구 또는 카카오 로그인 이용자를 리타겟팅한다.
> • 고객파일 : 광고주가 보유한 오디언스 광고 식별자(모바일 앱 식별자-맞춤타겟)를 업로드하여 타겟팅한다.

② 게재지면 및 디바이스

㉠ 디바이스 설정을 통하여 Android, IOS 중 설정할 수 있다.

㉡ 게재지면 설정을 통하여 노출 위치(카카오톡, 다음, 카카오서비스, 네트워크)를 설정할 수 있다.

[카카오톡 광고그룹 게재지면 및 디바이스]

③ 집행 전략 설정

    ⊙ 입찰방식 설정을 통하여 수동입찰과, 자동입찰을 설정할 수 있다.

    ⓒ 일예산, 집행기간, 게재방식을 설정할 수 있다. 게재방식은 빠른 게재, 일반 게재가 있다.

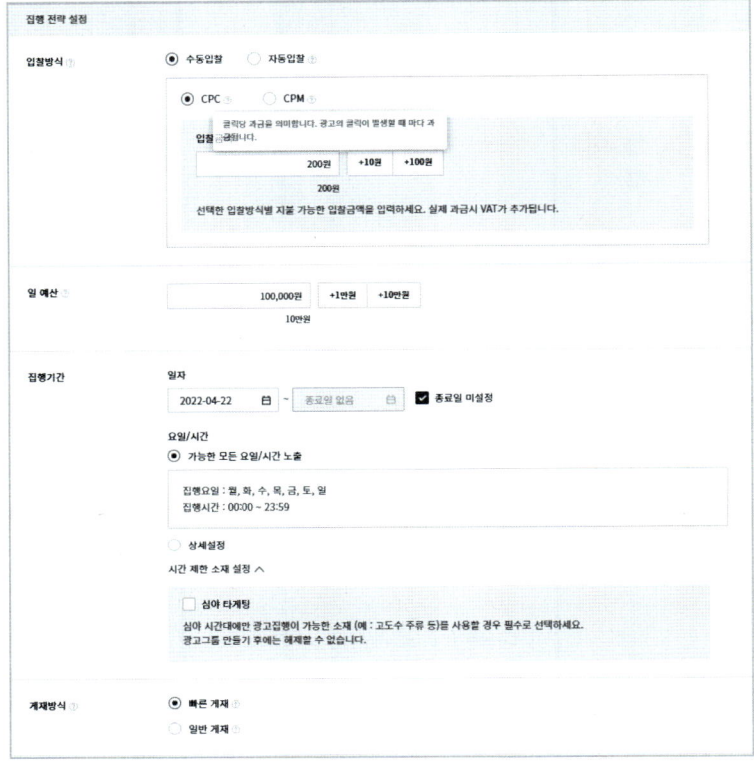

[카카오 광고그룹 집행 전략 설정]

(3) 소재

    ① 기존의 소재를 사용하거나, 새로운 캠페인, 광고그룹 설정에 맞는 소재를 설정할 수 있다.

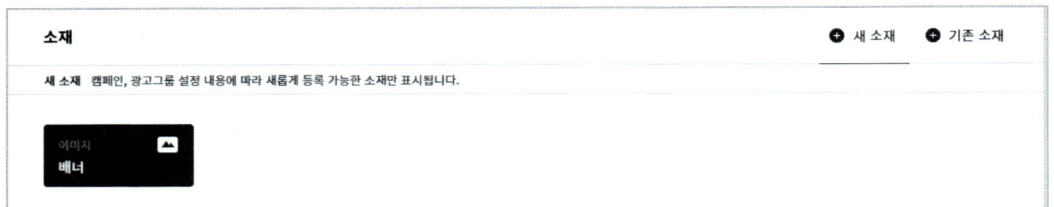

[카카오 광고 소재-새 소재 추가]

② 소재 공통 요소와 소재 개별요소 설정이 가능하며, 미리보기를 지원한다. 의견 및 증빙은 선택사항이다.

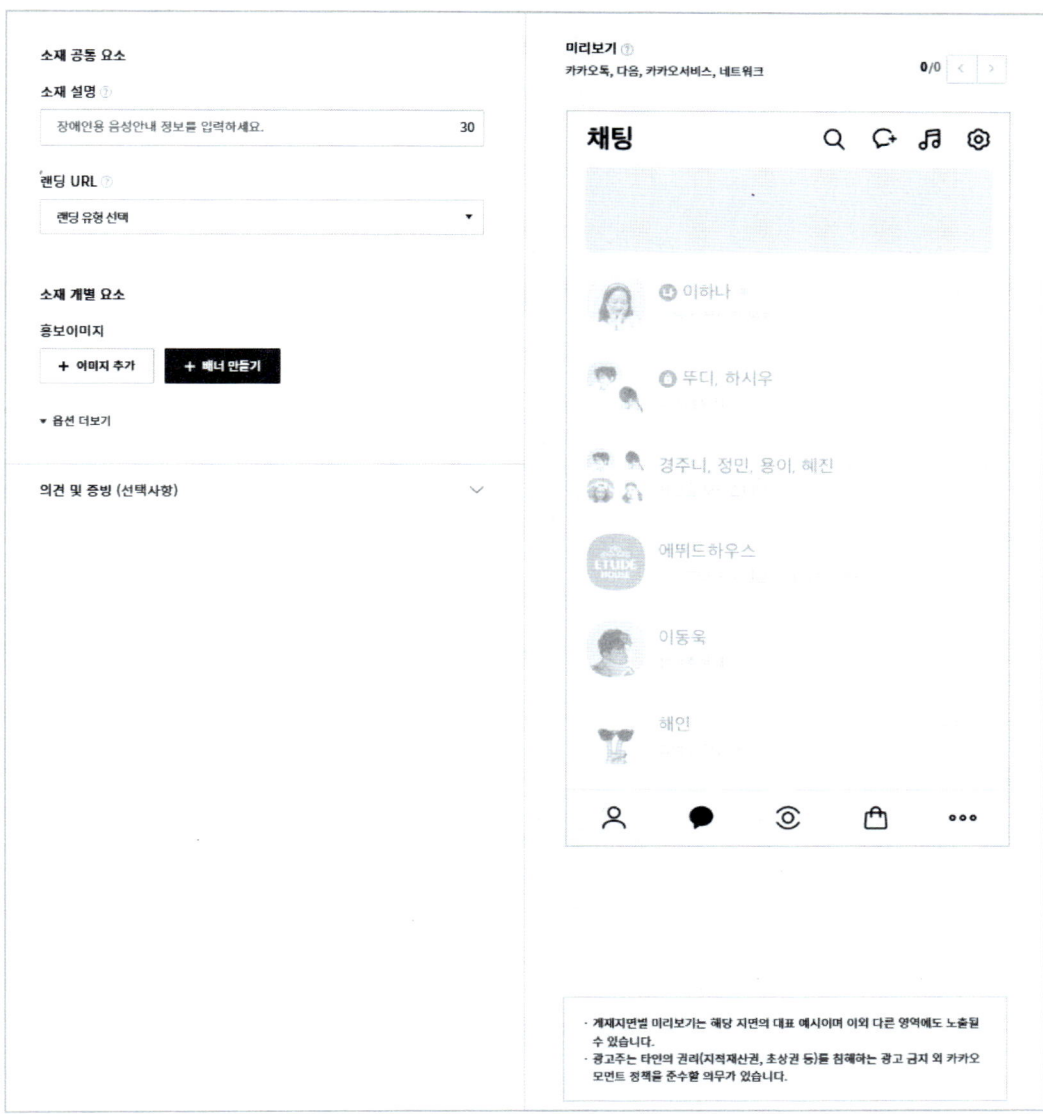

[카카오 광고 소재 설정사항]

③ 등록된 소재는 영업일 기준 최대 2일 내 심사가 완료되며, 심사가 완료되면 광고 목표 전략을 바탕으로 노출 지면에 맞는 광고 소재가 타겟에게 노출된다.

1 ## 네이버 밴드 광고상품의 이해

(1) 디스플레이 광고

① 풀스크린 광고

㉠ 밴드 앱종료 시 노출되는 1일 1광고주 단독 노출 상품으로, 브랜드 인지 효과 및 클릭을 극대화할 수 있는 Android 전용 상품이다.

㉡ 기능

Click to Web /App	모바일 웹페이지 또는 좌우 스크롤이 없는 웹페이지로 이동한다.
Click to Play	자동재생에서 3초 이상 Play 또는 재생 버튼 클릭시 1 View로 측정되며, 영상 재생 버튼 클릭은 클릭수에 미집계된다.

[밴드 풀스크린 광고]

② 스마트 채널 광고

　　㉠ 밴드앱 홈, 새소식, 채팅 최상단에 노출되는 상품으로, 프리미엄한 위치에서 비즈니스 메시지를 전달할 수 있다.

　　㉡ Real Time Bidding 상품이며, 최소 입찰가는 CPM 2,000원, CPC 10원(VAT 별도)이다.

　　㉢ 성별, 연령, 요일 및 시간, 지역, 디바이스, 관심사(BETA), 맞춤 타겟으로 타겟팅이 가능하다.

　　㉣ 밴드 및 네이버 지면 등에 노출되며, 네이버 성과형 디스플레이 광고 플랫폼을 통해 진행이 가능하다.

[밴드 스마트 채널 광고]

(2) 소셜광고

① 새소식/밴드 홈 광고

　　㉠ 밴드의 새소식, 밴드 홈 영역에 노출되어, 밴드 또는 페이지를 밴드 사용자들에게 알릴 수 있는 광고 상품이다.

　　㉡ 기간제 노출형 상품으로, 과금 기준은 CPM, CPA이며, 최저 30만 원부터 광고 집행이 가능하다.

　　㉢ 리더 또는 페이지 운영자가 '비즈센터>광고하기'를 통하여 광고를 등록할 수 있다.

　　㉣ 광고운영 기간 중 검수일자를 고려하여 다양한 소재(이미지, 텍스트) 운영이 가능하며, 소재교체를 통해 클릭률 및 회원가입율 증가를 확인할 수 있다.

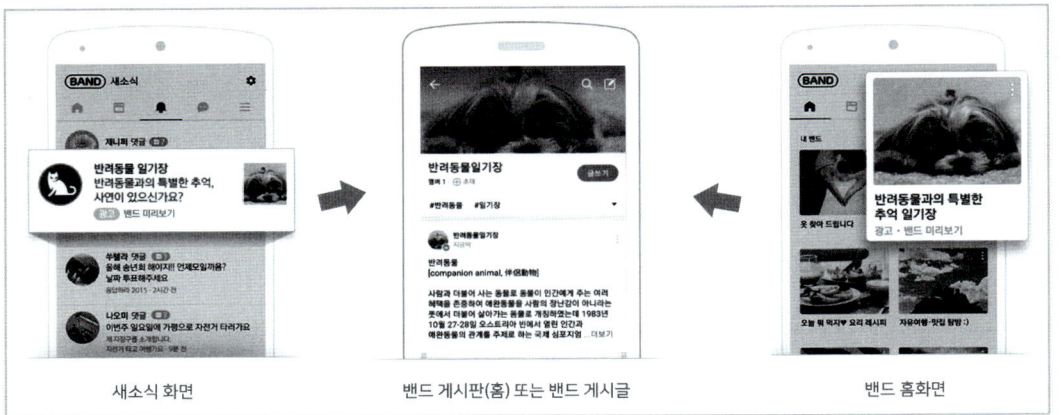

| 새소식 화면 | 밴드 게시판(홈) 또는 밴드 게시글 | 밴드 홈화면 |

[밴드 새소식/밴드 홈 광고]

② 알림 광고

    ⊙ 운영중인 밴드와 페이지의 멤버, 구독자에게 특정 게시글을 선택하여 '알림'을 보내는 광고상품으로, 광고를 위해서 내가 리더인 빅밴드 또는 내가 운영자인 페이지가 필요하다.

    ⊙ 발송설정에 따라 밴드의 새소식 알림과 앱푸시 알림으로 멤버들에게 알림 메시지를 노출한다.

    ⊙ 높은 도달율, 밴드 및 페이지 활성화 촉진, 타겟팅 가능이라는 장점이 있다.

    ⊙ 과금 방식

과금 방식	지불 방법	지불 금액
충전금 발송 방식	발송건당 과금	• 발송수×건당비용(충전금에서 바로 차감) • 건당비용(VAT 포함) : 일반 5원/건, 타겟 5원/건(프로모션가)
발송권 사용 방식	정액 상품을 저렴한 비용으로 구매	• 발송권 4회, 10회, 20회 단위로 판매 • 1회 발송당 발송권 1개 차감

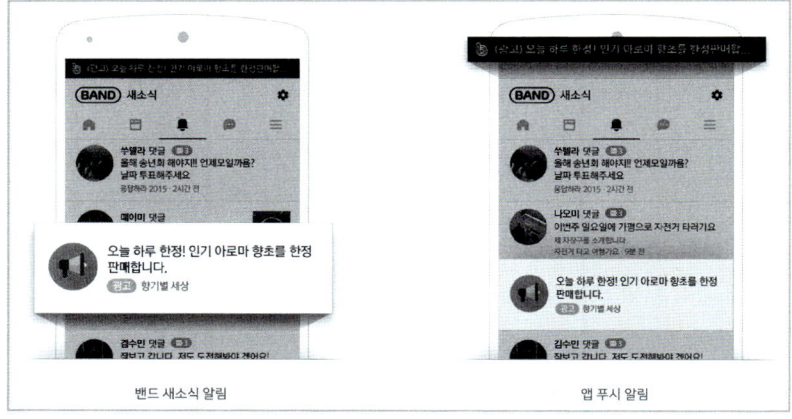

| 밴드 새소식 알림 | 앱 푸시 알림 |

[밴드 알림 광고]

(3) 네이티브(피드) 광고

① 새글 피드 영역에서 텍스트와 콘텐츠 결합 형태로 노출되는 광고 상품으로, 자연스럽게 노출되는 네이티브 광고이다.

② Real Time Bidding 상품이며, 최소 입찰가는 CPM 100원, CPC 10원, CPV 10원(VAT 별도)이다.

③ 네이버 성과형 디스플레이 광고 플랫폼을 통해 진행이 가능하다.

④ 타겟팅

인구통계	성별 및 연령(5세 단위) 타겟팅
시간 및 요일	특정 요일 및 시간 타겟팅
지역 현재 위치(IP 기준)	서울 및 경기도는 시/구, 그 외 지역은 군/구
OS	Android 및 iOS 중 선택하여 타겟팅 가능
관심사 및 구매의도 타겟팅	관심사(25개 항목), 구매의도(15개 항목)
맞춤 타겟	광고주 브랜드를 알고 있거나 접한 적 있는 대상에게 광고 집행(고객 파일, MAT, 유사 타겟 등을 추가해 설정)

⑤ 캠페인별 과금 기준

웹사이트트래픽	CPM, CPC(단일 이미지, 이미지 슬라이드, 단일 동영상 사용 가능)
앱설치	CPM, CPC(단일 이미지, 이미지 슬라이드 사용 가능)
동영상조회	CPV(단일 동영상 사용 가능)

[밴드 네이티브 광고]

※ 이미지 슬라이드는 5개의 이미지 노출 및 각 이미지별 랜딩URL 설정이 가능하며(최소 3개 이상 이미지 등록), 단일 동영상은 1:1 또는 16:9 비율의 동영상을 선택하여 진행할 수 있다.

🔍 **참고** 밴드 서비스에 집행 가능한 디스플레이 광고 상품

상품명	풀스크린 광고	네이티브(피드) 광고	스마트채널 광고
추천 집행 목표	밴드 유저로 한번에 많은 트래픽이 필요할 때	자연스러운 광고 노출을 원할 때, 유저 타겟팅 · 광고 예산을 조정하고 싶을 때	다양한 지면에서 많은 노출을 원할 때, 유저 타겟팅 · 광고 예산을 조정하고 싶을 때
광고 상품 유형	보장형(광고 집행 보장)	성과형(광고주간 실시간 입찰을 통해 광고 노출)	
단가	평일 3,000만 원, 공휴일 2,500만 원(공시가 기준, 프로모션가 별도)	광고주 경쟁 상황에 따라 변동	
과금 기준	고정가	CPM, CPC, CPV	CPM, CPC
노출수	평일 1,000만, 공휴일 830만 예상	광고 입찰 전략에 따라 변동	
노출 지면	안드로이드에서 밴드 앱 종료시(밴드 단독 집행)	밴드 새글 피드 탭(밴드 단독 집행)	밴드 홈, 채팅, 새소식 탭 및 네이버 지면 등
유저 타겟팅	성별 타겟팅(안드로이드만 노출)	시간/요일, 연령/성별, 지역, 디바이스, 관심사 타겟팅 및 맞춤 타겟 설정 가능	
광고 집행 방법	NOSP 플랫폼에서 렙사 · 대행사 통해 집행	네이버 성과형 디스플레이 광고 플랫폼에서 집행, 대행사 위탁 운영 및 직접 운영 가능	

※출처 : Naver BAND AD, 상품소개서

② 네이버 밴드 광고상품 시작하기

(1) 소셜광고(새소식 광고, 밴드 홈 광고)

① 광고 타입 : 새소식 광고, 밴드 홈 광고, 스티커 프로모션 중 목적에 맞는 형태를 설정한다.

[밴드 소셜광고 타입 설정]

② 제목/설명 : 광고의 제목과 설명을 입력한다.

[밴드 소셜광고 제목 및 설명 추가]

part
02

SNS광고 마케팅 - SNS광고 실무

③ **입찰하기** : 입찰정보와 광고 노출 기간을 설정한다. 새소식 광고와 밴드 홈 광고의 입찰정보는 CPM과 노출수를 입력하고, 스티커 프로모션은 집행 단가와 약정 금액을 입력한다.

[밴드 소셜광고 입찰가 및 노출수 설정]

[밴드 소셜광고 날짜 설정]

(2) 소셜광고(알림 광고)

① 제목/글 선택 : 알림 제목을 입력하고, 게시글을 선택한다. 게시글을 선택하면, 게시글의 글 내용, 글 작성자, 등록일시가 자동으로 노출된다.

[밴드 소셜광고 알림 게시물 설정]

② 메시지 작성 : 알림으로 보낼 메시지를 작성한다.

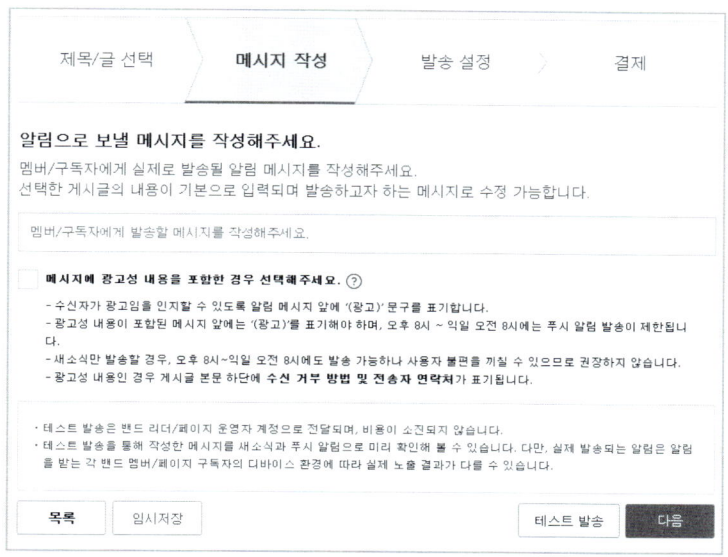

[밴드 소셜광고 알림 메시지 작성]

129

③ **발송 설정** : 발송 범위, 발송 형태, 예약발송 여부를 선택한다.

제목/글 선택 > 메시지 작성 **발송 설정** 결제

발송 정보

예상 발송 수   1

발송 범위   전체

발송 형태   새소식   **광고성 여부** ×   **예약 발송** ×

발송 범위를 결정해주세요.
알림을 멤버/구독자 전체에게 발송할지, 데모 타게팅을 사용해 일부에게만 발송할지 설정합니다.
◉ 전체 발송   ◉ 데모 타게팅 사용

발송 형태를 결정해주세요.
푸시 알림을 과도하게 보낼 경우, 푸시 알림 받기 설정을 끄거나 밴드를 탈퇴/페이지를 구독 취소할 수 있으니
발송 형태를 적절히 조절바랍니다.
◉ 새소식   ◉ 새소식+푸쉬

예약 발송 여부를 결정해주세요.
광고성 내용이 포함된 경우, 발송형태가 '새소식+푸시'일 때 오후 8시 ~ 익일 오전 8시에는 발송이 제한됩니다.
◉ 즉시 발송   ◉ 예약 발송

· 예상 발송 수는 새소식 알림 기준으로 제공되며, 전일까지 가입 멤버/구독자 중 최근 밴드 서비스 활동 이력이 있는 멤버/구
독자를 기준으로 산정됩니다.
· 발송 당일에 발생한 가입 및 탈퇴 멤버수에 따라 예상발송건수와 실제발송건수는 차이가 있을 수 있습니다.

| 목록 | 임시저장 | | 다음 |

[밴드 소셜광고 발송 타겟 및 예약 설정]

④ **결제** : 결제 방법을 선택한다. 결제 방법은 발송권과 충전금 사용이 있다.

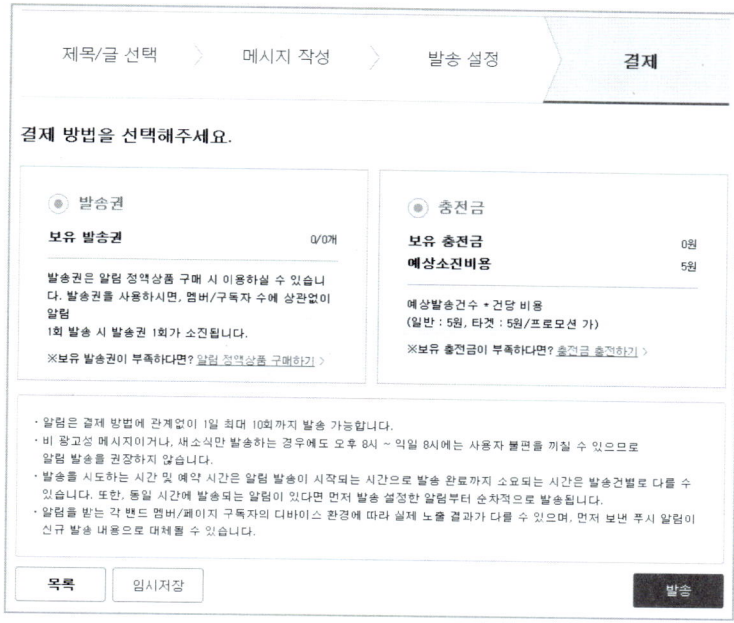

[밴드 소셜광고 광고비 결제]

1 기타 SNS매체의 광고상품

(1) 트위터

Twitter 광고				
프로모션 광고	**팔로워 광고**	**Twitter Amplify**	**Twitter Takeover**	**Twitter Live**
이미지 광고		Amplify 스폰서십	트렌드 Takeover	생방송
동영상 광고		Amplify 프리롤	트렌드 Takeover+	이벤트 페이지
캐러셀 광고			타임라인 Takeover	
모멘트 광고				
텍스트 광고				

[트위터 광고]

① **프로모션 광고**

ㄱ **이미지 광고** : 하나의 사진으로 제품이나 서비스를 노출시킬 수 있다. CPC, CPM, CPAC, OAB, CPE 등의 과금 방식이다.

ㄴ **동영상 광고** : 고객들을 웹 사이트, 앱으로 유도하거나 브랜드 메시지에 참여하도록 유도하는 데 효과적이다. CPV, CPC, CPM, CPAC, OAB, CPE 등의 과금 방식이다.

ㄷ **캐러셀 광고(회전목마 광고)** : 2~6개의 이미지 또는 동영상을 제공하여 여러 제품이나 프로모션을 선보일 스 있다. CPV, CPC, CPM, CPAC, OAB, CPE 등의 과금 방식이다.

ㄹ **모멘트 광고** : 트윗 컬렉션을 만들고, 큐레이팅하고, 홍보하여 280자가 넘는 스토리를 전달할 수 있다.

ㅁ **텍스트 광고** : 네이티브 광고로, 단순한 텍스트를 통하여 원하는 타겟까지 도달할 수 있다. CPM, CPE 등의 과금 방식이다.

② **팔로워 광고** : 브랜드와 계정을 타겟에게 홍보하여 인지도를 높이고 잠재고객을 유치하는 데 사용할 수 있다. 팔로워당 과금 방식이다.

③ Twitter Amplify

  ㉠ Amplify Pre-roll : 200+ 프리미엄 파트너 콘텐츠에서 노출되는 프리롤 광고로, 15개 이상의 카테고리에서 광고가 게재될 콘텐츠 카테고리를 선택할 수 있다.

  ㉡ Amplify Sponsorship : 단일 게시자와 1:1 페어링을 제공하고 캠페인 기간 동안 트윗 수준의 제어를 제공한다.

④ Twitter Takeover

  ㉠ 타임라인 테이크 오버 : 24시간 동안 홈 타임라인의 첫 광고지면을 독점하는 동영상 광고로, 트위터를 열 때 첫 번째 광고이다.

  ㉡ 트렌드 테이크 오버 : 24시간 동안 실시간 트렌드 리스트의 상단을 독점하는 해시태그 광고로, 메시지를 탐색 탭에 배치한다.

  ㉢ 트렌드 테이크 오버+ : '트렌드 테이크 오버'의 업그레이드 형태로, 트렌드탭 상단에 이미지/동영상/GIF(몰입형 비디오 크리에이티브요소)와 함께 노출시켜 주목도가 높은 광고이다.

⑤ Twitter Live

  ㉠ 트위터 라이브 : 전 세계에 방송하고 잠재 고객이 실시간으로 참여할 수 있어, 고객의 인게이지를 높인다.

  ㉡ 이벤트 페이지 : 트위터 라이브의 효과를 극대화한다.

> **참고** **트위터 광고의 특징**
>
> - 설문 조사 : 광고에 눈길을 끄는 대화식 기능을 추가하고 팔로워가 콘텐츠에 참여할 수 있다.
> - 대화 버튼 : 사람들이 브랜드 콘텐츠에 대해 트윗하도록 유도하는 버튼으로 참여와 대화를 유도한다.
> - 앱 버튼 : 광고 크리에이티브에 클릭 가능한 기능을 추가하고 특정 App Store 또는 Play 스토어 앱 다운로드 페이지에 대한 링크를 추가한다.
> - 웹사이트 버튼 : 이미지 및 동영상 광고에 클릭 가능한 기능을 추가하여 사용자가 특정 방문 페이지를 클릭할 수 있다.
> - 브랜드 해시태그 : 브랜드의 개성을 표현하고, 트위터에서 해시태그가 사용되는 곳에는 크리에이티브 요소를 추가할 수 있다.
> - 브랜드 알림 : 트위터의 고객들에게 콘텐츠나 경험을 받을 수 있도록 알림을 한다.

(2) 링크드인

① 스폰서 콘텐츠 : 텍스트, 이미지, 비디오 또는 광고주가 선택한 관련 웹 사이트에 대한 단일 및 링크를 노출한다. 스폰서 콘텐츠 데스크톱 및 모바일에 노출된다.

② 텍스트 광고 : 화면 우측 또는 상단 배너에 나타나며, 광고 회사의 로고와 같은 이미지만 포함될 수 있다. 텍스트 광고를 클릭하면 광고주가 선택한 웹 사이트로 이동한다.

③ 스폰서 메시지 : 스폰서 메시지 포함 메시지 광고 및 대화 광고이다.

④ 다이내믹 광고 : 각 고객에 대해 바뀌는 개인화된 광고로, 고객의 프로필 이미지, 이름 및 직종 각 멤버에 대한 사용자 지정 광고를 만드는 데 사용한다.

(3) 틱톡

① **탑뷰** : 사용자가 앱을 열 때 처음 보는 예약형 전면 광고로, TikTok의 최대 빌보드이다. 사용자의 관심을 끌어 브랜드 인지도를 높이고 커뮤니티 내 액션을 유발한다.

② **인피드 광고** : 추천 피드에 노출되는 전체화면 비디오 광고 형식으로, 브랜드의 풀퍼널(full-funnel) 마케팅 목표를 네이티브 광고 형식으로 달성할 수 있게 한다.

③ **브랜드 해시태그 챌린지** : 브랜드와 오디언스가 소통하는 방식으로, 참여형 챌린지를 TikTok 커뮤니티에 부여하여 브랜드가 트렌드와 문화적 움직임을 형성한다.

> **참고** **틱톡**
>
> 15초에서 10분 사이의 짧은 영상을 제작 및 공유할 수 있는 SNS로 중국기업에서 만들었다. 추천 피드를 중심으로 하기 때문에 영상 콘텐츠가 좋다면 바이럴 영향력이 매우 높게 나올 수 있다는 특징을 가지고 있다.

제6장 예상문제

SOCIAL NETWORK SERVICE ADVERTISEMENT MARKETER

▓ Meta for Business

01 다음 중 Meta for Business로 관리가 가능한 플랫폼이 아닌 것은?

① Facebook
② Instagram
③ Linked in
④ WhatsApp

정답 ③

해설 Meta for Business로 관리가 가능한 플랫폼은 페이스북, 인스타그램, 메신저, 왓츠앱 등이다. 링크드인은 세계 최대의 비즈니스 인맥 사이트로, 2016년 마이크로소프트가 인수하였다.

02 다음 중 Meta for Business의 Shops 콘텐츠 기능이 아닌 것은?

① Facebook의 라이브 쇼핑
② Instagram 쇼핑
③ Instagram에서 결제
④ Instagram의 라이브 쇼핑

정답 ③

해설 Meta for Business의 Shops 콘텐츠 기능은 Instagram 쇼핑, Facebook의 라이브 쇼핑, Instagram의 라이브 쇼핑, Shops이다. 'Instagram에서 결제'는 설정 기능이다.

03 Meta for Business의 Shops에 대한 설명으로 가장 올바르지 못한 것은?

① 비즈니스의 자격요건만 충족하면 이용할 수 있다.
② 커머스 관리자를 설정하고 파트너와 협력할 수 있으며, 메시지를 설정할 수 있다.
③ Shop을 만들 수 있으며, Instagram과 Facebook 내에서 구매를 할 수 있다.
④ 비즈니스에 바로 메시지를 보내 질문을 하고, 지원을 받고, 배송을 추적할 수 있다.

정답 ①

해설 Meta for Business Shops는 비즈니스의 자격요건과 상거래 자격 요건을 충족하여야 사용할 수 있다.

04 다음이 설명하는 Meta for Business의 기능 또는 도구는?

> Facebook, Instagram 및 메시지 도구를 한곳으로 일원화해주는 무료 도구이다. 홈, 알림, 받은 메시지함, 게시물 및 스토리, 플래너, 광고, 인사이트 등으로 구성되어 있다.

① Meta Business Shops
② Meta Business Suite
③ Facebook IQ
④ Facebook Wi-Fi

해설 Meta Business Suite은 Facebook, Instagram 및 메시지 도구를 한곳으로 일원화해주는 무료 도구이다. 데스크톱과 모바일에서 모두 사용할 수 있으며, 시간을 절약하고, 더 많은 사람들과 소통하여, 비즈니스 성과를 향상시킬 수 있다. 비즈니스용 게시물, 스토리 및 광고를 만들거나 예약할 수 있으며, 마케팅 활동을 진행하면서 최적화하는데 도움이 되는 인사이트를 찾을 수 있다.

06 Meta for Business의 기능 및 도구 중 다양한 디지털 인사이트와 마케팅 리서치 자료를 제공하는 기능 및 도구는?

① Facebook ID
② Facebook UID
③ Facebook IQ
④ Facebook Blueprint

정답 ③

해설 Facebook IQ는 다양한 디지털 인사이트와 마케팅 리서치 자료를 제공한다. 뉴스레터를 신청하여 구독할 수 있다.

05 Meta for Business의 Creator Studio에 대한 설명으로 가장 올바르지 못한 것은?

① 모든 Facebook 페이지와 Instagram 계정의 콘텐츠 성과를 효과적으로 게시, 관리하는 데 필요한 도구를 사용할 수 있다.
② 모든 Facebook 페이지와 Instagram 계정의 콘텐츠 성과를 효과적으로 수익화 및 추적하는 데 필요한 도구를 사용할 수 있다.
③ 자격 요건을 갖추면 크리에이터 스튜디오를 통해 새로운 기능과 수익화 기회도 활용할 수 있다.
④ 모든 페이지는 볼 수 있는 특정 정보와 수행할 수 있는 작업이 동일하다.

정답 ④

해설 크리에이터 스튜디오는 모든 Facebook 페이지와 Instagram 계정의 콘텐츠 성과를 효과적으로 게시, 관리, 수익화 및 추적하는 데 필요한 모든 도구를 사용할 수 있다. 자격 요건을 갖추면 크리에이터 스튜디오를 통해 새로운 기능과 수익화 기회도 활용할 수 있다. 페이지 역할에 따라 볼 수 있는 특정 정보와 수행할 수 있는 작업이 다르다.

07 앱 패밀리를 활용한 비즈니스를 시작하려할 때 알아두어야 할 내용 중 페이스북 페이지에 대한 설명으로 적절하지 않은 것은?

① Meta for Business의 광고를 위해서는 페이지가 필수이다.
② 1인 1페이지만 생성이 가능하지만 여러 사람이 관리할 수 있다.
③ 간단히 만들 수 있으며, 무료로 이용할 수 있다는 장점이 있다.
④ 인사이트를 사용해 비즈니스에서 제공하는 제품이나 서비스에 관심이 있는 고객을 찾을 수 있다.

정답 ②

해설 개인 계정은 개인만의 공간인 것에 반해 페이지는 홍보, 소식공유 등의 활동을 하는 공간이다. 개인 계정은 1인 1프로필을 원칙으로 하지만, 페이지는 여러 페이지를 관리할 수 있고, 여러 사람이 관리할 수 있다.

08 페이스북 페이지에 대한 설명으로 가장 적절한 것은?

① 페이스북 페이지가 없으면, 인스타그램 광고를 할 수 없다.
② 유료광고를 게재할 수 있는 유료서비스이다.
③ 메시지를 통하여 고객과 소통할 수 있지만, 모든 응답은 직접 입력해야 한다.
④ 페이스북 페이지의 이름변경은 제한이 없다.

정답 ①

해설 인스타그램 계정 없이 페이스북 광고는 가능하지만, 페이스북 페이지 없이 인스타그램 광고는 불가능하다.
② 페이스북 페이지는 무료 도구이다.
③ 메시지를 통하여 고객과 소통할 수 있으며, 자동 응답을 통하여 답변할 수 있다.
④ 페이스북 페이지의 이름변경의 경우 비슷한 이름으로만 변경이 가능하다.

09 비즈니스 (관리자)계정에 대한 설명으로 가장 적절하지 않은 것은?

① 비즈니스를 구성하고 관리하는 데 도움이 되는 도구이다.
② 계정을 만들기 위해서는 페이스북 프로필이 있어야 한다.
③ 비즈니스 (관리자)계정은 5개까지 만들 수 있다.
④ 계정 생성 시 계정의 이름, 운영자의 성명과 이메일 주소를 입력해야 한다.

정답 ③

해설 비즈니스 계정이란 비즈니스를 구성하고 관리하는 데 도움이 되는 도구로, 계정을 만들기 위해서는 페이스북 프로필이 있어야 한다. 비즈니스 관리자 계정은 2개까지 만들 수 있으며, 비즈니스 계정 생성 시 비즈니스 계정의 이름, 운영자의 성명과 이메일 주소를 입력해야 한다.

10 비즈니스 (관리자)계정에 대한 설명으로 가장 적절하지 않은 것은?

① 광고를 운영 및 추적할 수 있으며, 페이지, 광고 계정 등의 자산 관리를 할 수 있다.
② 비즈니스 관리 지원을 위해 대행사나 마케팅 파트너를 추가할 수 있다.
③ 1인 1프로필이므로, 개인 프로필의 비즈니스화가 되어, 사생활을 침해 받을 수 있다.
④ Facebook 페이지, Instagram 계정 및 해당 자산에 대한 작업 권한이 있는 사람들을 모두 한곳에서 관리할 수 있다.

정답 ③

해설 비즈니스 (관리자)계정을 이용할 경우, 개인 프로필과 사생활이 업무에 섞이지 않아, 업무와 사생활이 분리할 수 있다.

11 다음 중 페이스북 비즈니스 설정 탭 메뉴가 아닌 것은?

① 사용자
② 계정
③ 브랜드 가치 보호
④ 이용 약관

정답 ④

해설 페이스북 비즈니스 설정 탭 메뉴는 사용자, 계정, 데이터 소스, 브랜드 가치 보호, 등록, 통합, 결제 수단, 보안 센터, 요청, 알림, 비즈니스 정보, 설정 가이드가 있다.

part
02

SNS광고 마케팅 - SNS광고 실무

12 다음 중 페이스북 비즈니스 설정 탭 메뉴 중 데이터 소스에 포함된 메뉴항목이 아닌 것은?

① 카탈로그
② 픽셀
③ 비즈니스 자산 그룹
④ 이벤트 소스 그룹

정답 ③

해설 비즈니스 자산 그룹은 페이스북 비즈니스 설정 탭 메뉴 중 계정에 포함된 메뉴이다. 데이터 소스에 포함된 항목은 카탈로그, 픽셀, 오프라인 이벤트 세트, 맞춤 전환, 이벤트 소스 그룹, 공유 타겟, 비즈니스 크리에이티브 폴더이다.

13 광고를 만드는 첫 단계는 캠페인을 생성하는 것이다. 캠페인의 목표로 가장 적절하지 않은 것은?

① 인지도
② 앱 홍보
③ 잠재 고객
④ 팔로워 수 증가

정답 ④

해설 캠페인 생성에 있어 캠페인 목표는 인지도, 트래픽, 참여, 잠재고객, 앱 홍보, 매출이 있다.

14 캠페인 목표 중 웹사이트, 앱, Facebook 이벤트 등의 랜딩 페이지로 사람들을 연결시키는 것을 목표로 하는 것은?

① 인지도
② 트래픽
③ 참여
④ 매출

정답 ②

해설 캠페인 목표 중 트래픽은 웹사이트, 앱, Facebook 이벤트 등의 랜딩 페이지로 사람들을 연결시키는 것을 목표로 한다.

15 다음의 상황에서 캠페인의 목표를 설정할 때, 고려하지 않아도 되는 캠페인 목표는?

> A회사에서 B라는 앱을 개발하였다. B 앱을 사람들에게 설치하게 하고, 지속적으로 사용할 이용자를 찾으려 한다. 그래서 A회사는 B 앱에 관련된 메시지를 보내고, 이벤트를 하여 이벤트 응답을 늘리려고 한다. 또, B 앱에 맞는 랜딩페이지를 구성하여 사람들에게 제공하려고 한다.

① 인지도
② 트래픽
③ 앱 홍보
④ 참여

정답 ①

해설 앱을 사람들에게 설치하게 하고, 지속적으로 사용할 이용자를 찾는 것은 앱 홍보를 목표로 하는 것이 적절하다.
앱에 관련된 메시지를 보내고, 이벤트를 하여 이벤트 응답을 늘리는 것은 참여를 목표로 하는 것이 적절하다.
앱에 맞는 랜딩페이지를 구성하여 사람들에게 제공하려는 것은 트래픽을 목표로 하는 것이 적절하다.

16 마케팅 퍼널을 기반으로 캠페인의 목표를 나누었을 때, 관심유도에 속하는 캠페인 목표는?

① 도달
② 앱 설치
③ 전환
④ 인지도

정답 ②

해설 마케팅 퍼널을 기반으로 캠페인의 목표를 나누었을 때, 관심유도에 속하는 캠페인 목표는 트래픽, 참여, 앱 설치, 동영상 조회, 잠재고객 확보, 메시지이다.

17 캠페인 설정에서 특별 광고 카테고리에 속하는 광고를 알려야 한다. 다음 중 특별 광고 카테고리가 아닌 것은?

① 고용　　　　　② 교육
③ 신용　　　　　④ 주택

정답 ②

해설 캠페인 설정에 있어 특별 광고 카테고리는 신용, 고용, 주택, 사회문제, 선거 또는 정치이다.

18 다음 중 캠페인 설정에 있어 목표와 상관없이 공통적으로 설정할 수 있는 사항이 아닌 것은?

① 캠페인 이름(이름 탬플릿 사용 가능)
② 특별 광고 카테고리
③ 캠페인 상세 정보(구매 유형)
④ 카탈로그

정답 ④

해설 캠페인 설정에 있어 목표와 상관없이 공통적으로 설정할 수 있는 사항으로는 캠페인 이름(이름 탬플릿 사용 가능), 특별 광고 카테고리(신용, 고용, 주택, 사회 문제, 선거 또는 정치), 캠페인 상세 정보(구매 유형, 캠페인 목표)가 있다.

19 목표에 따라 지원되는 플랫폼의 유형이 다양하다. Audience Network에 사용 가능한 목표는?

┌─────────────────────────┐
│ ㉠ 트래픽　　　　㉡ 앱 설치 │
│ ㉢ 동영상 조회　　㉣ 카탈로그 판매 │
└─────────────────────────┘

① ㉠, ㉡
② ㉠, ㉡, ㉢
③ ㉠, ㉢, ㉣
④ ㉠, ㉡, ㉢, ㉣

정답 ④

해설 Audience Network에 사용 가능한 목표는 트래픽, 앱 설치, 동영상 조회, 전환, 카탈로그 판매이다.

20 다음 중 캠페인 설정 단계에서 설정할 수 없는 것은?

① 광고 타겟　　　② 광고 일정
③ 캠페인 예산　　④ A/B 테스트

정답 ①

해설 타겟 설정을 광고 세트 설정 단계에서 할 수 있다. 광고 일정과 캠페인 예산은 캠페인 예산 최적화 기능을 통하여 설정할 수 있다.

21 페이지 좋아요(Facebook만), 팔로워(Instagram만), 연령, 성별, 상위 도시 및 국가, 위치, 관심사 등의 사용자 집계정보를 확인할 수 있는 페이스북 도구(Tool)는?

① 타겟 인사이트
② 콘텐츠 인사이트
③ 결과 인사이트
④ 벤치마킹 인사이트

정답 ①

해설 타겟 인사이트는 페이지 좋아요(Facebook만), 팔로워(Instagram만), 연령, 성별, 상위 도시 및 국가, 위치, 관심사 등의 사용자 집계정보를 확인할 수 있는 페이스북 도구로 Meta Business Suite 인사이트에서 제공한다.

22 광고의 예산 설정에 대한 설명으로 가장 올바르지 않은 것은?

① 광고비용은 총 지출 금액과 달성한 결과 당 비용으로 정의된다.

② 캠페인 예산 최적화(CBO)를 사용하여 캠페인에 대한 총 예산을 설정할 수 있다.

③ 광고 세트의 개별 예산을 설정할 수 있다.

④ 광고 성과를 얻을 수 있는 기회가 많은 날에는 총 예산을 초과하여 지출할 수 있다.

정답 ④

해설 일일 예산은 광고 성과를 얻을 수 있는 기회가 많은 날에는 일일 예산을 초과하여 지출할 수 있지만, 총 예산은 캠페인 또는 광고 세트의 전체 게재 기간에 지출할 총 금액, 즉, 최대 금액이므로 초과할 수 없다.

23 Meta for Business의 광고 구매방식이 아닌 것은?

① 경매 　　　　② 도달 및 빈도

③ 타겟 시청률 　④ 선착순 예약

정답 ④

해설 Meta for Business의 광고 구매방식은 경매, 도달 및 빈도, 타겟 시청률(TRP)이다.

24 경매는 Meta for Business의 구매방식 중 하나이다. 경매 낙찰자가 되기 위하여 중요시 여겨야 할 요소가 아닌 것은?

① 입찰가 　　　② 타겟 규모

③ 관련성 　　　④ 추산 행동률

정답 ②

해설 입찰가, 추산 행동률, 광고 품질(관련성)을 통하여 경매 낙찰자를 선정된다. 따라서 경매 낙찰자가 되기 위해서 중요시 여겨야 할 세 가지는 입찰가, 추산 행동률, 광고 품질(관련성)이다.

25 경매기반의 구매방식에 대한 설명으로 가장 적절하지 않은 것은?

① 최대한 낮은 금액 또는 일정한 목표 금액으로 타겟에게 도달하기 위해 입찰할 수 있다.

② 입찰가란 광고주가 해당 광고에 설정한 입찰가로, 광고주가 원하는 결과를 달성하기 위해 지불할 의향이 있는 금액이다.

③ 추산 행동률이란 특정 사람이 특정 광고에 노출되거나 특정 광고를 시청하는 행동의 추정치이다.

④ 광고 품질이란 광고를 보거나 숨기는 사람들의 피드백이나 품질을 떨어뜨리는 속성 등 다양한 요소를 평가하여 측정한 광고 품질을 말한다.

정답 ③

해설 추산 행동률이란 특정 사람이 특정 광고에 반응을 보이거나 특정 광고로부터 전환하는 행동의 추정치이다. 다시 말해 타겟에게 광고를 노출해 광고주가 원하는 결과를 유도할 수 있는 가능성을 말한다.

26 도달 및 빈도에 대한 설명으로 가장 적절하지 않은 것은?

① 자격을 갖춘 계정만 사용할 수 있다.

② 예약을 통하여 구매할 수 있다.

③ 광고 순서를 지정하여 타겟에게 노출시킬 수 있다.

④ 캠페인의 최소 예산을 초과하는 범위 내에서 늘릴 수도, 줄일 수도 있다.

정답 ④

해설 도달 및 빈도는 자격을 갖춘 계정만 사용할 수 있는 예약형 방식이다. 광고를 최대 50개까지 순서대로 원하는 타겟에게 노출시킬 수 있다는 장점이 있다. 도달 및 빈도의 캠페인 날짜는 광고 세트 설정에서 캠페인의 기간을 연장할 수 있으며, 캠페인 예산은 최소 예산을 초과하는 범위 내에서 늘릴 수 있다. 그러나 기간과 최소 예산 모두 줄일 수 없다.

27 다음 중 경매 방식과 도달 및 빈도 방식에 대한 설명으로 가장 적절한 것은?

① 경매는 선택한 모든 목표에 대해 유연한 빈도 한도를 설정한다.
② 도달 및 빈도는 전반적인 도달 결과를 예측할 수 없다.
③ 경매는 노출에 지불할 고정 CPM을 정하면 시스템에서 자동으로 입찰된다.
④ 도달 및 빈도는 목표와 노출 간에 자동으로 최적화 한다.

정답 ④
해설 도달 및 빈도는 목표와 노출 간에 자동으로 최적화하며, 선택한 모든 목표에 대해 유연한 빈도 한도를 설정한다.
① 도달 및 빈도는 선택한 모든 목표에 대해 유연한 빈도 한도를 설정한다.
② 경매는 전반적인 도달 결과를 예측할 수 없다.
③ 도달 및 빈도는 노출에 지불할 고정 CPM을 정하면 시스템에서 자동으로 입찰된다.

28 Meta for Business의 타겟팅 방법 중 핵심 타겟을 이용한 타겟팅을 하려고 한다. 가장 적절하지 않은 기준은?

① 위치
② 인구 통계학적 특성
③ 행동
④ 고객리스트

정답 ④
해설 핵심 타겟팅은 연령, 관심사, 지역 등의 기준에 따라 타겟을 정의하며, 광고가 게재되는 위치에 대한 규칙을 설정할 수 있다. 위치, 인구 통계학적 특성, 관심사, 행동, 연결 관계 등은 핵심 타겟의 기준이 될 수 있다.

29 위치를 통한 타겟팅을 하려고 한다. 다음 중 올바르지 않은 것은?

① 부산광역시를 타겟팅할 수 있다.
② 미국을 타겟팅할 수 있다.
③ 타겟팅할 수 없는 지역 및 국가는 없다.
④ 미국과 프랑스를 함께 타겟팅할 수 있다.

정답 ③
해설 타겟팅할 수 없는 위치도 존재한다.

30 전 세계 기반의 위치 타겟팅을 할 경우 선택할 수 있는 위치 타겟팅 항목이 아닌 것은?

① 사하라
② 카리브해
③ 신흥 시장 국가
④ 자유 무역 지역

정답 ①
해설 위치 타겟팅 항목으로는 국가, 지역이 있다. 국가는 아프리카, 아시아, 카리브해 등이 존재하며, 지역에는 자유 무역 지역, 앱 스토어 지역, 신흥 시장 국가, 유로 지역이 있다.

31 맞춤 타겟에 대한 설명으로 가장 적절하지 않은 것은?

① 광고 계정당 최대 500개까지 만들 수 있다.
② 유사 타겟을 소스타겟으로 하여 맞춤 타겟을 설정할 수 있다.
③ 효과적인 리마케팅, 업셀링 및 크로스 셀링 캠페인을 만들 수 있다.
④ 고객리스트, 웹사이트 또는 앱 트래픽, Facebook 참여도와 같은 소스를 사용하여 맞춤 타겟을 만들 수 있다.

정답 ②
해설 유사 타겟은 기존 타겟으로 만들 수 있으며, 맞춤 타겟을 소스타겟으로 하여 유사 타겟을 확장할 수 있다.

32 맞춤 타겟을 설정에 있어 광고주가 보유한 소스가 아닌 것은?

① 관심사
② 웹사이트
③ 오프라인 활동
④ 고객리스트

정답 ①

해설 맞춤 타겟 설정에 있어 광고주가 보유한 소스는 웹사이트, 고객리스트, 앱 활동, 오프라인 활동이다.

33 맞춤 타겟을 설정에 있어 Meta가 제공하는 소스에 대한 설명으로 가장 적절하지 않은 것은?

① 동영상 참여 : 최근 365일까지 추가할 수 있으며, 동적으로 유지된다.
② 잠재 고객용 양식 : 최근 90일 이내 비즈니스 페이지의 잠재고객 양식에 이벤트를 발생한 사람을 기준으로 한다.
③ Instagram 계정 : 인스타그램 비즈니스 계정 또는 인스타그램 크리에이터 계정을 사용하여야 한다.
④ 앱 활동 : Meta SDK를 사용하면 앱의 데이터를 Meta에 전달하여 타겟을 설정한다.

정답 ④

해설 앱 활동 맞춤 타겟은 앱을 사용 중이며 앱 내에서 특정한 행동을 취한 사람들을 대상으로 타겟팅하는 것으로, Meta SDK를 사용하면 앱의 데이터를 Meta에 전달하여 맞춤 타겟을 설정한다. 앱 활동은 비즈니스(광고주)가 보유한 소스이다.

34 유사 타겟팅에 대한 설명으로 가장 적절한 것은?

① 맞춤 타겟을 사용했을 때보다 도달은 적지만 전환이 많다.
② 규모를 0~10까지의 척도로 설정할 수 있다.
③ 척도가 10에 가까울수록 맞춤 타겟과 유사하다.
④ 소스 타겟을 생성할 때에는 양보다 질을 중점적으로 구성해야 한다.

정답 ④

해설 유사타겟팅은 맞춤 타겟을 사용할 때보다 더 많은 사람들에게 도달하고자 할 때 사용하는 타겟으로 규모를 1~10까지 척도로 설정할 수 있으며, 척도가 1에 가까울수록 소스타겟과 유사한다.

35 다음이 설명하는 타겟팅은 무엇인가?

> 성별, 연령 및 위치가 포함한다. 주로 Facebook 게재 시스템에 의존하여 광고를 노출할 가장 적절한 사람들을 찾을 수 있어, 완전히 새로운 잠재 고객을 찾는 데 효과적이다.

① 광범위 타겟팅
② 유사 타겟 확장
③ 타겟팅 확장
④ 특별 광고 타겟

정답 ①

해설 광범위 타겟팅은 성별, 연령 및 위치가 포함한다. 주로 Facebook 게재 시스템에 의존하여 광고를 노출할 가장 적절한 사람들을 찾을 수 있어, 완전히 새로운 잠재 고객을 찾는 데 효과적이다.

36 Meta for Business의 광고는 노출 위치마다 광고 형식의 요구사항이 다르다. 다음 중 알맞은 광고 형식은?

① 피드에 노출되는 이미지와 동영상은 1:1(정사각형) 비율이 적절하다.

② 스토리는 16:9(가로) 비율의 이미지와 비디오를 사용하는 것이 적절하다.

③ 메신저 받은 편지함의 경우 가로(1.91:1 또는 16:9) 이미지를 사용하는 것이 적절하다.

④ 인스트림에 노출되는 이미지와 동영상은 9:16(세로) 비율이 적절하다.

정답 ③

해설 메신저 받은 편지함의 경우 가로(1.91:1 또는 16:9) 이미지를 사용하는 것이 적절하다.
① 피드에 노출되는 이미지는 1:1(정사각형) 비율이, 비디오는 세로(4:5) 비율을 사용하는 것이 적절하다.
② 스토리는 전체화면 수직(9:16) 비율의 이미지와 비디오를 사용하는 것이 적절하다.
④ 인스트림은 Facebook의 경우 이미지는 16:9, 동영상은 1:1, 잠재 고객 네트워크의 경우 16:9를 사용하는 것이 좋다.

37 다음의 내용을 만족하는 적절한 형식의 광고는?

> Facebook Marketplace, Facebook 동영상 피드에 동영상을 게재하여, 고객들에게 많은 노출을 시킬 예정이다.

① 1:1 비율 이미지
② 1:1 비율 동영상
③ 4:5 이미지
④ 4:5 동영상

정답 ④

해설 Facebook Marketplace, Facebook 동영상 피드에 노출되는 광고는 정사각형(1:1) 이미지와 세로(4:5) 비디오를 사용하는 것이 좋다. 동영상을 게재할 경우, 세로(4:5) 비디오를 사용하는 것이 좋다.

38 이미지 광고를 할 경우 유의해야 할 사항으로 가장 적절하지 않은 것은?

① 이미지 광고에는 텍스트 삽입이 불가능하다.

② 고화질 이미지나 그림을 통해 비즈니스의 정보와 상품 및 서비스를 홍보한다.

③ 사이트 방문 유도, 신속한 광고 제작, 상품 인지도 제고 등의 장점이 있다.

④ 캠페인 목표가 '동영상 조회'일 경우, 사용이 불가능하다.

정답 ①

해설 이미지 광고는 이미지와 텍스트 삽입이 가능하다. 눈길을 끄는 이미지와 문구를 사용하여 깔끔하고 단순하게 간결한 메시지를 전달한다. 하지만 너무 많은 텍스트는 사용하지 않는 것이 좋다.

39 슬라이드 광고에 대한 설명으로 가장 올바른 것은?

① 하나의 광고에 이미지 또는 동영상을 최대 5개까지 추가가 가능하다.

② 모든 슬라이드에 링크를 연결할 수 있으며, 링크는 모두 같아야 한다.

③ 슬라이드 순서대로 전개되는 브랜드 스토리를 전달할 수 있다.

④ Facebook에서 제공하는 각 슬라이드의 성과에 따라 슬라이드 이미지의 순서를 최적화하는 자동 최적화 기능을 항상 선택하여야 한다.

정답 ③

해설 슬라이드 광고는 여러 상품을 홍보하거나 슬라이드 순서대로 전개되는 브랜드 스토리를 전달할 수 있다.
① 하나의 광고에 이미지 또는 동영상을 최대 10개까지 추가가 가능하다.
② 슬라이드마다 별도의 링크를 포함할 수 있으며 링크는 모두 다를 수 있다.
④ Facebook에서 각 슬라이드의 성과에 따라 슬라이드 이미지의 순서를 최적화하는 자동 최적화 기능을 선택할 수 있지만 순차적으로 이야기를 전달하기 위한 경우, 자동 최적화 기능을 해제하여야 한다.

40 다음 중 일반적으로 카달로그가 필요한 광고 형식은?

① 단일 이미지 ② 컬렉션
③ 동영상 ④ 스토리

정답 ②

해설 컬렉션 광고는 사람들이 제품을 발견한 후 구매까지 자연스럽게 이어갈 수 있게 해주는 모바일 전용 광고 형식이다. 4개 이상의 제품이 있어야 세팅이 가능하고, 일반적으로 카달로그를 필요로 한다.

41 컬렉션 광고에 대한 설명으로 가장 적절하지 않은 것은?

① 사람들이 제품을 발견한 후 구매까지 자연스럽게 이어갈 수 있게 해준다.

② PC 전용 광고 형식이다.

③ 각 컬렉션 광고에는 주요 동영상 또는 이미지가 표시되며 그 밑에 작은 이미지 3개가 그리드 레이아웃으로 배치된다.

④ 수요를 판매로 전환, 제품 카탈로그 소개 등의 장점이 있다.

정답 ②

해설 컬렉션 광고는 사람들이 제품을 발견한 후 구매까지 자연스럽게 이어갈 수 있게 해주는 모바일 전용 광고 형식이다. 각 컬렉션 광고에는 주요 동영상 또는 이미지가 표시되며 그 밑에 작은 이미지 3개가 그리드 레이아웃으로 배치된다. 제품 발견 유도, 모바일 기기에서 편리하게 둘러볼 수 있도록 함, 수요를 판매로 전환, 제품 카탈로그 소개 등의 장점이 존재한다.

42 컬렉션 광고에 맞는 템플릿으로 가장 적절하지 않은 것은?

① 인스턴트 매장

② 인스턴트 룩북

③ 인스턴트 신규 고객 확보

④ 세 가지 중 답 없음

정답 ④

해설 컬렉션 광고에 맞는 템플릿으로는 인스턴트 매장(제품이 4개 이상 포함된 카탈로그가 있는 경우), 인스턴트 룩북(제품을 사용하는 모습을 보여주려는 경우), 인스턴트 신규 고객 확보(모바일 랜딩 페이지에서 전환을 유도하려는 경우)가 있다.

43 Facebook과 Instagram에서 광고하거나 판매하려는 모든 상품에 대한 정보가 담긴 공간으로, 픽셀을 통하여 일괄 업로드할 수 있는 것은?

① 카달로그　　② 컬렉션
③ 마이 스페이스　④ 피드

정답 ①

해설 카달로그란 Facebook과 Instagram에서 광고하거나 판매하려는 모든 상품에 대한 정보가 담긴 공간으로, 제품(이커머스), 호텔, 항공편, 목적지, 주택 매물 리스트, 차량 등 다양한 유형의 인벤토리에 대해 카탈로그를 만들 수 있다. 커머스 관리자는 카탈로그를 만들고 관리할 수 있는 플랫폼이다. 카달로그의 상품은 픽셀을 통하여 대용량 일괄 업로드할 수 있다.

44 동영상 광고 제작 시 유의해야 할 사항으로 가장 적절하지 않은 것은?

① 소리 없이도 이해할 수 있는 광고를 만드는 것이 좋다.
② 제품과 브랜드 메시지는 동영상 전반에 나타나는 것이 좋다.
③ 자산 맞춤화 기능을 통하여 여러 노출 위치에 다양한 비율을 사용한다.
④ 입체형(360도)을 표현하기 위하여 평면형(180도) 동영상을 편집하여야 한다.

정답 ④

해설 동영상 광고는 일부 광고 목표에 따라 360도 동영상을 활용할 수 있다.

45 스토리에 대한 설명으로 가장 적절한 것은?

① 스토리는 Facebook, Instagram 및 Messenger에 노출된다.
② 스토리에 노출되는 사라지지 않는 사진과 동영상을 말한다.
③ WhatsApp에는 이와 유사한 기능이 없다.
④ 스토리 광고는 전체 화면 이미지, 동영상 또는 슬라이드 광고로, 사람들이 저장하지 않으면 24시간 내에 사라진다.

정답 ①

해설 스토리는 Facebook, Instagram 및 Messenger에 노출된다.
② 스토리란 사람들이 저장하지 않으면 24시간 내에 사라지는 사진과 동영상을 말한다.
③ WhatsApp에는 이와 유사한 기능으로 WhatsApp 상태가 있다.
④ 스토리 광고는 전체 화면 이미지, 동영상 또는 슬라이드 광고로, 스토리 광고는 일반 스토리와 달리 24시간 후에도 사라지지 않는다.

46 이전의 이름은 캔버스(CANVAS)로, 모바일에 최적화되어 즉시 읽어들일 수 있으며 타겟의 시선을 사로잡는 광고는?

① 앱 데모　　② 인스턴트 경험
③ 브랜디드 콘텐츠　④ 스토리

정답 ②

해설 인스턴트 경험은 이전의 이름은 캔버스 광고로, 모바일에 최적화되어 즉시 읽어들일 수 있으며 타겟의 시선을 사로잡는 광고 경험을 제공한다. 모바일에서 광고를 누르면 열리며, 소규모 비즈니스를 운영할 때 용이하게 활용된다.

47 다음이 설명하는 광고 형식은?

> Facebook 및 Audience Network를 위한 인터랙티브 동영상 광고인 플레이어블 광고를 사용하며, 앱을 구매하기 전에 체험해볼 수 있다.

① 앱 데모   ② 인스턴트 경험
③ 브랜디드 콘텐츠   ④ 스토리

정답 ①

해설 앱 데모는 Facebook 및 Audience Network를 위한 인터랙티브 동영상 광고인 플레이어블 광고를 사용한다. 앱을 구매하기 전에 체험해볼 수 있으므로 앱을 다운로드할 의향이 높은 사용자를 찾는 데 도움이 된다.

48 브랜디드 콘텐츠에 대한 설명으로 가장 적절하지 않은 것은?

① 크리에이터/퍼블리셔가 후원을 받고 비즈니스 파트너를 소재로 하거나 비즈니스 파트너로부터 영향을 받은 내용을 담아 제작한 콘텐츠를 말한다.
② 크리에이터나 퍼블리셔는 브랜디드 콘텐츠를 게시할 때 반드시 비즈니스 파트너의 페이지를 태그해야 한다.
③ 크리에이터가 일반 타겟에게 브랜디드 콘텐츠를 공유하는 경우, 비즈니스 파트너는 해당 콘텐츠를 광고로 전환할 수 없다.
④ 캠페인 목표가 앱설치, 브랜드 인지도, 도달, 트래픽인 경우, 브랜디드 콘텐츠를 사용할 수 있다.

정답 ③

해설 크리에이터가 일반 타겟에게 브랜디드 콘텐츠를 공유하는 경우, 비즈니스 파트너에게 해당 콘텐츠를 광고로 전환할 권한을 부여할 수 있다.

49 다음 중 메시지를 목표로 하는 캠페인에서 사용할 수 없는 광고 형식은?

① 이미지   ② 동영상
③ 슬라이드   ④ 컬렉션

정답 ④

해설 메시지를 목표로 하는 캠페인에서 사용할 수 있는 광고 형식은 이미지, 동영상, 슬라이드이다.

50 컬렉션 광고 형식을 사용할 수 있는 캠페인 목표를 모두 고른 것은?

> ㉠ 브랜드 인지도   ㉡ 도달
> ㉢ 참여   ㉣ 전환

① ㉡, ㉣   ② ㉠, ㉡, ㉣
③ ㉠, ㉢, ㉣   ④ ㉠, ㉡, ㉢, ㉣

정답 ①

해설 컬렉션 광고 형식을 사용할 수 있는 캠페인 목표는 도달, 트래픽, 전환, 카탈로그 판매, 매장유입이다.

51 광고의 노출 위치를 자동 노출 위치 설정 하면 좋은 점은?

① 광고게재위치를 세밀하게 제어할 수 있다.
② 광고노출지면에 가장 낮은 비용으로 광고를 최적화할 수 있다.
③ 광고의 품질과 타겟 규모를 늘릴 수 있다.
④ 광고 노출 위치별 광고 성과를 한눈에 파악할 수 있다.

정답 ②

해설 자동 노출 위치 설정은 앱 패밀리의 광고노출지면에 가장 낮은 비용으로 광고를 최적화하기 위하여 사용한다. 게재 시스템을 통해 예산을 최대한 활용하여, 더 많은 도달과 더 많은 전환을 일으킬 수 있다. Facebook, Instagram, Audience Network, Messenger에서 적용한 설정에 맞게 사용 가능한 모든 노출 위치에 광고가 노출된다.

52 캠페인 예산 최적화(Campaign Budget Optimization, CBO)에 대한 설명으로 가장 적절하지 않은 것은?

① 통합 캠페인 예산을 설정하고 가장 효과적인 광고 세트에 예산을 실시간으로 계속 분배할 수 있다.

② 캠페인 설정을 간소화하고 수동으로 관리해야 하는 예산의 수를 줄일 수 있다.

③ 최저 비용으로 최대의 캠페인 성과를 얻는 데 도움이 되며, 캠페인에 포함된 광고 세트가 2개 이상인 경우에 가장 적합하다.

④ 전체 성과 개선, 게재 및 자동화 증가라는 장점이 있고, 오디언스 중복이라는 단점이 존재한다.

정답 ④

해설 캠페인 예산 최적화(Campaign Budget Optimization, CBO)는 전체 성과 개선, 게재 및 자동화 증가, 오디언스 중복 예방 등의 장점이 있다.

53 캠페인 예산 최적화(Campaign Budget Optimization, CBO)를 사용하기 적절한 경우가 아닌 것은?

① 여러 광고 세트에 예산을 유연하게 지출하려는 경우

② 캠페인 수준에서 결과를 측정하려는 경우

③ 캠페인 설정 및 관리를 간소화하려는 경우

④ 각 광고 세트의 가치가 크게 다르며, 수동 입찰을 통해 가치를 표시할 수 없는 경우

정답 ④

해설 각 광고 세트의 가치가 크게 다르며, 수동 입찰을 통해 가치를 표시할 수 없는 경우는 광고 세트 예산을 사용하기에 적합한 경우이다. 이외의 캠페인 예산 최적화를 사용하기 적절한 경우는 모든 광고 세트에 동일한 가치를 부여하려는 경우, 비용 및 입찰 또는 광고 지출 대비 수익률(ROAS) 관리와 같은 수동 입찰 전략을 통해 상대적 가치를 표시하려는 경우가 있다.

54 Meta for Business의 광고 성과를 측정하기 위하여 사용하는 도구에 대한 설명으로 가장 적절하지 않은 것은?

① Facebook 픽셀은 Facebook Page에 설치하여 광고 성과를 특정하고 최적화하기 위한 코드 조각을 말한다.

② Facebook SDK는 사람들이 앱에서 취하는 행동을 파악하고 측정할 수 있는 분석 도구이다.

③ 오프라인 전환은 CMR과 같은 오프라인 이벤트 정보를 Facebook에 연결시키는 분석 도구이다.

④ 전환 API는 주요 웹 및 오프라인 이벤트 또는 고객 행동을 서버에서 Facebook으로 공유하면서 Facebook 픽셀과 함께 사용하여 성과 및 측정을 개선할 수 있다.

정답 ①

해설 Facebook 픽셀은 웹사이트에 설치하여 광고 성과를 특정하고 최적화하기 위한 코드 조각을 말한다.

55 Meta 픽셀에 대한 설명으로 가장 적절하지 않은 것은?

① 웹사이트에서 방문자의 활동을 추적할 수 있는 JavaScript의 픽셀 코드이다.

② 사이트 방문자가 추적(전환)하고자 하는 액션(이벤트)을 취할 때마다 사용할 수 있다.

③ 추적된 전환은 커머스 관리자에 나타난다.

④ 알맞은 타겟 생성, 사용자 행동 분석, 광고 전환 최적화를 통한 성과 증대 등의 장점이 있다.

정답 ③

해설 Meta 픽셀은 웹사이트에서 방문자의 활동을 추적할 수 있는 JavaScript의 픽셀 코드로, 사이트 방문자가 추적(전환)하고자 하는 액션(이벤트)을 취할 때마다 사용할 수 있다. 추적된 전환은 광고 효과를 측정하는 데 사용할 수 있는 광고 관리자에 나타나며, 다이내믹 광고 캠페인의 광고 타겟팅을 위해 맞춤 타겟을 정의하고 웹사이트 전환 퍼널의 효과를 분석하는 데 사용할 수 있다.

56 사람들이 앱에서 취하는 행동을 파악하고 측정할 수 있는 분석 도구로, 비즈니스 API 제품군에 액세스할 수 있어 고유한 맞춤형 솔루션을 구축하여 비즈니스 및 고객에게 서비스를 제공하기에 가장 적합한 광고 성과 측정 도구(Tool)는?

① Facebook 성과 기여

② 오프라인 전환

③ Facebook Business SDK

④ 광고 관리자 보그서

정답 ③

해설 Facebook Business SDK는 앱에서 취하는 행동을 파악하고 측정할 수 있는 분석 도구로, 비즈니스 API 제품군에 액서스할 수 있어 고유한 맞춤형 솔루션을 구축하여 비즈니스 및 고객에게 서비스를 제공할 수 있다. 광고 구매, Instagram 관리, 규모에 맞는 고객 온보딩, 페이지 관리의 용도로 쓰인다.

57 Facebook 광고가 매장 구매, 전화 주문, 예약 등 얼마나 많은 실질적인 성과를 유도했는지 측정하거나, 오프라인 활동을 추적하고 해당 활동에 대한 광고의 기여도 및 지출 대비 수익을 측정하기에 가장 적합한 광고 성과 측정 도구(Tool)는?

① Facebook 성과 기여

② 오프라인 전환

③ Facebook Business SDK

④ 광고 관리자 보고서

정답 ②

해설 오프라인 전환은 Facebook 광고가 매장 구매, 전화 주문, 예약 등 얼마나 많은 실질적인 성과를 유도했는지 측정할 수 있으며, 오프라인 활동을 추적하고 해당 활동에 대한 광고의 기여도 및 지출 대비 수익을 측정한다. 오프라인에서 사람들에게 도달하고 사람들이 오프라인에서 취한 행동을 기반으로 광고를 노출한다. 단, 오프라인 전환은 캠페인을 시작하기 전에 이벤트 관리자에서 오프라인 이벤트 세트를 만들고 광고 계정에 연결해야 한다.

58 광고 성과 측정 도구인 전환 API에 대한 설명으로 가장 적절하지 않은 것은?

① 데이터를 더 구체적으로 관리할 수 있다.

② 연결을 개선하여 행동당 비용을 낮추며, 이벤트 매칭을 늘려서 행동당 비용을 낮춘다.

③ 측정을 개선하며, 고객 여정에서 나중에 발생하는 행동에 광고를 최적화한다.

④ 최근 쿠키 지원이 증가하는 브라우저가 늘어나면서 웹사이트 전환 추적이 가능해져 전환 API 사용이 줄고 있다.

정답 ④

해설 최근 쿠키 지원을 중단하는 브라우저가 늘어나면서 웹사이트 전환 추적이 어려워짐에 따라 성과 저하 현상이 나타날 수 있다. 이와 같은 상황에서 캠페인 최적화를 위해서는 전환 API 기능을 실현해야 한다.

59 Facebook 성과 기여에 대한 설명으로 가장 적절한 것은?

① 여러 퍼블리셔, 채널, 기기에서 광고의 효과를 측정하고 파악할 수 있는 도구로 현재는 사용이 불가능하다.

② 광고 만들기, 게재 기간과 노출 위치 관리, 마케팅 목표 대비 캠페인 성과 추적 등을 한 눈에 확인할 수 있다.

③ 선택한 매개변수에 따라 광고 성과에 관한 보고서를 만들고, 맞춤 설정하고, 내보내고, 공유하고, 예약할 수 있다.

④ 처음부터 맞춤 보고서를 만들거나 분석 데이터, 필터, 정렬을 비롯한 다양한 고급 기능을 사용하여 보고서를 맞춤 설정할 수 있다.

정답 ①

해설 Facebook 성과 기여는 여러 퍼블리셔, 채널, 기기에서 광고의 효과를 측정하고 파악할 수 있는 도구로 현재는 사용이 불가능하다. 나머지는 광고 관리자 보고서에 관한 설명이다.

60 광고 보고서에서 분석 데이터를 선택하여 보고서에 정보가 표시되는 방식을 직접 지정할 수 있다. 분석 데이터에서 제공하는 정보가 아닌 것은?

① 수준   ② 시간

③ 예산   ④ 게재

정답 ③

해설 분석 데이터에서 제공하는 정보는 수준(캠페인, 광고 세트 및 광고), 시간(일, 주, 2주, 개월), 인구 통계학적 특성(나이, 성별, 나이 및 성별, 국가, 지역, DMA 지역, 비즈니스 위치), 게재(노출 위치, 노출 위치 및 기기, 플랫폼, 플랫폼 및 기기, 광고 계정 시간대에 따른 시간, 조회한 사람의 시간대에 따른 시간), 행동(캔버스 구성 요소, 전환 기기, 제품 ID, 슬라이드 카드, 공감, 동영상 조회 유형, 동영상 소리)이다.

61 다음 중 Meta '다이나믹 캠페인'을 준비하는 과정에서 Meta 픽셀/SDK의 이벤트 값 중 필수 이벤트 값이 아닌 것은?

① SearchItem   ② ViewContent

③ AddToCart   ④ Purchase

정답 ①

해설 제품용 다이내믹 광고를 게재하려면 픽셀은 ViewContent(누군가가 카탈로그의 제품을 조회한 경우), AddToCart(누군가가 카탈로그의 제품을 웹사이트의 장바구니에 추가한 경우), Purchase(누군가가 카탈로그의 제품을 웹사이트에서 구매한 경우)의 표준 이벤트를 포함해야 한다.

62 페이지 콘텐츠를 사용하여 Facebook에서 수익을 창출할 수 있으며, 이 과정에서 반드시 특정 정책을 준수해야 한다. 준수해야 할 Facebook의 수익화 규정으로 가장 적절하지 않은 것은?

① 커뮤니티 규정
② 파트너 수익화 정책
③ 광고주 수익화 정책
④ 콘텐츠 수익화 정책

정답 ③

해설 준수해야 할 Facebook의 수익화 규정으로는 폭력적인 이미지, 나체 이미지, 혐오 발언 등 안전하지 않은 콘텐츠를 규제하기 위한 기본적인 규칙인 커뮤니티 규정, 페이지에서 만드는 콘텐츠, 해당 콘텐츠 공유 방법 및 페이지가 온라인 결제금을 받고 온라인 결제를 처리하는 방법에 관한 규칙인 파트너 수익화 정책, 페이지가 게시하는 개별 동영상이나 게시물의 콘텐츠에 적용되는 규칙인 콘텐츠 수익화 정책이 있다.

63 Meta 커뮤니티 규정에 대한 설명으로 가장 적절하지 않은 것은?

① Facebook을 사용하여 자신의 신원이나 직업 등을 속이는 것을 허용하지 않는다.
② 사람의 신체적 안전에 위협을 가할 수 있는 콘텐츠는 삭제한다.
③ 개인정보 보호 기능을 통해 사람들은 자유롭게 자신을 표현할 수 있게 한다.
④ 공유할 만하거나 공익에 부합하는 콘텐츠라도 규정을 반한다면 허용되지 않는다.

정답 ④

해설 공유할 만하거나 공익에 부합하는 콘텐츠라면 경우에 따라 Facebook 규정을 반하는 면이 있더라도 허용될 수 있다. 단, Facebook은 이러한 콘텐츠를 공익의 가치와 발생할 수 있는 피해의 위험도를 신중히 비교한 후 허용하며, 국제 인권 규정을 참조하여 판단을 내린다.

64 다음 중 Meta 커뮤니티 규정에 따라 허용되지 않는 콘텐츠가 아닌 것은?

① 화기, 화기 부품, 탄약, 폭발물 또는 살상무기 요청
② 비의료용 약물을 구매, 판매, 거래, 거래 가담, 기부, 기증 또는 요청하려고 시도
③ 의약품을 기부 또는 기증하려는 시도
④ 성적 쾌락을 주는 기구 및 성적 자극을 위한 제품을 구매, 판매, 거래, 기부 또는 선물하려고 시도

정답 ④

해설 Meta 커뮤니티 규정 중 제한된 상품 및 서비스에 따르면 화기, 비의료용 약물, 의약품, 마리화나, 멸종 위기종(야생동물 및 식물), 멸종위기종이 아닌 살아 있는 동물(가축 제외), 사람의 혈액, 주류/담배, 체중 감량 제품, 역사적 유물, 위험한 물품 및 재료에 대한 규정이 있다. 성적 쾌락을 주는 기구 및 성적 자극을 위한 제품을 구매, 판매, 거래, 기부 또는 선물하려고 시도하는 콘텐츠는 만 19세 이상의 성인만 볼 수 있도록 제한하는 콘텐츠이다.

65 다음 중 모바일용 크리에이티브 스토리텔링 기법이 아닌 것은?

① 부메랑(Boomerang)
② 펄스(Pulse)
③ 역행(Retrograde)
④ 순행(Direct)

정답 ④

해설 모바일용 크리에이티브 스토리텔링 기법은 역행(Retrograde, 되감기), 펄스(Pulse, 파장이 계속 깜박이는 것), 버스트(Burst, 선형으로 시작한 다음 클라이맥스), 셔플(Shuffle, 스위치), 거품(Bubble, 작고 확장 됨), 부메랑(Boomerang, 뒤로 갔다가 앞으로 나아감)이다.

▦ 유튜브

01 유튜브(YouTube)에 대한 설명으로 가장 적절하지 않은 것은?

① 구글(Google)이 인수하여 운영하고 있다.
② 유튜브 시청의 약 70퍼센트는 모바일을 통하여 시청하며, 전 세계 트래픽의 25퍼센트 정도를 차지한다.
③ 유튜브 광고는 꾸준한 성장세를 이루었지만, 코로나 19로 인하여 매출이 감소세를 이루고 있다.
④ 15~35세의 이용자가 다수이며, 동영상 평균 시간은 12분 정도이다.

정답 ③

해설 유튜브 광고는 코로나 19 이전에도 꾸준한 성장세를 이루었으며, 코로나 19 이후에도 꾸준한 성장세를 이루고 있다.

02 구글 애즈(Google Ads)에 대한 설명으로 가장 적절하지 않은 것은?

① 구글의 광고를 통합하여 운영하는 온라인 플랫폼이다.
② 광고가 표시되는 위치를 선택하고, 적절한 예산을 설정하고, 광고의 영향을 쉽게 측정할 수 있다.
③ 구글 애즈 계정 없이는 구글 애즈를 사용할 수 없다.
④ 웹사이트 및 광고를 최적화할 수 있으나, 모바일 광고는 운영할 수 없다.

정답 ④

해설 구글 애즈(Google Ads)는 구글의 광고를 통합하여 운영하는 온라인 플랫폼으로, 웹사이트 및 광고를 모바일에 최적화해 준다.

03 유튜브에서 조회수는 굉장히 중요한 지표이다. 조회수에 대한 설명으로 가장 적절하지 않은 것은?

① 동영상의 인기 척도라 할 수 있으며, 대부분의 광고주들은 조회수를 가장 중요한 마케팅 성과지표로 삼고 있다.
② 조회수의 카운팅 기준은 정확히 공개되지 않고 있다.
③ 조회수는 실시간으로 측정된다.
④ 모든 동영상의 조회수가 표시되는 것은 아니다.

정답 ③

해설 조회수의 카운팅 기준은 악용의 소지가 있으므로, 공개하지 않는다. 따라서 조회수 역시 실시간 측정이 아니고, 최대 24시간까지 걸릴 수 있다.

04 유튜브는 인기 영상인 '인기 급상승 동영상'을 제공한다. 인기 급상승 동영상으로 제공되는 동영상이 아닌 것은?

① 크리에이터의 다양성을 보여주는 동영상
② 현혹적이거나 클릭을 유도하거나 선정적이지 않은 동영상
③ 절대적 조회수가 높은 동영상
④ YouTube와 전 세계에서 일어나고 있는 일들을 다루는 동영상

정답 ③

해설 인기 급상승 동영상의 종류는 다양한 시청자의 관심을 끄는 동영상, 현혹적이거나 클릭을 유도하거나 선정적이지 않은 동영상, YouTube와 전 세계에서 일어나고 있는 일들을 다루는 동영상, 크리에이터의 다양성을 보여주는 동영상, 흥미와 새로움을 느낄만한 동영상이 있다.

part
02

SNS광고 마케팅 - SNS광고 실무

05 유튜브 인기 급상승 지수에 반영되는 사항이 아닌 것은?

① 동영상 조회수
② 동영상 조회수 증가 속도
③ 동영상 업로드 수
④ YouTube 외부를 포함하여 조회수가 발생하는 소스

정답 ③

해설 유튜브 인기 급상승 지수에 반영되는 사항으로는 동영상 조회수, 동영상 조회수 증가 속도, 동영상 업로드 기간, YouTube 외부를 포함하여 조회수가 발생하는 소스 등이 있다.

06 유튜브는 동영상 시청 중 다음에 볼만한 동영상을 추천하는 '맞춤 동영상'을 제공한다. 맞춤 동영상에 영향을 주는 요소가 아닌 것은?

① 시청 및 검색 기록(사용 설정된 경우)
② 구독한 채널
③ 국가 및 시간
④ 사용자 기기

정답 ④

해설 유튜브는 사용자와 관련성 있는 동영상을 추천하기 위해 시스템을 테스트, 학습, 조정을 한다. 시청 및 검색 기록(사용 설정된 경우)과 구독한 채널 등 여러 요소와 국가 및 시간과 같은 사용자 상황도 고려한다. 이러한 정보는 현지 관련 뉴스를 표시하는 데 도움이 된다

07 다음 중 유튜브 광고 상품의 종류로 가장 적절하지 않은 것은?

① 인스트림 광고
② 범퍼애드
③ 풀스크린 광고
④ 인피드 광고

정답 ③

해설 풀스크린 광고는 네이버 밴드 광고이다.

08 유튜브를 통하여 수익을 창출하는 방법이 있다. 수익창출과 그에 맞는 조건(조건 중 하나)이 올바른 것은?

① 광고 수익－최근 12개월간 공개 동영상의 유효 시청 시간이 4,000시간을 넘어야 한다.
② 채널 멤버십－구독자 수가 10,000명을 초과하여야 한다.
③ 상품 섹션－ 만 20세 이상이어야 한다.
④ Super Chat 및 Super Sticker－Super Chat이 제공되는 국가/지역에 거주

정답 ④

해설 Super Chat 및 Super Sticker는 Super Chat이 제공되는 국가/지역에 거주하여야 한다.
① 채널 수익－최근 12개월간 공개 동영상의 유효 시청 시간이 4,000시간을 넘어야 한다.
② 채널 멤버십－구독자 수가 1,000명을 초과하여야 한다.
③ 상품 섹션－ 만 18세 이상이어야 한다.

09 유튜브를 통하여 수익을 창출하는 방법 중 채널 수익의 조건으로 가장 적절하지 않은 것은?

① 모든 YouTube 채널 수익 창출 정책을 준수하여야 한다.
② YouTube 파트너 프로그램이 제공되는 국가 및 지역에 거주해야 한다.
③ 구독자 수가 1,000명을 초과하여야 한다.
④ YouTube Premium 구독자용 콘텐츠를 제작하여야 한다.

정답 ④

해설 유튜브 채널 수익 창출의 조건은 다음과 같다.
- 모든 YouTube 채널 수익 창출 정책을 준수하여야 한다.
- YouTube 파트너 프로그램이 제공되는 국가/지역에 거주해야 한다.
- 채널에 활성 상태의 커뮤니티 가이드 위반 경고가 없어야 한다.
- 최근 12개월간 공개 동영상의 유효 시청 시간이 4,000시간을 넘어야 한다.
- 구독자 수가 1,000명을 초과하여야 한다.
- 연결된 애드센스 계정이 존재해야 한다.

10 유튜브 광고 상품 중 건너뛸 수 있는 인스트림 광고에 대한 설명으로 가장 적절하지 않은 것은?

① 15초 후 시청자가 광고를 건너뛰고 동영상을 계속 볼 수 있는 광고이다.
② 동영상 전, 후 또는 중간에 재생된다.
③ 유튜브 영상 시청 페이지 외에도 노출된다.
④ 동영상 길이에 제한이 없다.

정답 ①

해설 건너뛸 수 있는 인스트림 광고는 이전의 트루뷰 인스트림 광고로, 5초 후 시청자가 광고를 건너뛰고 동영상을 계속 볼 수 있는 광고이다.

11 유튜브 광고 상품 중 건너뛸 수 있는 인스트림 광고의 과금 방식으로 가장 적절한 것은?

① CPV
② CPM
③ CPT
④ CPS

정답 ①

해설 건너뛸 수 있는 인스트림 광고의 과금 방식은 CPV(조회당 비용)으로, 시청자가 동영상을 30초 지점까지(동영상 광고가 30초 미만인 경우 광고 전체) 시청하거나 동영상과 상호작용할 때(둘 중 빠른 시점 적용) 비용을 지불한다.

12 유튜브에서 20초 가량의 건너뛸 수 있는 인스트림 광고를 하려고 한다. 과금이 시작되는 시점은?

① 시작과 동시
② 5초 이후
③ 15초 이후
④ 20초

정답 ④

해설 건너뛸 수 있는 인스트림 광고의 과금 방식은 CPV(조회당 비용)으로, 동영상 광고가 30초 미만인 경우 광고 전체를 시청하였을 때 과금된다.

part **02**

SNS광고 마케팅 – SNS광고 실무

13 유튜브 컴패니언 배너에 대한 설명으로 가장 적절하지 않은 것은?

① YouTube 검색결과에 표시된다.

② 데스크톱에만 표시된다.

③ 인스트림 광고, 범퍼 광고에 지원한다.

④ 규격은 해상도 300px×60px에, 최대 크기 150KB이다.

정답 ①

해설 컴패니언 배너는 YouTube에서 동영상 광고 옆(우측 상단)에 표시된다. 데스크톱에만 표시되며, 건너뛸 수 있는 인스트림 광고, 건너뛸 수 없는 인스트림 광고, 범퍼 광고에 지원한다. 파일 형식(JPEG, GIF 또는 PNG), 해상도(300px×60px), GIF 프레임 속도(초당 5프레임 미만), 최대 크기(150KB)의 요구사항이 있다.

14 동영상 전 또는 후, 중간에 광고가 재생될 수 있다. 중간에 재생되는 것을 미드롤이라 하는데, 미드롤이 가능한 동영상의 최소 시간은?

① 3분

② 5분

③ 8분

④ 10분

정답 ③

해설 미드롤이 가능한 동영상의 최소 시간은 8분이다.

15 유튜브 광고 상품 중 건너뛸 수 없는 인스트림 광고에 대한 설명으로 가장 적절하지 않은 것은?

① 시청자가 건너뛸 수 없는 광고로, 과금방식은 CPV이다.

② 동영상 길이의 제한이 있어 15초 이하여야 한다.

③ 유튜브 내 영상 시청 페이지나 구글 동영상 파트너 사이트 등에 게재된다.

④ 다른 동영상 전후 또는 중간에 재생된다.

정답 ①

해설 건너뛸 수 없는 인스트림 광고는 시청자가 건너뛸 수 없는 광고로, 광고를 전부 시청하여야 한다. 따라서 과금방식은 CPM(1,000회 노출당 비용)이다.

16 인피드 동영상 광고에 대한 설명으로 가장 적절하지 않은 것은?

① 영상 미리보기 이미지와 텍스트가 노출된다.

② 광고 클릭 시 제품 및 서비스 구매 페이지로 연결된다.

③ 광고 영상의 길이 제한이 없다.

④ 브랜드 구매 고려도를 높일 수 있으며, 적극적으로 관련 콘텐츠를 소비하는 시청자에게 정보를 제공한다.

정답 ②

해설 인피드 동영상 광고를 클릭할 시 광고 영상 시청 페이지로 연결된다.

17 다음 중 유튜브 내에서 인피드 동영상 광고가 게재되는 위치가 아닌 것은?

① YouTube 첫 화면(모바일 피드)
② YouTube 다음 볼만한 동영상(추천 영상)
③ YouTube 검색결과
④ 시청 동영상 하단 20% 부분

정답 ④

해설 인피드 동영상 광고는 YouTube 첫 화면(모바일 피드), YouTube 다음 볼만한 동영상(추천 영상), YouTube 검색결과에 게재되며, 시청 동영상 하단 20% 부분에 게재되는 광고는 오버레이 광고이다.

18 1분(60초)의 인피드 광고를 게재하려고 한다. 이 광고가 과금되는 데 영향을 미치는 시간 또는 동작은?

① 광고 클릭 시
② 15초 이후
③ 30초 이후
④ 60초

정답 ①

해설 인피드 광고의 과금 방식은 CPV(시청당 비용)로 영상 시청 시간은 과금에 영향을 미치지 않는다. 광고 클릭 시, 즉 광고 이미지나 텍스트 클릭 시 과금된다.

19 유튜브 광고 상품 중 범퍼애드에 대한 설명으로 가장 적절한 것은?

① 광고 노출 시간이 6초 이내이다.
② 과금 방식은 CPV(시청당 비용)이다.
③ 제작의 난이도가 있고, 거부감이 큰 광고이다.
④ 광고가 주는 메시지를 기억하기 쉽다는 장점은 있으나, 광범위한 도달이 어렵다는 단점이 있다.

정답 ①

해설 범퍼애드는 6초 이하의 건너뛸 수 없는 광고로, 다른 동영상 전후 또는 중간에 재생된다. 짧고 기억하기 쉬운 메시지로 광범위한 고객에게 도달할 때 사용하며, 낮은 거부감과 제작이 용이하다는 장점이 있다. 과금 방식은 1,000회 노출당 비용(CPM)이다.

20 유튜브 광고 상품 중 CPM 마스트헤드에 대한 설명으로 가장 적절하지 않은 것은?

① 유튜브 홈페이지 최상단을 독점하여 노출하는 광고이다.
② 유튜브 접속 시 바로 노출되기 때문에 타겟팅이 불가능하다.
③ 모든 기기에 노출되는 네이티브 동영상 기반 광고 형식으로 브랜드, 제품 또는 서비스를 선보일 수 있다.
④ 예약 방식으로만 제공되므로, 광고 소재를 영업시간 기준 48시간 전에 미리 제출하여야 한다.

정답 ②

해설 CPM 마스트 헤드는 YouTube 홈 피드의 눈에 띄는 위치(홈 최상단)에서 브랜드 또는 서비스를 홍보하는 광고이다. 도달범위 및 인지도를 제고하며, 타겟팅이 가능하고, 구매를 사전에 계획하므로 입찰에 의존할 필요가 없다는 장점이 있다.

21 다음 중 아웃스트림 광고에 대한 설명으로 가장 적절하지 않은 것은?

① YouTube 이외에서 노출되는 상품이다.

② 사운드가 있는 상태로 재생되며, 시청자가 광고를 탭하면 음소거 상태로 된다.

③ 비용 효율적으로 동영상 도달 범위를 늘릴 수 있도록 설계되어, 모바일에서 동영상 광고의 도달범위를 확장하여 더 많은 고객에게 도달하고자 할 때 사용한다.

④ 조회가능 1,000회 노출당비용(vCPM)을 기준으로 광고 비용이 청구되고, 사용자가 2초 이상 동영상을 본 경우에만 비용이 청구된다.

정답 ②

해설 아웃스트림은 음소거 상태로 재생되며, 시청자가 광고를 탭하면 동영상의 음소거를 해제할 수 있다. YouTube에서 사용할 수 없으며, YouTube 이외에서 노출되는 상품이다.

22 다음이 설명하는 유튜브 광고로 가장 적절한 것은?

> 범퍼애드와 건너뛸 수 있는 인스트림 광고의 결합 상품으로, 영상 길이의 제한이 없다.

① 비디오 액션 캠페인

② 유튜브 디스커버리

③ 트루뷰포리치

④ 범퍼 인스트림

정답 ③

해설 트루뷰포리치는 범퍼애드와 건너뛸 수 있는 인스트림 광고의 결합 상품으로, 영상 길이의 제한이 없다. 트루뷰포리치 상품과 믹스하면 도달률을 높일 수 있다.

23 건너뛸 수 있는 인스트림 광고와 인피드 광고를 사용하기에 가장 적절한 목표는?

① 브랜드 인지도

② 브랜드 고려도

③ 퍼포먼스 증대

④ 전환

정답 ②

해설 건너뛸 수 있는 인스트림 광고와 인피드 광고는 CPV(시청당 비용) 과금방식으로, 광고를 노출시켜 브랜드 고려도 증대에 효과적이다.

24 비디오 액션 캠페인에 대한 설명으로 가장 적절하지 않은 것은?

① 이미지, 텍스트로 광고를 노출하며, 광고 클릭 시 해당 페이지로 사용자를 유입시킨다.

② 전환 가능성이 높은 사용자에게 유튜브 내 모든 페이지에서 광고가 노출된다.

③ 퍼포먼스 증대에 효과적이며, CPC 과금 방식이다.

④ 앱 내의 상세 페이지로 사용자를 유입시키는 앱 딥링킹(App Deeplinking) 기능을 사용한다.

정답 ①

해설 이미지, 텍스트로 광고를 노출하며, 광고 클릭 시 해당 페이지로 사용자를 유입시키는 광고는 유튜브 디스커버리이다.

25 다음의 기능을 제공하는 유튜브 서비스는?

> 크리에이터를 위한 공간, 인지도 관리,
> 채널 성장, 시청자와의 소통, 수익 창출

① YouTube Kids
② YouTube Music
③ YouTube Studio
④ YouTube Originals

정답 ③

해설 유튜브의 YouTube Studio는 크리에이터를 위한 공간, 인지도 관리, 채널 성장, 시청자와의 소통, 수익 창출의 기능을 제공한다.

26 다음 중 유튜브의 서비스와 기능의 연결이 올바르지 못한 것은?

① YouTube Go-동영상 미리보기 및 다운로드, 데이터 사용 제어, 관심사 찾기
② YouTube Premium-광고 없이 백그라운드, 오프라인 저장, YouTube Music Premium
③ YouTube Select-오리지널 시리즈, 영화, 이벤트
④ YouTube TV-주요 방송 및 인기 케이블 네트워크의 라이브 TV를 시청할 수 있는 구독 스트리밍 서비스

정답 ③

해설 YouTube Select는 고유한 마케팅 요구 사항에 맞게 조정된 다양한 관련 콘텐츠 라인업 및 프로그램을 제공하는 서비스이다.

27 유튜브의 광고 설정 시 캠페인 설정에서 가능하지 않은 설정은?

① 입찰가 설정
② 위치 및 언어 설정
③ 예산 및 날짜 설정
④ 콘텐츠 제외(광고 게재위치 정의) 설정

정답 ①

해설 유튜브의 광고 설정 시 캠페인 설정에서 예산과 날짜, 입찰 전략을 설정하지만, 입찰가는 광고그룹 수준에서 설정한다.

28 내 브랜드에 적합한 콘텐츠에 광고를 게재하려면 인벤토리 유형을 선택하여야 한다. 인벤토리 유형으로 가장 적절하지 않은 것은?

① 확장된 인벤토리
② 표준 인벤토리
③ 제한된 인벤토리
④ 정답 없음

정답 ④

해설 인벤토리의 유형은 확장된 인벤토리, 표준 인벤토리, 제한된 인벤토리가 있다. 구글이 일반적으로 권장하는 인벤토리는 표준 인벤토리이다.

29 인벤토리 유형을 사용하면 캠페인의 브랜드 또는 메시지와 일치하지 않는 민감한 콘텐츠 그룹을 옵트아웃할 수 있다. 다음 기준의 인 벤토리 유형은?

> 이 옵션을 사용하면 수익 창출에 대한 당사의 표준을 충족하는 YouTube 및 Google 동영상 파트너의 모든 동영상에 광고를 표시할 수 있다. 이 옵션은 코미 디 또는 다큐멘터리의 맥락에서 강한 욕 설을 가진 비디오 또는 비디오 게임에 등 장하는 과도한 폭력을 포함하여 광고에 적합한 전체 범위의 비디오에 최대한 액 세스하려는 브랜드에 적합한 선택일 수 있다.

① 확장된 인벤토리
② 표준 인벤토리
③ 평균 인벤토리
④ 제한된 인벤토리

정답 ①

해설 확장된 인벤토리를 사용하면 수익 창출에 대한 당 사의 표준을 충족하는 YouTube 및 Google 동영상 파트너의 모든 동영상에 광고를 표시할 수 있다. 확장된 인벤토리는 코미디 또는 다큐멘터리의 맥 락에서 강한 욕설을 가진 비디오 또는 비디오 게임 에 등장하는 과도한 폭력을 포함하여 광고에 적합 한 전체 범위의 비디오에 최대한 액세스하려는 브 랜드에 적합한 선택일 수 있다.

30 브랜드에 맞지 않는 콘텐츠에서의 광고 게재 차단할 수 있다. 제외할 디지털 콘텐츠 라벨 중 성인용에 알맞은 것은?

① DL-G
② DL-PG
③ DL-T
④ DL-MA

정답 ④

해설 제외할 디지털 콘텐츠 라벨 중 성인용은 DL-MA 이다. DL-G는 전체 시청가, DL-PG는 보호자 동반 시청가, DL-T는 청소년 이상 시청가이다.

31 캠페인 설정 중 추가 설정에서 설정할 수 있 는 항목이 아닌 것은?

① 기기
② 언어
③ 광고 일정
④ 게재빈도 설정

정답 ②

해설 캠페인 설정 중 추가 설정에서 설정할 수 있는 항 목은 기기, 게재빈도 설정, 광고 일정, 제3자 측정 이다. 언어는 캠페인 설정 중 언어에서 설정이 가 능하다.

32 다음 중 광고그룹의 타겟팅할 사용자의 인구 통계 기준이 아닌 것은?

① 성별
② 연령
③ 학력
④ 자녀 유무

정답 ③

해설 광고그룹에서 타겟팅할 사용자의 인구통계 기준은 성별, 연령, 자녀 유무, 가계소득이다.

33 광고가 게재되는 지면의 내용과 성격을 기반으로 하는 타겟팅의 기준으로 가장 적절하지 않은 것은?

① 주제
② 키워드
③ 게재위치
④ 확장 인구통계

정답 ④

해설 광고가 게재되는 지면의 내용과 성격을 기반으로 하는 타겟팅의 기준은 키워드, 주제, 게재위치를 기준으로 타겟팅할 수 있다.

34 유튜브 광고 만들기에서 동영상 광고를 만들 때, 유의해야 할 사항으로 적절하지 않은 것은?

① 구글 애즈를 통하여 동영상 업로드를 하여야 한다.
② 업로드된 동영상의 URL을 통하여 광고 설정을 할 수 있다.
③ 채널 내 '공개' 상태란 누구나 영상을 볼 수 있는 상태로, 유튜브 채널에 노출되는 상태이다.
④ 채널 내 '예약' 상태일 경우 광고가 불가능하다.

정답 ①

해설 동영상은 유튜브 채널을 통하여 미리 업로드하여야 한다.

35 구글 광고 검토에 대한 설명으로 가장 적절한 것은?

① 유튜브 광고의 검토 소요시간은 대부분 영업일 기준 12시간 이내이다.
② 검토 시간이 48시간 이상일 경우 구글 고객센터에 문의하여야 한다.
③ 광고 '운영 가능' 상태는 광고 확장이 게재될 수는 있지만, 상표 사용이나 도박 관련 콘텐츠 등에 관한 정책 제한 때문에 모든 상황에서 게재될 수 있는 상태가 아닌 상태이다.
④ 광고 '승인됨' 상태는 광고 확장이 Google Ads 정책에 부합하여 모든 잠재고객에게 게재될 수 있는 상태이다.

정답 ②

해설 유튜브 광고의 검토 소요시간은 대부분 영업일 기준 24시간(1일) 이내로, 검토 시간이 48시간 이상일 경우 구글 고객센터에 문의하여야 한다.
① 유튜브 광고의 검토 소요시간은 대부분 영업일 기준 24시간(1일) 이내이다.
③ 광고 '운영 가능' 상태는 광고가 Google Ads 정책을 준수하므로 모든 잠재고객에게 게재될 수 있는 상태이다.
④ 광고 '승인됨' 상태는 광고 확장이 Google Ads 정책에 부합하여 모든 잠재고객에게 게재될 수 있는 상태이다.

part
02

SNS광고 마케팅 – SNS광고 실무

159

36 광고 소재의 검토 상태 중 광고의 콘텐츠 또는 도착 페이지가 Google Ads 정책을 위반하므로 광고가 게재될 수 없는 상태는?

① 검토 중
② 운영 가능(제한적)
③ 승인됨(제한적)
④ 비승인

정답 ④

해설 광고 '비승인' 상태는 광고의 콘텐츠 또는 도착 페이지가 Google Ads 정책을 위반하므로 광고가 게재될 수 없는 상태이다.

37 유튜브의 타겟팅 전략 중 국가, 국내 지역, 특정 위치를 중심으로 하는 반경 지역을 타겟팅할 수 있는 타겟팅은?

① 위치 타겟팅
② 언어 타겟팅
③ 기기 타겟팅
④ 게재위치 타겟팅

정답 ①

해설 Google Ads 위치 타겟팅을 사용하면 국가, 국내 지역, 특정 위치를 중심으로 하는 반경 지역 또는 위치 그룹 등 선택한 지리적 위치에 광고를 게재할 수 있으며, 이 옵션에는 관심 장소, 업체 위치 또는 계층화된 인구통계가 포함될 수 있다.

38 사용자의 위치 또는 사용자가 자주 방문하는 위치와 사용자가 관심을 보인 위치를 반영한다. 사용자가 관심을 보인 위치에 해당하지 않는 경우는?

① IP주소
② 이전 검색에 관심 위치가 표시된 경우
③ 검색에 위치를 나타내는 용어가 사용된 경우
④ Google 지도 및 Google 모바일 지도에서 검색하는 경우

정답 ①

해설 IP주소와 기기위치(GPS, Wi-Fi, 블루투스, Google의 셀 ID 위치 데이터 베이스)는 사용자의 위치 또는 사용자가 자주 방문하는 위치이다.

39 다음 중 언어 타겟팅에 대한 설명으로 가장 적절하지 않은 것은?

① 광고를 게재하려는 잠재고객의 언어를 선택할 수 있다.
② 한 가지 언어 또는 모든 언어를 타겟팅할 수 있다.
③ 2개 이상의 언어를 타겟팅하는 방법은 모든 언어를 타겟팅하는 방법뿐이다.
④ 미국에서 한글을 쓰는 이용자를 타겟팅하는 것은 위치와 언어 타겟팅을 하는 것이다.

정답 ③

해설 Google Ads는 한 가지 언어, 여러 언어 또는 모든 언어를 타겟팅할 수 있다. 따라서 2개 이상의 언어를 타겟팅하려면, 해당 언어를 선택하면 된다.

40 다음 중 기기 타겟팅이 불가능한 경우는?

① 태블릿 사용자

② 와이파이 환경에서 유튜브 시청하는 사용자

③ BlackBerry 운영체계 사용자

④ Samsung Z Flip 사용자

정답 ④

해설 기기 타겟팅은 운영체계(Android, BlackBerry 등), 기기모델(삼성, 애플 등), 네트워크(Wi–Fi, 통신사)까지 타겟팅이 가능하지만, 기기모델의 특정 한 기기만을 타겟팅할 수 없다.

41 다음이 설명하는 타겟팅 전략은?

> 동영상 광고 형식에 따라 YouTube 동영상, YouTube 채널, 잠재고객이 관심을 보이는 웹사이트의 유형과 관련된 단어 또는 구문(키워드)을 기반으로 동영상 광고를 게재할 수 있다.

① 키워드 타겟팅

② 주제 타겟팅

③ 게재위치 타겟팅

④ 잠재고객 타겟팅

정답 ①

해설 키워드 타겟팅이란 타겟팅한 키워드가 포함된 동영상 콘텐츠에 광고가 노출되는 것으로, 동영상 광고 형식에 따라 YouTube 동영상, YouTube 채널, 잠재고객이 관심을 보이는 웹사이트의 유형과 관련된 단어 또는 구문(키워드)을 기반으로 동영상 광고를 게재할 수 있다.

42 주제 타겟팅에 대한 설명으로 가장 적절하지 않은 것은?

① 광고가 게재되는 지면의 내용과 성격을 기반으로 한 타겟팅 방식 중 하나이다.

② YouTube에서 노출되는 동영상 광고만을 특정 주제로 타겟팅한다.

③ 선택한 주제와 관련된 다양한 동영상, 채널, 웹사이트에 광고를 게재할 수 있다.

④ 건강, 게임, 금융, 뉴스 등의 특정 주제별로 묶을 수 있다.

정답 ②

해설 주제 타겟팅은 YouTube와 Google 디스플레이 네트워크에서 동영상 광고를 특정 주제로 타겟팅한다.

43 게재위치 타겟팅에 대한 설명으로 가장 적절하지 않은 것은?

① 채널, 동영상, 앱, 웹사이트 또는 웹사이트 내 게재위치를 타겟팅한다.

② 게재위치는 YouTube 채널, YouTube 동영상, Google 디스플레이 네트워크의 웹사이트/앱이다.

③ 노출 범위 제한이 없어 광고가 고객들에게 보여주는데 드는 비용이 적다.

④ 광고가 게재되는 위치를 관리할 수 있다.

정답 ③

해설 게재위치 타겟팅은 노출 범위 제한이 많아 광고를 고객들에게 보여주는데 드는 비용이 비교적 많다.

44 브랜드에 적합하지 않거나 광고 목표 달성에 도움이 되지 않을 수 있는 특정 카테고리의 웹사이트, 동영상, 모바일 앱에 광고가 게재되지 않게 하는 타겟팅 방법은?

① 키워드 타겟팅

② 주제 타겟팅

③ 게재위치 타겟팅

④ 제외 타겟팅

정답 ④

해설 제외 타겟팅이란 브랜드에 적합하지 않거나 광고 목표 달성에 도움이 되지 않을 수 있는 특정 카테고리의 웹사이트, 동영상, 모바일 앱에 광고가 게재되지 않게 하는 타겟팅 방법이다.

45 브랜드 고려도 상승을 위한 유튜브 광고의 적절한 타겟팅 방법으로 가장 적절하지 않은 것은?

① 주제 타겟팅

② 언어 타겟팅

③ 키워드 타겟팅

④ 게재위치 타겟팅

정답 ②

해설 브랜드 고려도 상승을 위한 유튜브 광고의 적절한 타겟팅 방법은 콘텐츠를 기반으로 한 타겟팅이다. 콘텐츠를 기반으로 한 타겟팅은 주제 타겟팅, 키워드 타겟팅, 게재위치 타겟팅이 있다.

46 다음 중 취미, 레저와 쇼핑에 관한 광고를 게재하기 위해 사용할 수 있는 타겟팅으로 가장 적절한 것은?

① 주제 타겟팅

② 언어 타겟팅

③ 키워드 타겟팅

④ 게재위치 타겟팅

정답 ①

해설 취미, 레저와 쇼핑이라는 주제를 묶어 타겟팅하는 것이 적절하다.

47 다음 중 인구통계만으로 타겟팅 할 수 있는 타겟은?

① BTS 진 팬인 남성

② 자녀가 있는 25~34세 여성

③ 가계소득 상위 10%의 일본 거주 여성

④ 'SNS광고'를 검색한 대학생

정답 ②

해설 인구통계 타겟팅의 기준은 성별, 연령, 자녀 유무, 가계소득이다.
① 관심분야 및 주제, 성별
③ 가계소득, 지역
④ 키워드, 상세한 인구통계

48 잠재고객 세그먼트에 대한 설명으로 가장 적절하지 않은 것은?

① 상세한 인구통계를 통해 대학생, 주택 소유자 또는 첫 자녀를 출산한 부모와 같은 다양한 공통된 특징을 기반으로 사용자에게 도달한다.

② 관심분야 세그먼트를 통해 데이터 세그먼트 또는 고객 일치 타겟팅 세그먼트와 유사한 특성을 가진 신규 사용자를 타겟팅하여 실적이 가장 우수한 잠재고객에게 도달범위를 확대할 수 있다.

③ 구매의도 세그먼트를 통해 광고주가 제공하는 서비스 또는 제품을 검색하고 구매를 적극적으로 고려하는 고객을 찾는다.

④ 생애 주요 이벤트를 통해 이사, 대학 졸업, 결혼 등 구매 행위가 달라지고 브랜드 선호도가 변화하는 삶의 중요한 시점에 YouTube 및 Gmail의 잠재고객에게 광고를 게재한다.

정답 ②

해설 관심분야 세그먼트는 관련성 높은 주제에 이미 관심이 많은 사용자를 대상으로 동영상 광고를 게재하여 브랜드 인지도와 구매 고려도를 높인다. 데이터 세그먼트 또는 고객 일치 타겟팅 세그먼트와 유사한 특성을 가진 신규 사용자를 타겟팅하여 실적이 가장 우수한 잠재고객에게 도달범위를 확대할 수 있는 세그먼트는 유사 세그먼트이다.

49 '여행을 좋아하여 여행 필수 아이템인 A 제품을 검색하여 구매하려는 대학생 B'가 타겟팅 범위에 속하기 위하여 사용할 수 있는 잠재고객 세그먼트로 적절하지 않은 것은?

① 상세한 인구통계
② 고객 일치 타겟팅
③ 관심분야 세그먼트
④ 구매의도 세그먼트

정답 ②

해설 여행을 좋아하는 타겟을 타겟팅하기 위해서는 관심분야 세그먼트를 이용하고, 여행 필수 아이템인 A 제품을 검색하여 구매하려는 타겟에게 구매의도 세그먼트를 이용한다. 대학생을 타겟팅하기 위해서는 상세한 인구통계를 이용한다.

50 내 데이터 기반 동영상 세그먼트에 대한 설명으로 가장 적절하지 않은 것은?

① 비디오 리마케팅 방식이다.
② 생성된 목록은 GDN에 활용할 수 있다.
③ 하나의 채널에 한 개의 계정만 연동할 수 있다.
④ 영상이 업로드된 유튜브 계정과 유튜브 동영상 광고를 진행할 구글애즈 계정이 서로 연동되어 있어야 한다.

정답 ③

해설 내 데이터 기반 동영상 세그먼트는 이전에 페이지를 방문했던 사용자가 포함된 잠재고객 세그먼트를 만드는 것으로, 비디오 리마케팅 방식이다. 하나의 채널에 여러 개의 계정을 연동할 수 있다.

51 다음이 설명하는 잠재고객 세그먼트로 가장 적절한 것은?

> YouTube 채널을 Google Ads 계정에 연결한 후 이전에 동영상, 동영상 광고 또는 YouTube 채널을 이용한 기록을 바탕으로 YouTube 및 Google 동영상 파트너에서 더 많은 시청자에게 도달한다. 웹사이트 또는 모바일 앱을 이용한 사용자에게 광고를 게재할 수도 있다.

① 내 데이터 세그먼트
② 유사 세그먼트
③ 고객 일치 타겟팅
④ 맞춤 관심분야 세그먼트

정답 ①

해설 내 데이터 세그먼트는 YouTube 채널을 Google Ads 계정에 연결한 후 이전에 동영상, 동영상 광고 또는 YouTube 채널을 이용한 기록을 바탕으로 YouTube 및 Google 동영상 파트너에서 더 많은 시청자에게 도달한다. 웹사이트 또는 모바일 앱을 이용한 사용자에게 광고를 게재할 수도 있다.

52 유튜브 광고의 성과를 측정하기 위해서 주요 실적을 측정해야 한다. 유튜브에서 제공하는 주요 실적 측정항목 중 '핵심 실적'에 속하지 않는 항목은?

① 조회 충족
② 시청 시간
③ 평균 CPV
④ 평균 사용자

정답 ④

해설 유튜브에서 제공하는 주요 실적 측정항목 중 '핵심 실적'에 속하는 측정항목은 조회 충족, 조회수, 조회율, 평균 CPV, 시청 시간, 평균 시청 시간/노출수이다.

53 Google Ads 광고 보고서를 통하여 광고 성과를 측정할 수 있다. Google Ads 광고 보고서의 사전 정의된 보고서(측정기준) 탭에서 제공하는 항목이 아닌 것은?

① 라벨
② 클릭
③ 전환
④ 시간

정답 ②

해설 Google Ads 광고 보고서의 사전 정의된 보고서(측정기준) 탭에서 제공하는 항목은 기본, 시간, 전환, 라벨, 위치, 호텔, 광고 확장, 광고 확장(업그레이드 됨), 입찰 통계, 디스플레이/동영상이다.

54 다음이 설명하는 구글 성과 측정 도구는?

> 잠재고객의 웹사이트 이용에 대한 자세한 보고서를 제공하는 무료 Google 제품으로, Google 애널리틱스를 사용하면 광고를 클릭하여 사이트를 방문한 잠재고객들이 무엇을 하는지 알 수 있다.

① Google Ads 광고 보고서
② 유튜브 스튜디오 분석
③ 도달범위 플래너
④ 브랜드 리프트 서베이(Brand Lift Survey)

정답 ②

해설 유튜브 스튜디오 분석은 잠재고객의 웹사이트 이용에 대한 자세한 보고서를 제공하는 무료 Google 제품으로, Google 애널리틱스를 사용하면 광고를 클릭하여 사이트를 방문한 잠재고객들이 무엇을 하는지 알 수 있다. 도달범위, 참여도, 시청자층을 측정한다.

55 유튜브 광고 측정 도구 중 도달범위 플래너에 대한 설명으로 가장 적절한 것은?

① YouTube에 광고를 게재하는 도달범위 기반 동영상 캠페인을 정확하게 설정할 수 있게 해주며, PC 전용이다.

② 도달범위 플래너의 데이터는 Google의 순사용자 도달범위 산출 방식에 기반한 것으로, 매일 업데이트된다.

③ 광고 형식 및 예산 할당을 선택하거나 맞춤 미디어 계획을 만들 수 있으며, 캠페인 유형의 다양한 조합을 만들어 효과를 비교한다.

④ 도달, 노출수, 조회수, 노출당 비용, 조회당 비용 등을 예측하며, 조회당 비용을 가장 중요시 여긴다.

정답 ③

해설 도달범위 플래너가 광고 형식 및 예산 할당을 선택하거나 맞춤 미디어 계획을 만들 수 있으며, 캠페인 유형의 다양한 조합을 만들어 효과를 비교한다.
① YouTube와 동영상 파트너 사이트 및 앱에 광고를 게재하는 도달범위 기반 동영상 캠페인을 정확하게 설정할 수 있게 해주는 Google Ads 캠페인 계획 도구이다.
② 도달범위 플래너의 데이터는 Google의 순사용자 도달범위 산출 방식에 기반한 것으로 제3자가 유효성을 검증했으며, 실제 도달범위 및 입찰가와 일치하며, 매주 업데이트된다.
④ 도달, 노출수, 조회수, 노출당 비용, 조회당 비용 등을 예측하며, 도달을 가장 중요시 여긴다.

56 다음이 설명하는 유튜브 광고 측정 도구는?

> 동영상 광고의 효과를 측정하는 무료 도구로, 동영상 캠페인을 조정하고 개선할 수 있다. 광고 상기도, 브랜드 구매의도 같은 측정항목에 중점을 두어 캠페인을 마케팅 목표에 맞게 조정하는 데 도움이 된다.

① Google Ads 광고 보고서
② 유튜브 스튜디오 분석
③ 도달범위 플래너
④ 브랜드 리프트 서베이(Brand Lift Survey)

정답 ④

해설 브랜드 리프트 서베이(Brand Lift Survey)는 동영상 광고의 효과를 측정하는 무료 도구로, 동영상 캠페인을 조정하고 개선할 수 있다. 전통적인 측정항목 대신 광고 상기도, 브랜드 인지도, 브랜드 구매고려도, 브랜드 선호도, 브랜드 구매의도 같은 측정항목에 중점을 두어 캠페인을 마케팅 목표에 맞게 조정하는 데 도움이 된다. 경매를 통해 구입 한 인스트림 및 범퍼 광고에 사용할 수 있으며, 현재 아웃스트림 및 인피드 동영상 광고에는 사용할 수 없다.

57 다음 중 브랜드 리프트 서베이(Brand Lift Survey)의 측정 항목으로 가장 적절하지 않은 것은?

① 브랜드 선호도
② 브랜드 인지도
③ 브랜드 검색 빈도
④ 브랜드 구매고려도

정답 ③

해설 브랜드 리프트 서베이(Brand Lift Survey)는 전통적인 측정항목 대신 광고 상기도, 브랜드 인지도, 브랜드 구매고려도, 브랜드 선호도, 브랜드 구매의도 같은 측정항목에 중점을 두어 캠페인을 마케팅 목표에 맞게 조정하는 데 도움이 된다.

58 다음 중 YouTube 마스트헤드 콘텐츠 중 금지 카테고리로 지정되어 있는 항목이 아닌 것은?

① 도박
② 선거 및 정치 내용
③ 부동산
④ 알코올

정답 ③

해설 YouTube 마스트헤드 콘텐츠 중 금지 카테고리로 지정되어 있는 항목은 도박, 선거 및 정치 내용, 알코올, 처방약 조건이다.

59 유튜브의 저작권 위반 경고를 처음으로 받은 경우, 조치될 사항으로 가장 적절한 것은?

① 새로운 채널을 만들 수 없다.
② 저작권 교육을 수료해야 한다.
③ 계정에 업로드된 모든 동영상이 삭제된다.
④ 계정 및 계정과 연결된 모든 채널이 해지될 수 있다.

정답 ②

해설 유튜브의 저작권 위반 경고를 처음으로 받은 경우, 저작권 교육을 수료해야 한다. 저작권 교육은 크리에이터가 저작권이 무엇이며 YouTube에서 관련 규정이 어떻게 시행되는지 이해할 수 있게 도와준다. 나머지는 유튜브의 저작권 위반 경고를 3번 받았을 경우이다.

60 유튜브 신고영상에 대한 신고 기록에 대한 설명으로 가장 적절하지 않은 것은?

① '게시 중' 상태는 동영상이 아직 검토되지 않았거나 YouTube 커뮤니티 가이드를 위반하지 않는 것으로 확인되는 것이다.
② '삭제됨' 상태는 YouTube에서 삭제된 동영상이란 뜻이다.
③ '제한됨' 상태는 영상의 제한이 있어 YouTube에서 삭제된 동영상이란 뜻이다.
④ '동영상의 정보를 표시할 수 없습니다.'는 크리에이터가 동영상을 삭제했거나, 기타 이유로 YouTube에서 동영상이 표시되지 않는 것일 수 있다.

정답 ③

해설 신고 기록 중 '제한됨' 상태는 연령 제한 또는 기능 제한 등 제한된 상태에 해당하는 동영상이란 뜻이다.

▦ 카카오톡

01 다음 중 카카오모먼트에 대한 설명으로 가장 적절하지 않은 것은?

① Kakao의 대표 광고 플랫폼으로, 카카오 비즈보드, 디스플레이 광고, 동영상 광고, 메시지 광고 등을 누구나 직접 집행할 수 있다.

② 카카오톡을 중심으로 다양한 지면에 노출되며, 카카오의 빅데이터를 바탕으로 고도화된 타겟팅이 가능하다.

③ 카카오비즈보드, 디스플레이 광고, 동영상 광고, 채널 메시지, 쇼핑 광고, 스폰서드 광고에 노출된다.

④ 과금 방식은 고정 단가로 예약형 상품과 실시간 집행 상품이 존재하며, 예산 설정 및 운영에 큰 도움이 된다.

정답 ④

해설 카카오모먼트는 고정 단가가 아니라, 과금 방식, 입찰가, 광고 반응률 등 입찰에 참여하는 요소들이 실시간 계산되어 반영되는 실시간 입찰방식으로, 대표적으로 클릭 발생시에 과금하는 CPC(Cost Per Click)방식이 있다.

02 다음 중 카카오모먼트에서 집행이 가능한 광고 유형이 아닌 것은?

① 소셜광고
② 동영상 광고
③ 스폰서드 광고
④ 디스플레이 광고

정답 ①

해설 카카오모먼트에서 집행이 가능한 광고 유형은 비즈니스 보드, 디스플레이 광고, 동영상 광고, 스폰서드 광고, 채널 메시지, 쇼핑이다. 소셜광고는 네이버 밴드 광고이다.

03 다음 중 카카오 비즈보드에 대한 설명으로 가장 적절하지 않은 것은?

① 카카오톡 채팅탭의 메가 트래픽을 활용하여 최적의 광고 효율을 이끌어낼 수 있는 상품이다.

② 카카오톡 채팅리스트 최상단에 노출되는 배너이다.

③ 과금 방식은 CPC, CPM, CPA이다.

④ 캠페인 생성 시 모든 광고 목표를 선택할 수 있다.

정답 ④

해설 카카오 비즈보드는 광고 목표 선택 시 전환, 방문, 도달을 선택할 수 있다. 조회는 선택할 수 없다.

PART 2 SNS광고 마케팅 - SNS광고 실무

04 비즈보드의 특징으로 가장 적절하지 않은 것은?

① 카카오톡이라는 메가 트래픽의 채팅목록탭 최상단에 카카오비즈보드가 위치하여 노출수가 매우 높다.

② 애드뷰, 챗봇, 비즈니스폼 등 다양한 프리미엄 랜딩 페이지와 연결이 가능하다.

③ 카카오싱크, 비즈니스폼, 비즈플러그인 등을 활용한 마케팅 액션을 완결한다.

④ 카카오톡뿐만 아니라 네이버앱, 네이버웹툰 그리고 구글에도 노출이 가능하다.

정답 ④

해설 비즈보드는 카카오톡이라는 메가 트래픽의 채팅목록탭 최상단에 카카오비즈보드가 위치하여 노출수가 매우 높다. 카카오톡뿐만 아니라 다음앱, 다음웹툰 그리고 카카오의 주요 서비스에도 노출이 가능하다.

05 다음이 설명하는 비즈보드의 랜딩페이지는?

> 채팅리스트 아래에서 위로 전체 화면이 노출되어 사용자에게 화면 전환의 이질감 없이 자연스럽게 광고 상세 정보를 노출할 수 있는 랜딩페이지이다. 버튼을 통하여 결제하거나 회원가입을 연결할 수 있다.

① 애드뷰-풀뷰

② 애드뷰-콤팩트뷰

③ 채팅방-챗봇

④ 채팅방-비즈니스폼

정답 ①

해설 애드뷰-풀뷰는 채팅리스트 아래에서 위로 전체 화면이 노출되어 사용자에게 화면 전환의 이질감 없이 자연스럽게 광고 상세 정보를 노출할 수 있는 랜딩페이지이다. 버튼을 통하여 결제하거나 회원가입을 연결할 수 있다. 모바일 화면 전체를 세로 이미지 혹은 세로 동영상으로 채워 사용자의 시선을 사로잡는다는 장점이 있다.

06 비즈보드 랜딩페이지 중 톡스토어, 선물하기, 메이커스에 입점한 상품이나 주문하기 입점 페이지, 카카오페이 구매 판매점 페이지, 카카오구독 ON 페이지를 랜딩으로 설정하는 것은?

① 챗봇

② 톡 비즈니스폼

③ 비즈플러그인

④ 커머스 플랫폼

정답 ④

해설 카카오 커머스 플랫폼은 톡스토어, 선물하기, 메이커스에 입점한 상품이나 주문하기 입점 페이지, 카카오페이 구매 판매점 페이지, 카카오구독 ON 페이지를 랜딩으로 설정하여 빠른 전환을 이끌어낼 수 있다.

07 카카오비즈보드의 소재 유형 중 반원형, 원기둥형 이미지와 로고 이미지를 사용하는 유형은?

① 오브젝트형

② 섬네일형

③ 마스킹형

④ 텍스트형

정답 ③

해설 반원형, 원기둥형 이미지와 로고 이미지를 사용하는 비즈보드 소재 유형은 마스킹형이다.

168 • SNS광고마케터 1급 초단기완성

08 다음이 설명하는 것은?

> 카카오비즈보드의 프리미엄 확장 형태로 확장 요소를 등록하여 리치한 정보를 제공할 수 있다. 확장 요소에는 행동유도버튼을 제공하고 있어 자연스럽게 최종 랜딩으로 연결하여 마케팅 액션의 완결까지 제공한다.

① 비즈보드 리치스(BETA)
② 비즈보드 어번던트(BETA)
③ 비즈보드 프리미엄(BETA)
④ 비즈보드 익스팬더블(BETA)

정답 ④

해설 비즈보드 익스팬더블(BETA)이란 카카오비즈보드의 프리미엄 확장 형태로 확장 요소를 등록하여 리치한 정보를 제공할 수 있다. 확장 요소에는 행동유도버튼을 제공하고 있어 자연스럽게 최종 랜딩으로 연결하여 마케팅 액션의 완결까지 제공한다. 익스팬더블 동영상 유형. 익스팬더블 이미지 유형. 익스팬더블 멀티형의 형태가 존재한다.

09 다음 중 디스플레이 광고에 대한 설명으로 가장 적절하지 않은 것은?

① 다양한 크리에이티브를 활용하여, 카카오의 핵심 서비스, 주요 파트너 서비스를 중심으로 한 많은 지면에 광고를 노출한다.
② 과금 방식은 CPC, CPM, CPA이다.
③ 광고 유형으로는 이미지 네이티브형과 동영상 네이티브형이 존재한다.
④ 카카오 스토리 사용시 소식 피드 사이에 광고가 노출된다.

정답 ③

해설 디스플레이 광고는 다양한 크리에이티브를 활용하여, 카카오의 핵심 서비스, 주요 파트너 서비스를 중심으로 한 많은 지면에 광고를 노출하며, 최적의 오디언스를 찾아줄 다양한 타겟 옵션을 통하여 광고의 효율을 높일 수 있다. 광고 유형으로는 이미지 네이티브형과 이미지 카탈로그형이 존재한다.

10 디스플레이 광고 유형 중 이미지 카탈로그형에 대한 설명으로 가장 적절한 것은?

① 하나의 소재에 최대 10개의 상품 정보를 효과적으로 노출할 수 있다.
② 슬라이드는 최소 10개이다.
③ 300×60px 이상의 5:1비율 이미지이어야 한다.
④ 150KB 이하여야 한다.

정답 ①

해설 이미지 카탈로그형은 하나의 소재에 최대 10개의 상품 정보를 효과적으로 노출할 수 있다.
② 슬라이드는 최소 4개이다.
③ 500×500px 이상의 1:1비율 이미지이어야 한다.
④ 500KB 이하여야 한다.

part **02**

SNS광고 마케팅 - SNS광고 실무

11 카카오 동영상 광고에 대한 설명으로 가장 적절한 것은?

① 브랜드 세이프티가 보장되는 카카오의 프리미엄 콘텐츠 영역에 노출되는 이미지 광고이다.

② 카카오의 노출을 기반으로 한 높은 타겟 커버리지를 확보하고, 브랜드 타겟에 적합한 최적의 오디언스에게 광고를 노출한다.

③ 과금 방식은 CPM이다.

④ 아웃스트림 광고는 카카오톡, 카카오톡 채팅방, 카카오 TV 앱/웹, 다음에 노출된다.

정답 ②

해설 카카오 동영상 광고는 카카오의 노출을 기반으로 한 높은 타겟 커버리지를 확보하고, 브랜드 타겟에 적합한 최적의 오디언스에게 동영상 광고를 노출한다.
① 브랜드 세이프티가 보장되는 카카오의 프리미엄 콘텐츠 영역에 노출되는 동영상 광고이다.
③ 과금 방식은 CPV이다.
④ 인스트림 광고는 카카오톡, 카카오톡 채팅방, 카카오 TV 앱/웹, 다음에 노출된다.

12 다음 중 스폰서드 광고가 노출되는 카카오톡 탭은?

① 채팅

② 뷰

③ 쇼핑

④ 더보기

정답 ②

해설 스폰서드 광고는 카카오톡 세 번째 탭의 카카오 뷰 발견탭에 노출되는 '보드' 소재의 광고로, 카카오톡 뷰탭>발견탭에만 노출된다.

13 카카오 스폰서드 광고에 대한 설명으로 가장 적절하지 않은 것은?

① 브랜드 또는 채널 콘텐츠를 담은 보드를 노출함으로써 자연스럽게 브랜드 메시지를 전달할 수 있다.

② 카카오 뷰에서 채널은 하나의 프로필과 같은 역할로, 채널 개설은 필수이다.

③ 과금 기준은 CPV이다.

④ 카카오톡 뷰탭의 발견탭에만 노출된다.

정답 ③

해설 카카오 스폰서드 광고의 과금 기준은 CPM이다.

14 다음 중 채널 메시지와 쇼핑 광고에 대한 설명으로 가장 적절하지 않은 것은?

① 채널 메시지는 쿠폰 발송, 시즈널 세일 알림 등 관여도 높은 메시지 광고를 통하여 효과적인 마케팅을 할 수 있다.

② 쇼핑 광고 쇼핑박스에서 유저가 다양한 소재를 카탈로그를 보며 쇼핑하는 듯한 경험을 주는 광고이다.

③ 채널 메시지는 모바일 다음 웹/앱 내 뉴스/랭킹/연예/TV 등 총 8개 탭에서 노출된다.

④ 채널 메시지의 과금 방식은 CPMS이고, 쇼핑광고의 과금방식은 CPT이다.

정답 ③

해설 채널 메시지는 카카오톡 채널 채팅방에서 메시지 형태로 노출이 가능하다. 쇼핑광고는 모바일 다음 웹/앱 내 뉴스/랭킹/연예/TV 등 총 8개 탭과 PC 다음 메인 페이지 우측 중단 등 쇼핑에 특화된 영역에 집중하여 노출된다.

15 다음이 설명하는 채널 메시지의 광고 유형은?

> 2개 이상의 이미지에 상품 가격 등 다양한 정보를 담을 수 있으며, 커머스형 메시지에 적합하다.

① 와이드 이미지형
② 와이드 리스트형
③ 기본 텍스트형
④ 캐러셀형

정답 ④

해설 캐러셀형은 2개 이상의 이미지에 상품 가격 등 다양한 정보를 담을 수 있으며, 커머스형 메시지에 적합하다.

16 다음 중 방문을 광고 목표로 할 수 없는 광고 유형은?

① 카카오 비즈보드
② 디스플레이
③ 다음 쇼핑
④ 스폰서드 보드

정답 ③

해설 방문을 광고 목표로 할 수 있는 광고 유형은 카카오 비즈보드, 디스플레이, 스폰서드 광고이다.

17 카카오톡 채널 광고를 할 때, 선택할 수 있는 광고 목표는?

① 전환
② 방문
③ 도달
④ 조회

정답 ③

해설 카카오톡 채널 광고를 할 때, 선택할 수 있는 광고 목표는 도달이다.

18 광고 유형별 과금기준과 노출가능 소재에 대한 설명으로 가장 적절한 것은?

① 카카오 비즈보드의 과금 기준은 CPC, CPM이고, 동영상 배너로 노출된다.
② 디스플레이의 과금 기준은 CPC, CPM, CPA이며, 동영상 네이티브로 노출된다.
③ 카카오톡 채널의 과금 기준은 CPT이며, 메시지로 노출된다.
④ 스폰서드 보드의 과금 기준은 CPM이며, 콘텐츠로 노출된다.

정답 ④

해설 스폰서드 보드의 과금 기준은 CPM이며, 콘텐츠로 노출된다.
① 카카오 비즈보드의 과금 기준은 CPC, CPM, CPA이고, 이미지 배너로 노출된다.
② 디스플레이의 과금 기준은 CPC, CPM, CPA이며, 이미지 네이티브, 이미지 카탈로그로 노출된다.
③ 카카오톡 채널의 과금 기준은 CPMS이며, 메시지로 노출된다.

19 카카오 광고의 캠페인 일 예산 최소 금액은?

① 5,000원
② 10,000원
③ 50,000원
④ 제한 없음

정답 ③

해설 카카오 광고의 캠페인 일 예산은 최소 50,000원부터 10억 원 이하 10원 단위로 설정할 수 있다.

20 카카오 광고의 데모그래픽에서 설정할 수 있는 항목이 아닌 것은?

① 성별
② 나이
③ 지역
④ 언어

정답 ④

해설 카카오 광고의 데모그래픽에서 설정할 수 있는 항목은 성별, 나이, 지역이다.

21 다음 중 오디언스 맞춤타겟에서 설정할 수 있는 항목으로 적절하지 않은 것은?

① 광고반응타겟

② 픽셀&SDK

③ 전환 API

④ 고객파일

정답 ③

해설 오디언스 맞춤타겟에서 설정할 수 있는 항목은 광고반응타겟, 픽셀&SDK, 카카오 사용자, 고객파일이다.

22 다음이 설명하는 오디언스 맞춤고객 설정 항목은?

> 카카오모먼트에서 집행한 웹/앱 광고 및 메시지에 반응한 사용자를 리타겟팅한다.

① 광고반응타겟

② 픽셀&SDK

③ 카카오 사용자

④ 고객파일

정답 ①

해설 광고반응타겟이란 카카오모먼트에서 집행한 웹/앱 광고 및 메시지에 반응한 사용자를 리타겟팅하는 방법을 말한다.

23 카카오 광고의 광고그룹 일 예산 최소 금액은?

① 5,000원   ② 10,000원

③ 50,000원   ④ 100,000원

정답 ②

해설 카카오 광고의 광고그룹 일 예산은 최소 10,000원부터 5억 원 이하 10원 단위로 설정할 수 있다.

24 광고그룹 설정 중 게재지면으로 설정할 수 있는 노출 위치를 모두 고른 것은?

> ㉠ 카카오톡   ㉡ 다음
> ㉢ 카카오서비스   ㉣ 네트워크

① ㉠

② ㉠, ㉢

③ ㉠, ㉡, ㉢

④ ㉠, ㉡, ㉢, ㉣

정답 ④

해설 광고그룹 설정의 게재지면 및 디바이스에서 디바이스 설정을 통하여 Android, IOS 중 설정할 수 있다. 게재지면 설정을 통하여 노출 위치(카카오톡, 다음, 카카오서비스, 네트워크)를 설정할 수 있다.

25 카카오 광고 소재의 최대 심사 기간은?

① 영업일 기준 최대 12시간 내

② 영업일 기준 최대 24시간(1일) 내

③ 영업일 기준 최대 36시간 내

④ 영업일 기준 최대 48시간(2일) 내

정답 ④

해설 카카오 광고 소재의 최대 심사 기간은 영업일 기준 최대 48시간(2일) 내이며, 심사가 완료되면 광고 목표 전략을 바탕으로 노출 지면에 맞는 광고 소재가 타겟에게 노출된다.

▨ 네이버 밴드

01 다음 중 네이버 밴드에서 광고할 수 없는 광고 유형은?

① 풀스크린 광고
② 스마트 채널
③ 네이티브 광고
④ 범퍼애드

정답 ④

해설 네이버 밴드에서 광고할 수 있는 광고 유형은 디스플레이광고(풀스크린 광고, 스마트 채널), 소셜광고(새소식/밴드홈 광고, 알림광고), 네이티브광고가 있다.

02 다음 중 풀스크린 광고에 대한 설명으로 가장 적절하지 않은 것은?

① 밴드 앱종료 시 노출되는 1일 1광고주 단독 노출 상품이다.
② 브랜드 인지 효과 및 클릭을 극대화할 수 있는 iOS 전용 상품이다.
③ 성별 타겟팅이 가능하며, NOSP 플랫폼에서 렙사 · 대행사 통해 집행된다.
④ 광고 집행이 보장된 보장형 광고 상품으로, 과금 기준은 고정가이다.

정답 ②

해설 풀스크린 광고는 밴드 앱종료 시 노출되는 1일 1광고주 단독 노출 상품으로, 브랜드 인지 효과 및 클릭을 극대화할 수 있는 Android 전용 상품이다.

03 스마트 채널 광고에 대한 설명으로 가장 적절한 것은?

① 새글 피드 영역에서 텍스트와 콘텐츠 결합 형태로 노출되는 광고 상품으로, 자연스럽게 노출되는 네이티브 광고이다.
② Real Time Bidding 상품이며, 최소 입찰가는 CPM 100원, CPC 10원, CPV 10원(VAT 별도)이다.
③ 성별, 연령, 요일 및 시간, 지역, 디바이스, 관심사(BETA), 맞춤 타겟으로 타겟팅이 가능하다.
④ NOSP 플랫폼에서 렙사 · 대행사 통해 집행된다.

정답 ③

해설 스마트 채널 광고는 성별, 연령, 요일 및 시간, 지역, 디바이스, 관심사(BETA), 맞춤 타겟으로 타겟팅이 가능하다.
① 밴드앱 홈, 새소식, 채팅 최상단에 노출되는 상품으로, 프리미엄한 위치에서 비즈니스 메시지를 전달할 수 있다.
② Real Time Bidding 상품이며, 최소 입찰가는 CPM 2,000원, CPC 10원(VAT 별도)이다.
④ 밴드 및 네이버 지면 등에 노출되며, 네이버 성과형 디스플레이 광고 플랫폼을 통해 진행이 가능하다.

part **02**

SNS광고 마케팅 – SNS광고 실무

173

04 밴드의 새소식, 밴드 홈 영역에 노출되어, 밴드 또는 페이지를 밴드 사용자들에게 알릴 수 있는 광고 상품으로 가장 적절한 것은?

① 디스플레이 광고
② 스마트 채널 광고
③ 새소식/밴드 홈 광고
④ 알림광고

정답 ③

해설 새소식/밴드 홈 광고는 밴드의 새소식, 밴드 홈 영역에 노출되어, 밴드 또는 페이지를 밴드 사용자들에게 알릴 수 있는 광고 상품이다. 리더 또는 페이지 운영자가 '비즈센터)광고하기'를 통하여 광고를 등록할 수 있다.

05 다음 중 소셜광고의 새소식/밴드 홈 광고의 상품 유형과 과금 기준으로 가장 적절한 것은?

① 상품 유형-보장형 상품, 과금 기준-CPM, CPV
② 상품 유형-예약형 상품, 과금 기준-CPV, CPA
③ 상품 유형-기간제 노출형 상품, 과금 기준-CPM, CPA
④ 상품 유형-기간제 노출형 상품, 과금 기준-CPM, CPA, CPV

정답 ③

해설 새소식/밴드 홈 광고는 밴드의 새소식, 밴드 홈 영역에 노출되어, 밴드 또는 페이지를 밴드 사용자들에게 알릴 수 있는 광고 상품이다. 기간제 노출형 상품으로, 과금 기준은 CPM, CPA이며, 최저 30만 원부터 광고 집행이 가능하다.

06 알림 광고는 운영중인 밴드와 페이지의 멤버, 구독자에게 특정 게시글을 선택하여 '알림'을 보내는 광고상품이다. 알림 광고의 과금 방식으로 가장 적절한 것은?

① 기간제 발송 방식
② 충전금 발송 방식
③ 후불제 과금 방식
④ 성과 대비 과금 방식

정답 ②

해설 알림 광고의 과금 방식으로는 발송건당 과금하는 충전금 발송 방식과 정액 상품을 저렴한 비용으로 구매하는 발송권 사용 방식이 존재한다.

07 다음 중 네이티브(피드) 광고에 대한 설명으로 가장 적절하지 않은 것은?

① 새글 피드 영역에서 텍스트와 콘텐츠 결합 형태로 노출되는 광고 상품이다.
② Real Time Bidding 상품이며, 최소 입찰가는 CPM 100원, CPC 10원, CPV 10원(VAT 별도)이다.
③ 인구통계, 시간 및 요일, 지역, 현재 위치, OS, 관심사 및 구매의도, 맞춤타겟으로 타겟팅이 가능하다.
④ 네이버 보장형 디스플레이 광고 플랫폼을 통해 진행이 가능하다.

정답 ④

해설 네이티브(피드) 광고는 네이버 성과형 디스플레이 광고 플랫폼을 통해 진행이 가능하다.

08 네이티브(피드) 광고를 할 수 있는 캠페인 목표가 아닌 것은?

① 전환　　　　　② 앱설치
③ 동영상조회　　④ 웹사이트트래픽

정답 ①

해설 네이티브(피드) 광고를 할 수 있는 캠페인 목표는 앱설치, 동영상조회, 웹사이트트래픽뿐이다.

09 네이티브(피드) 광고의 과금 기준이 아닌 것은?

① CPA　　　　　② CPC
③ CPM　　　　　④ CPV

정답 ①

해설 네이티브(피드) 광고의 과금기준은 캠페인의 목표에 따라 다르다. 캠페인의 목표가 웹사이트트래픽인 경우는 CPM, CPC(단일 이미지, 이미지 슬라이드, 단일 동영상 사용 가능)이고, 앱설치는 CPM, CPC(단일 이미지, 이미지 슬라이드 사용 가능), 동영상조회는 CPV(단일 동영상 사용 가능)이다.

10 소셜광고(새소식/밴드 홈 광고)를 시작할 때, 선택할 수 있는 광고 타입이 아닌 것은?

① 새소식 광고　　② 밴드 홈 광고
③ 스티커 프로모션　④ 밴드 종료시 광고

정답 ④

해설 소셜광고(새소식 광고, 밴드 홈 광고)를 시작할 때 선택할 수 있는 광고 타입은 새소식 광고, 밴드 홈 광고, 스티커 프로모션으로, 목적에 맞는 형태를 설정한다.

11 알림광고 설정의 '발송 설정' 단계에서 설정할 수 있는 항목이 아닌 것은?

① 발송 금액　　　② 발송 범위
③ 발송 형태　　　④ 예약발송 여부

정답 ①

해설 알림광고 설정의 '발송 설정' 단계에서 설정할 수 있는 항목은 발송 범위, 발송 형태, 예약발송 여부이다.

12 소셜광고(새소식/밴드 홈 광고)의 입찰방법에 대한 설명으로 가장 적절하지 않은 것은?

① 입찰에 참여하기 위해서는 '비즈센터충전금'이 있어야 한다.
② 참여는 월요일 오전 0시부터 14시 사이에 할 수 있다.
③ 낙찰은 월요일 오후 5시 이후에 확정된다.
④ 광고의 기본 노출기간은 차주 월요일 0시부터 일요일 24시이며, 날짜, 시간 등을 선택할 수 있다.

정답 ④

해설 소셜광고(새소식/밴드 홈 광고)의 기본 노출기간은 차주 월요일 0시부터 일요일 24시이며, 날짜, 시간 등을 임의로 선택할 수 없다.

13 소셜광고(새소식/밴드 홈 광고)의 새소재를 만들기 위해 유의해야 할 사항으로 가장 적절한 것은?

① 소재 등록이 되어야 광고 낙찰이 확정된다.

② 소재는 광고당 최대 3개까지 등록이 가능하며, 동시 노출 가능 소재는 광고당 최대 3개이다(스티커 프로모션 제외).

③ 모든 소재는 같은 목적으로 설정하여야 한다(스티커 프로모션 제외).

④ 이미 승인된 소재를 변경해서 재검수 요청할 수 있으며, 승인시 변경된 소재는 'OFF 상태'로 노출되지 않는다.

정답 ②

해설 소셜광고(새소식/밴드 홈 광고)의 소재는 광고당 최대 3개까지 등록이 가능하며, 동시 노출 가능 소재는 광고당 최대 3개이다. 스티커 프로모션은 1개 소재만 등록/노출된다.
① 광고 낙찰이 확정되어야 소재 등록이 가능해진다.
③ 각 소재별 목적 설정이 가능하다.
④ 이미 승인된 소재를 변경해서 재검수 요청할 수 있으며, 승인시 변경된 소재로 바로 노출된다.

14 다음 중 소셜광고에 대한 설명으로 가장 적절한 것은?

① 사업자만 비즈센터 광고 상품을 이용할 수 있다.

② 입찰에 참여하여 낙찰된 광고 선정 기준과 낙찰순위를 공개한다.

③ 노출 중인 광고 소재를 교체할 수 있다.

④ 광고비에 대한 세금 계산서를 발급 받을 수 없다.

정답 ③

해설 노출 중 클릭률(CTR) 및 가입전환(CPA)이 좋지 않은 경우, 광고 효과를 위해 소재 교체를 하는 것이 좋다. 소셜광고는 노출 중인 광고 소재를 교체할 수 있다.
① 개인도 비즈센터 광고 상품을 이용할 수 있고, 파트너 정보 등록시 개인으로도 등록이 가능하다.
② 본인이 신청한 입찰에 대한 낙찰/유찰여부만 제공되며, 세부적인 낙찰 광고 선정 기준과 본인 또는 타입찰 참가 광고주의 낙찰/유찰여부 및 순위는 제공되지 않는다.
④ 세금 계산서 발행은 개인의 경우 파트너 정보내 세금 계산서 발행 신청 및 정보 등록한 경우에만 발행되며, 사업자의 경우 별도의 신청 과정 없이 파트너 정보에 기재된 정보로 발행된다.

15 네이티브(피드) 광고의 랜딩페이지 규정에 대한 설명으로 적절하지 않은 것은?

① 랜딩페이지에는 광고주명(회사명)과 연락 가능한 연락처 정보가 명시되어야 한다.

② 랜딩페이지는 내용이 법에 저촉되지 않아야 하며, 관련법령에 어긋난 경우 광고 게재가 보류되거나 광고 게재 중에 임의로 광고가 중단될 수 있다.

③ 광고 집행이 가능한 광고라 하더라도 랜딩페이지 내에 신체 나체 노출이나, 여성 상의/하의 탈의 또는 속옷 차림의 경우에는 광고 집행이 불가능하다.

④ 해외에 소재한 사업자 중 선불식(선지급식) 통신판매가 확인되는 경우는 원칙적으로 신용카드 또는 구매안전서비스에 의한 결제수단을 제공해야 한다.

정답 ③

해설 밴드 피드광고 검수 가이드에 따르면 광고 집행이 가능한 광고라 하더라도 랜딩페이지 내에 신체 나체 노출이나, 여성 상의/하의 탈의 또는 속옷 차림의 경우에는 성인 타겟팅 통해서 노출되어야 한다.

▓ 기타 SNS매체

01 다음의 광고를 할 수 있는 SNS 매체로 가장 적절한 것은?

> • 테이크 오버 광고
> • 라이브 광고
> • Amplify 광고

① 트위터   ② 링크드인

③ 틱톡   ④ 정답 없음

정답 ①

해설 트위터를 통하여 프로모션 광고, 테이크 오버 광고, 팔로워 광고, Twitter Amplify 광고, Twitter Live 광고를 할 수 있다.

02 트위터의 프로모션 광고에 대한 설명으로 가장 적절하지 않은 것은?

① 이미지 광고는 하나의 사진으로 제품이나 서비스를 노출시킬 수 있다.

② 캐러셀 광고(회전목마 광고)는 2~6개의 이미지 또는 동영상을 제공하여 여러 제품이나 프로모션을 선보일 수 있다.

③ 모멘트 광고는 트윗 컬렉션을 만들고, 큐레이팅하고, 홍보하여 280자가 넘는 스토리를 전달할 수 있다.

④ 팔로워 광고는 브랜드와 계정을 타겟에게 홍보하여 인지도를 높이고 잠재고객을 유치하는 데 사용할 수 있다.

정답 ④

해설 팔로워 광고는 프로모션 광고가 아니다. 팔로워 광고는 브랜드와 계정을 타겟에게 홍보하여 인지도를 높이고 잠재고객을 유치하는 데 사용할 수 있으며, 팔로워당 과금되는 방식이다.

part
02

SNS광고 마케팅 – SNS광고 실무

03 다음 중 링크드인 광고의 유형으로 가장 적절하지 않은 것은?

① 텍스트 광고
② 상품소개서
③ 다이내믹 광고
④ 스폰서 콘텐츠

정답 ②

해설 링크드인 광고의 유형으로는 스폰서 콘텐츠, 스폰서 메시지, 텍스트 광고, 다이내믹 광고가 있다.

04 다음에서 설명하는 틱톡의 광고 유형은?

사용자가 앱을 열 때 처음 보는 예약형 전면 광고로, TikTok의 최대 빌보드이다. 사용자의 관심을 끌어 브랜드 인지도를 높이고 커뮤니티 내 액션을 유발한다.

① 탑뷰
② 인피드 광고
③ 텍스트 광고
④ 브랜드 해시태그 챌린지

정답 ①

해설 틱톡의 탑뷰 광고란 사용자가 앱을 열 때 처음 보는 예약형 전면 광고로, TikTok의 최대 빌보드이다. 사용자의 관심을 끌어 브랜드 인지도를 높이고 커뮤니티 내 액션을 유발한다.

05 다음 중 광고 유형에 대한 설명으로 가장 적절하지 않은 것은?

① 트위터의 타임라인 테이크 오버는 24시간 동안 홈 타임라인의 첫 광고지면을 독점하는 동영상 광고로, 트위터를 열 때 첫 번째 광고이다.
② 트위터의 Amplify Pre-roll은 200+ 프리미엄 파트너 콘텐츠에서 노출되는 프리롤 광고로, 15개 이상의 카테고리에서 광고가 게재될 콘텐츠 카테고리를 선택할 수 있다.
③ 링크드인의 다이내믹 광고는 각 고객에 대해 바뀌는 개인화된 광고로, 고객의 프로필 이미지, 이름 및 직종 각 멤버에 대한 사용자 지정 광고를 만드는 데 사용한다.
④ 틱톡의 인피드 광고는 브랜드와 오디언스가 소통하는 방식으로, 참여형 챌린지를 TikTok 커뮤니티에 부여하여 브랜드가 트렌드와 문화적 움직임을 형성한다.

정답 ④

해설 틱톡의 인피드 광고는 추천 피드에 노출되는 전체 화면 비디오 광고 형식으로, 브랜드의 풀퍼널(full-funnel) 마케팅 목표를 네이티브 광고 형식으로 달성할 수 있게 한다. 브랜드와 오디언스가 소통하는 방식으로, 참여형 챌린지를 TikTok 커뮤니티에 부여하여 브랜드가 트렌드와 문화적 움직임을 형성하는 광고는 인피드 브랜드 해시태그 챌린지이다.

PART 2 SNS광고 마케팅 – SNS광고 실무

핵심요약

SOCIAL NETWORK SERVICE ADVERTISEMENT MARKETER

제1장 _ Meta for Business

Meta for Business 플랫폼

- Facebook
- Instagram
- Messenger
- WhatsApp
- Audience Network

Meta for Business Shops 기능

- 설정 : 커머스 관리자, Shops, Instagram 쇼핑, Instagram에서 결제, 카탈로그
- 콘텐츠 : Instagram 쇼핑, Facebook의 라이브 쇼핑, Instagram의 라이브 쇼핑, Shops
- 광고 솔루션 : 쇼핑 맞춤 타겟, 제품이 태그된 다이내믹 광고, 제품 태그 광고, 제품이 태그된 브랜디드 콘텐츠

Meta Business Suite

- Facebook, Instagram 및 메시지 도구를 한곳으로 일원화해주는 무료 도구이다.
- 데스크톱과 모바일에서 모두 사용할 수 있으며, 시간을 절약하고, 더 많은 사람들과 소통하여, 비즈니스 성과를 향상시킬 수 있다.

Facebook IQ : 다양한 디지털 인사이트와 마케팅 리서치 자료를 제공하며, 뉴스레터를 신청할 수 있다.

개인 계정과 페이지 : 개인 계정은 개인만의 공간인 것에 반해 페이지는 홍보, 소식공유 등의 활동을 하는 공간이다. 개인 계정은 1인 1프로필을 원칙으로 하지만, 페이지는 여러 페이지를 관리할 수 있고, 여러 사람이 관리할 수 있다.

Meta의 캠페인 목표

- 인지도
- 트래픽
- 참여
- 잠재 고객
- 앱홍보
- 매출

목표별로 지원되는 플랫폼

구분	Facebook	Instagram	Messenger	Audience Network
브랜드 인지도	○	○	○	
도달	○	○	○	
트래픽	○	○	○	○
참여	○			
앱 설치	○	○	○	○
동영상 조회	○	○		○
잠재 고객 확보	○	○	○	
메시지	○	○	○	
전환	○	○		○
카탈로그 판매	○	○	○	○
매장유입	○			

part 02

SNS광고 마케팅 – SNS광고 실무

179

Meta Business Suite의 주요 기능

- 비즈니스 한눈에 보기
- 활동 보기
- 받은 메시지함 사용하기
- 게시물과 스토리 만들기
- 커머스 관리자에 액세스하기
- 광고 만들기
- 인사이트 보기

Meta의 예산 설정 방법

- 일일 예산 : 매일 광고 세트 또는 캠페인에 지출할 평균 비용으로, 최대 금액은 아니다. 캠페인 또는 광고 세트에 매일 일관된 결과를 얻기 위해 날마다 비슷한 금액을 지출하고 싶은 경우 효과적이다.
- 총 예산 : 캠페인 또는 광고 세트의 전체 게재 기간에 지출할 총 금액으로, 최대 금액이며 평균 비용이 아니다. 특정 지출 금액을 초과하고 싶지 않을 때 유용할 수 있으며, 매일 지출할 금액을 유연하게 소비하고 싶은 경우 가장 효과적이다.

Meta의 구매 유형

- 경매 : 최대한 낮은 금액 또는 일정한 목표 금액으로 타겟에게 도달하기 위해 입찰할 수 있다. 입찰가, 추산 행동률, 광고 품질을 통하여 경매 낙찰자를 선정한다.
- 도달 및 빈도 : 고정 가격을 지불하고 계획한 대로 타겟 대상에 도달할 수 있다. 일부 광고 계정에는 지원되지 않으며, 도달하려는 타겟 규모가 20만 명 이상일 때 이용 가능하므로 상당한 예산이 필요하다.
- TRP(타겟 시청률) : TV 캠페인 기획에 익숙한 광고주가 Facebook과 Instagram에서 Nielsen 인증 TRP(Target Rating Points, 타겟 시청률)를 사용하여 동영상 캠페인을 계획하고 구매할 수 있다(일부 광고주만 사용 가능).

경매낙찰에 영향을 주는 요소

- 입찰가
- 추산 행동률
- 광고 품질

Meta for Business 타겟팅

- 핵심 타겟
- 맞춤 타겟
- 유사 타겟

맞춤 타겟의 유형

- 웹사이트 맞춤 타겟
- 앱 활동 맞춤 타겟
- 고객 리스트 맞춤 타겟
- 참여 맞춤 타겟

유사 타겟

- 기존 고객과 유사한 관심사를 가진 새로운 사람들을 타겟으로 설정한다.
- 페이지를 좋아하는 사람, 전환 픽셀 또는 기존 맞춤 타겟을 기준으로 유사 타겟을 만들 수 있다.

저장된 타겟 : 나중에 편하게 다시 사용할 수 있도록 자주 사용하는 타겟팅 옵션을 저장할 수 있어, 인구 통계학적 특성, 관심사 및 행동을 선택한 다음 향후 광고에서 다시 사용할 수 있다.

특별 광고 타겟 : 가장 가치 있는 고객과 유사한 온라인 행동을 보이는 새로운 사람들을 타겟으로 설정하는 것으로, 특별 광고 카테고리의 광고에만 사용할 수 있다.

Meta for Business의 광고형식

단일 이미지	눈길을 끄는 이미지와 문구를 사용하는 깔끔하고 단순한 광고 형식으로, 고화질 이미지나 그림을 통해 비즈니스의 정보와 상품 및 서비스를 홍보한다.
슬라이드	하나의 광고에 이미지 또는 동영상을 최대 10개까지 추가가 가능하다.
컬렉션	사람들이 제품을 발견한 후 구매까지 자연스럽게 이어갈 수 있게 해주는 모바일 전용 광고 형식이다.
동영상	노출 위치에 따라 다양한 화면 비율을 지원하며, 노출 위치에 따라 동영상 길이를 다르게 할 수 있다.
스토리 광고	Facebook, Instagram과 Messenger에서 스토리 사이에 표시되는 전체 화면 이미지, 동영상 또는 슬라이드 광고로, 스토리 광고는 일반 스토리와 달리 24시간 후에도 사라지지 않는다.
인스턴트 경험	이전의 이름은 캔버스 광고로, 모바일에 최적화되어 즉시 읽어들일 수 있으며 타겟의 시선을 사로잡는 광고 경험을 제공한다.
앱 데모	Facebook 및 Audience Network를 위한 인터랙티브 동영상 광고인 플레이어블 광고를 사용한다.
브랜디드 콘텐츠	크리에이터/퍼블리셔가 후원을 받고 비즈니스 파트너를 소재로 하거나 비즈니스 파트너로부터 영향을 받은 내용을 담아 제작한 콘텐츠를 말한다.

노출 위치에 따른 광고 형식

피드	정사각형(1:1) 이미지와 세로(4:5) 비디오를 사용하는 것이 좋다.
스토리	전체 화면 수직(9:16) 이미지와 비디오를 사용하는 것이 좋다.
인스트림	Facebook의 경우 이미지는 16:9, 동영상은 1:1, 잠재 고객 네트워크의 경우 16:9를 사용하는 것이 좋다.
메시지	메신저 받은 편지함의 경우 가로(1.91:1 또는 16:9) 이미지를 사용하는 것이 좋다.
아티클 내	가로(16:9) 또는 정사각형(1:1) 이미지와 비디오를 사용하는 것이 좋다.

캠페인 예산 최적화(Campaign Budget Optimization, CBO)

- 통합 캠페인 예산을 설정하고 가장 효과적인 광고 세트에 예산을 실시간으로 계속 분배할 수 있다.
- 캠페인 설정을 간소화하고 수동으로 관리해야 하는 예산의 수를 줄일 수 있다.

Meta 픽셀

- Meta 픽셀은 웹사이트에서 방문자의 활동을 추적할 수 있는 JavaScript의 픽셀 코드이다.
- 사이트 방문자가 추적(전환)하고자 하는 액션(이벤트)을 취할 때마다 사용할 수 있다.

오프라인 전환

- Facebook 광고가 매장 구매, 전화 주문, 예약 등 얼마나 많은 실질적인 성과를 유도했는지 측정할 수 있다.
- 오프라인 활동을 추적하고 해당 활동에 대한 광고의 기여도 및 지출 대비 수익을 측정한다.

전환 API : 비즈니스의 서버, 웹사이트 플랫폼 또는 CRM의 마케팅 데이터와 Facebook 간을 직접적이고 안정적으로 연결하며, 이 마케팅 데이터는 Facebook에서 광고 맞춤화, 최적화 및 측정에 도움이 되어 관심을 가질 가능성이 높은 사람들에게 비즈니스의 광고를 노출한다.

SNS광고 마케팅 - SNS광고 실무

▒ Facebook Business SDK

- 앱에서 취하는 행동을 파악하고 측정할 수 있다.
- 고유한 맞춤형 솔루션을 구축하여 비즈니스 및 고객에게 서비스를 제공할 수 있다.

▒ 광고 관리자 보고서

- 광고 만들기, 게재 기간과 노출 위치 관리, 마케팅 목표 대비 캠페인 성과 추적 등을 한 눈에 확인할 수 있다.
- 선택한 매개변수에 따라 광고 성과에 관한 보고서를 만들고, 맞춤 설정하고, 내보내고, 공유하고, 예약할 수 있다.

▒ Facebook 성과 기여

- 여러 퍼블리셔, 채널, 기기에서 광고의 효과를 측정하고 파악할 수 있는 도구로, 현재는 사용이 불가능하다.
- 타겟에게 다양한 플랫폼에서 마케팅할 수 있고, 최적으로 노출 중인 느출 위치, 크리에이티브, 타겟을 최적화할 수 있다.

제2장 _ 유튜브

▒ Google Ads

- 구글과 유튜브 광고를 하나로 통합하여 운영하는 플랫폼이다.
- 검색광고, 디스플레이 광고(GDN), 동영상 광고(YouTube), 쇼핑 광고, 앱 프로모션광고가 존재한다.

▒ 캠페인 목표 : 판매, 리드, 웹사이트 트래픽, 제품 및 브랜드 구매 고려도, 브랜드 인지도 및 도달범위, 앱 프로모션, 오프라인 매장 방문 및 프로모션, 목표 설정 없이 캠페인 만들기

▒ 유튜브 기능

YouTube Go	동영상 미리보기 및 다운로드, 데이터 사용 제어, 관심사 찾기
YouTube Kids	어린이를 위한 안전한 온라인 환경, 부모님 용자료, 가족용 동영상
YouTube Music	YouTube 음악 앱, 음악 추천, 오프라인 저장
YouTube Originals	오리지널 시리즈, 영화, 이벤트
YouTube Premium	광고 없이 백그라운드, 오프라인 저장, YouTube Music Premium
YouTube Select	고유한 마케팅 요구 사항에 맞게 조정된 다양한 관련 콘텐츠 라인업 및 프로그램 제공
YouTube Studio	크리에이터를 위한 공간, 인지도 관리, 채널 성장, 시청자와의 소통, 수익 창출
YouTube TV	주요 방송 및 인기 케이블 네트워크의 라이브 TV를 시청할 수 있는 구독 스트리밍 서비스

▒ 유튜브 수익 창출(채널 수익)

- 모든 YouTube 채널 수익 창출 정책을 준수하여야 함
- YouTube 파트너 프로그램이 제공되는 국가/지역에 거주해야 함
- 채널에 활성 상태의 커뮤니티 가이드 위반 경고가 없어야 함
- 최근 12개월간 공개 동영상의 유효 시청 시간이 4,000시간을 넘음
- 구독자 수 1,000명 초과
- 연결된 애드센스 계정 존재

▒ 유튜브 수익 창출(광고 수익)

- 만 18세 이상이거나, 애드센스를 통해 지급액을 처리할 수 있는 만 18세 이상의 법적 보호자가 있어야 함

- 광고주 친화적인 콘텐츠 가이드라인을 준수하는 콘텐츠 제작

■ **유튜브 핵심 알고리즘 항목** : 조회수, 검색결과, 추천 영상, 인기 영상, 수익 창출

■ **건너뛸 수 있는 인스트림 광고**

- 이전의 트루뷰 인스트림 광고로, 5초 후 시청자가 광고를 건너뛰고 동영상을 계속 볼 수 있는 광고이다.
- 동영상 길이에 제한은 없다.
- 조회당 비용(CPV)을 사용할 경우 시청자가 동영상을 30초 지점까지(동영상 광고가 30초 미만인 경우 광고 전체) 시청할 때 비용을 지불한다.

■ **건너뛸 수 없는 인스트림 광고**

- 시청자가 건너뛸 수 없는 광고이다.
- 다른 동영상 전후 또는 중간에 재생되며, 동영상 길이는 15초 이하이다.
- 1,000회 노출당 비용(CPM)의 과금 방식이다.

■ **컴패니언 배너**

- 컴패니언 배너는 YouTube에서 동영상 광고 옆(우측 상단)에 표시된다.
- 데스크톱에만 표시되며, 건너뛸 수 있는 인스트림 광고, 건너뛸 수 없는 인스트림 광고, 범퍼 광고에 지원한다.
- 파일 형식(JPEG, GIF 또는 PNG), 해상도(300px ×60px), GIF 프레임 속도(초당 5프레임 미만), 최대 크기(150KB)의 요구사항이 있다.

■ **인피드 동영상 광고**

- 영상 미리보기 이미지와 텍스트가 노출되며, 광고 영상의 길이에 제한이 없고, 광고 클릭 시 영상 시청 페이지로 넘어간다.
- 조회당 비용(CPV), 즉 영상 이미지 또는 텍스트 클릭시 과금된다.

■ **인피드 동영상 광고 게재위치**

- YouTube 검색결과
- YouTube 다음 볼만한 동영상
- YouTube 모바일 피드

■ **CPM 마스트헤드**

- 모든 기기에 노출되는 네이티브 동영상 기반 광고 형식으로 브랜드, 제품 또는 서비스를 선보일 수 있다.
- 예약 방식으로만 제공되므로, 광고 소재를 영업 시간 기준 48시간 전에 미리 제출하여야 한다.
- 1,000회 노출당 비용(CPM)의 과금 방식이다.

■ **범퍼애드**

- 6초 이하의 건너뛸 수 없는 광고로, 다른 동영상 전후 또는 중간에 재생된다.
- 짧고 기억하기 쉬운 메시지로 광범위한 고객에게 도달할 때 사용한다.
- 과금 방식 : 1,000회 노출당 비용(CPM)의 과금 방식이다.

■ **아웃스트림**

- 음소거 상태로 재생되며, 시청자가 광고를 탭하면 동영상의 음소거를 해제할 수 있다.
- YouTube에서 사용할 수 없으며, YouTube 이외에서 노출되는 상품이다.

■ **목표별 적절한 유튜브 광고**

- 브랜드 인지도(CPM 과금) : CPM 마스트헤드, 범퍼애드, 트루뷰포리치
- 브랜드 고려도(CPV 과금) : 건너뛸 수 있는 인스트림 광고, 인피드 광고
- 퍼포먼스 증대(CPC 과금) : 비디오 액션 캠페인, 유튜브 디스커버리

part
02

SNS광고 마케팅 - SNS광고 실무

사용자(행동) 타겟팅

지리적 위치 타겟팅	Google Ads 위치 타겟팅을 사용하면 국가, 국내 지역, 특정 위치를 중심으로 하는 반경 지역 또는 위치 그룹 등 선택한 지리적 위치에 광고를 게재할 수 있으며, 이 옵션에는 관심 장소, 업체 위치 또는 계층화된 인구통계가 포함될 수 있다.
언어 타겟팅	언어 타겟팅을 사용하면 광고를 게재하려는 잠재고객의 언어를 선택할 수 있으며, Google Ads는 한 가지 언어, 여러 언어 또는 모든 언어를 타겟팅할 수 있다.
기기 타겟팅	특정 기기 유형, 운영체제, 기기 모델, 광고 인벤토리(게시자가 광고 게재를 허용하는 공간), 이동통신사 및 무선 네트워크를 타겟팅할 수 있다.

콘텐츠 타겟팅

키워드 타겟팅	동영상 광고 형식에 따라 YouTube 동영상, YouTube 채널, 잠재고객이 관심을 보이는 웹사이트의 유형과 관련된 단어 또는 구문(키워드)을 기반으로 동영상 광고를 게재할 수 있다.
주제 타겟팅	YouTube와 Google 디스플레이 네트워크에서 동영상 광고를 특정 주제로 타겟팅한다.
게재위치 타겟팅	채널, 동영상, 앱, 웹사이트 또는 웹사이트 내 게재위치를 타겟팅한다.
제외 타겟팅	브랜드에 적합하지 않거나 광고 목표 달성에 도움이 되지 않을 수 있는 특정 카테고리의 웹사이트, 동영상, 모바일 앱에 광고가 게재되지 않게 할 수 있다.

인벤토리 유형

- 확장된 인벤토리 : Google에서 표준화한 수익 창출 기준을 충족하는 YouTube 및 Google 동영상 파트너의 모든 동영상에 광고를 게재할 수 있다.
- 표준 인벤토리(권장) : 모든 Google Ads 계정에는 기본적으로 이 인벤토리 유형이 선택되며, 인기 있는 뮤직 비디오, 다큐멘터리 및 동영상과 같이 대부분의 브랜드에 적합하고 다양한 콘텐츠에 광고를 게재할 수 있다.
- 제한된 인벤토리 : 부적절한 언어 및 성적인 암시에 대해 광고주 친화적인 콘텐츠 가이드라인에서 정한 수준 이상으로 엄격한 가이드라인을 적용하는 브랜드에 적합하도록 콘텐츠의 범위를 줄여 광고를 게재할 수 있다.

디지털 콘텐츠 라벨

- DL-G : 전체 이용가 콘텐츠('가족용 콘텐츠'도 선택 가능)
- DL-PG : 대부분의 사용자에게 적합한 콘텐츠(보호자의 지도 필요)
- DL-T : 청소년 이상의 사용자에게 적합한 콘텐츠
- DL-MA : 성인용 콘텐츠
- 등급 미지정 : 분류 과정을 완료하지 않아 아직 등급이 지정되지 않은 콘텐츠

사용자 기반 타겟팅(인구통계 타겟팅) : 기본적으로 도달하려는 잠재고객의 나이, 성별, 자녀 유무, 가계 소득을 타겟팅한다.

사용자 기반 타겟팅(잠재고객 세그먼트)

상세한 인구통계	대학생, 주택 소유자 또는 첫 자녀를 출산한 부모와 같은 다양한 공통된 특징을 기반으로 사용자에게 도달한다.
관심분야 세그먼트	관련성 높은 주제에 이미 관심이 많은 사용자를 대상으로 동영상 광고를 게재하여 브랜드 인지도와 구매 고려도를 높인다.
구매의도 세그먼트	광고주가 제공하는 서비스 또는 제품을 검색하고 구매를 적극적으로 고려하는 고객을 찾는다.

생애 주요 이벤트	이사, 대학 졸업, 결혼 등 구매 행위가 달라지고 브랜드 선호도가 변화하는 삶의 중요한 시점에 YouTube 및 Gmail의 잠재고객에게 광고를 게재한다.
내 데이터 세그먼트	YouTube 채널을 Google Ads 계정에 연결한 후 이전에 동영상, 동영상 광고 또는 YouTube 채널을 이용한 기록을 바탕으로 YouTube 및 Google 동영상 파트너에서 더 많은 시청자에게 도달한다. 웹사이트 또는 모바일 앱을 이용한 사용자에게 광고를 게재할 수도 있다.
유사 세그먼트	자사 데이터 목록을 기반으로 하는 타겟팅 기능이다. 유사 세그먼트를 사용하면 데이터 세그먼트 또는 고객 일치 타겟팅 세그먼트와 유사한 특성을 가진 신규 사용자를 타겟팅하여 실적이 가장 우수한 잠재고객에게 도달범위를 확대할 수 있다.
고객 일치 타겟팅	고객 일치 타겟팅을 사용하면 광고주의 자사 온라인 및 오프라인 데이터를 활용하여 YouTube 및 Google 동영상 파트너에서 고객에게 도달하고 고객의 재참여를 유도할 수 있다.
맞춤 관심분야 세그먼트	TV와 같이 광범위한 관심분야 세그먼트보다 브랜드에 더 적합한 잠재고객을 만들 수 있다.

▦ 내 데이터 기반 동영상 세그먼트

- 이전에 페이지를 방문했던 사용자가 포함된 잠재고객 세그먼트를 만드는 것으로, 비디오 리마케팅 방식이다.
- 별도의 태그는 필요 없으나, 영상이 업로드된 유튜브 계정과 유튜브 동영상 광고를 진행할 구글 애즈 계정을 서로 연동되어 있어야 한다.
- 초기 목록의 크기는 과거 30일이 기본이고, 최대 시청자 데이터 보관 가능 기간은 540일이다.

▦ Google Ads 광고 보고서 : 구글 애즈 대시보드를 통하여 캠페인의 예산, 상태, 캠페인 유형, 노출수, 조회수, 조회율, 평균 CPV, 비용, 전환 수, 전환당 비용 등을 확인할 수 있으며, 선택항목에 따라 차트로 확인 할 수 있다.

▦ 유튜브 스튜디오 분석 : 잠재고객의 웹사이트 이용에 대한 자세한 보고서를 제공하는 무료 Google 제품으로, Google 애널리틱스를 사용하면 광고를 클릭하여 사이트를 방문한 잠재고객들이 무엇을 하는지 알 수 있다.

▦ 도달범위 플래너 : YouTube와 동영상 파트너 사이트 및 앱에 광고를 게재하는 도달범위 기반 동영상 캠페인을 정확하게 설정할 수 있게 해주는 Google Ads 캠페인 계획 도구이다.

▦ 브랜드 리프트 서베이(Brand Lift Survey) : 동영상 광고의 효과를 측정하는 무료 도구로, 동영상 캠페인을 조정하고 개선할 수 있다. 전통적인 측정 항목 대신 광고 상기도, 브랜드 인지도, 브랜드 구매고려도, 브랜드 선호도, 브랜드 구매의도 같은 측정항목에 중점을 두어 캠페인을 마케팅 목표에 맞게 조정하는 데 도움이 된다.

제3장 _ 카카오톡

▦ 카카오모먼트

- Kakao의 대표 광고 플랫폼으로, 카카오비즈보드, 디스플레이 광고, 동영상 광고, 메시지 광고 등을 누구나 직접 집행할 수 있다.
- 카카오비즈보드, 디스플레이 광고, 동영상 광고, 채널 메시지, 쇼핑 광고, 스폰서드 광고에 노출된다.

▦ **카카오 비즈보드** : 카카오톡 채팅탭의 메가 트래픽을 활용하여 최적의 광고 효율을 이끌어낼 수 있는 상품으로, 카카오톡 채팅리스트 최상단에 고정된 배너이다.

▦ **카카오 비즈보드 랜딩페이지**

- 애드뷰(풀뷰, 콤팩트뷰)
- 채팅방(챗봇, 비즈니스폼)
- 카카오 커머스 플랫폼

▦ **카카오 비즈보드 소재 유형**

오브젝트형	배경이 제거된 오브젝트 이미지를 사용한다.
섬네일형	박스형 블러형. 멀티 섬네일 이미지 등을 사용한다.
마스킹형	반원형. 원기둥형 이미지와 로고 이미지를 사용한다.
텍스트형	텍스트로만 된 소재로 강조하고 싶은 내용을 표현한다(한줄 또는 두줄).

▦ **비즈보드 익스팬더블(BETA)** : 카카오비즈보드의 프리미엄 확장 형태로 확장 요소를 등록하여 리치한 정보를 제공할 수 있다. 확장 요소에는 행동유도버튼을 제공하고 있어 자연스럽게 최종 랜딩으로 연결하여 마케팅 액션의 완결까지 제공한다.

▦ **디스플레이 광고** : 다양한 크리에이티브를 활용하여, 카카오의 핵심 서비스, 주요 파트너 서비스를 중심으로 한 많은 지면에 광고를 노출하며, 최적의 오디언스를 찾아줄 다양한 타겟 옵션을 통하여 광고의 효율을 높일 수 있다.

▦ **디스플레이 광고 유형**

이미지 네이티브형	콘텐츠 페이지 또는 소셜미디어 피드 사·이에 자연스러운 형태로 구성해 노출할 수 있다.

이미지 카탈로그형	하나의 소재에 최대 10개의 상품 정보를 효과적으로 노출할 수 있다.

▦ **카카오 동영상 광고** : 브랜드 세이프티가 보장되는 카카오의 프리미엄 콘텐츠 영역에 노출되는 동영상 광고이다.

▦ **카카오 동영상 광고 유형과 노출 위치**

구분	노출 위치
인스트림	• 카카오톡 • 카카오톡 채팅방 • 카카오TV 앱/웹 • 다음
아웃스트림	• 카카오톡 • 다음 • 카카오서비스

▦ **스폰서 광고** : 카카오톡 세 번째 탭의 카카오 뷰 발견탭에 노출되는 '보드' 소재의 광고로, 브랜드 또는 채널 콘텐츠를 담은 보드를 노출함으로써 자연스럽게 브랜드 메시지를 전달할 수 있다.

▦ **채널 메시지** : 내 카카오톡 채널의 카카오톡 채팅방으로 전달되는 메시지형 광고이다. 쿠폰 발송, 시즈널 세일 알림 등 관여도 높은 메시지 광고를 통하여 효과적인 마케팅을 할 수 있다.

▦ **쇼핑 광고** : 쇼핑박스에서 유저가 다양한 소재를 카탈로그를 보며 쇼핑하는 듯한 경험을 주는 광고이다.

▦ **과금 방식**

광고	과금방식
카카오 비즈보드	CPC, CPM, CPA
디스플레이 광고	CPC, CPM, CPA
동영상 광고	CPV

스폰서드 광고	CPM
채널 메시지	CPMS
쇼핑 광고	CPT

광고 유형 별 광고 목표

구분	전환	방문	도달	조회
카카오 비즈보드	○	○	○	
디스플레이	○	○		
카카오톡 채널			○	
다음 쇼핑			○	
동영상				○
스폰서드 보드		○		

광고 캠페인 전환 추적 및 예산 설정

- 광고 계정과 연동된 픽셀&SDK를 설정할 수 있다.
- 일 예산은 최소 50,000원부터 10억 원 이하 10원 단위로 설정할 수 있다.

맞춤타겟

- 광고반응타겟 : 카카오모먼트에서 집행한 웹/앱 광고 및 메시지에 반응(클릭, 전환, 재생, 열람)한 사용자를 리타겟팅한다.
- 픽셀&SDK : 카카오 픽셀&SDK로 수집한 웹/앱 방문, 가입, 설치, 구매 등의 행동을 한 사용자를 리타겟팅한다.
- 카카오 사용자 : 내 카카오계정과 연동된 카카오톡 채널 프로필을 활용하여, 채널 친구 또는 카카오 로그인 이용자를 리타겟팅한다.
- 고객파일 : 광고주가 보유한 오디언스 광고 식별자(모바일 앱 식별자-맞춤타겟)를 업로드하여 타겟팅한다.

제4장 _ 네이버 밴드

네이버 밴드

- 월간 1,900만 이상의 순 이용자가 활동 중이다.
- 타 SNS 대비, 40대 이상에서 가장 많은 이용자를 보유하고 있다.

디스플레이 광고

풀스크린 광고	밴드 앱종료 시 노출되는 1일 1광고주 단독 노출 상품으로, 브랜드 인지 효과 및 클릭을 극대화할 수 있는 Android 전용 상품이다.
스마트 채널 광고	밴드앱 홈, 새소식, 채팅 최상단에 노출되는 상품으로, 프리미엄한 위치에서 비즈니스 메시지를 전달할 수 있다.

소셜광고

새소식/밴드 홈 광고	밴드의 새소식, 밴드 홈 영역에 노출되어, 밴드 또는 페이지를 밴드 사용자들에게 알릴 수 있는 광고 상품이다.
알림 광고	운영중인 밴드와 페이지의 멤버, 구독자에게 특정 게시글을 선택하여 '알림'을 보내는 광고상품이다.

네이티브(피드) 광고 : 새글 피드 영역에서 텍스트와 콘텐츠 결합 형태로 노출되는 광고 상품으로, 자연스럽게 노출되는 네이티브 광고이다.

네이티브(피드) 광고 캠페인별 과금 기준

웹사이트 트래픽	CPM, CPC(단일 이미지, 이미지 슬라이드, 단일 동영상 사용 가능)
앱설치	CPM, CPC(단일 이미지, 이미지 슬라이드 사용 가능)
동영상조회	CPV(단일 동영상 사용 가능)

풀스크린 광고 상품

- 광고 상품 유형 : 보장형(광고 집행 보장)
- 과금 기준 : 고정가
- 노출 지면 : 안드로이드에서 밴드 앱 종료시(밴드 단독 집행)
- 유저 타겟팅 : 성별 타겟팅(안드로이드만 노출)
- 광고 집행 방법 : NOSP 플랫폼에서 렙사□대행 사 통해 집행

네이티브(피드) 광고 상품

- 광고 상품 유형 : 성과형(광고주간 실시간 입찰을 통해 광고 노출)
- 과금 기준 : CPM, CPC, CPV
- 노출 지면 : 밴드 새글 피드 탭(밴드 단독 집행)
- 유저 타겟팅 : 시간/요일, 연령/성별, 지역, 디바 이스, 관심사 타겟팅 및 맞춤 타겟 설정 가능
- 광고 집행 방법 : 네이버 성과형 디스플레이 광 고 플랫폼에서 집행. 대행사 위탁 운영 및 직접 운영 가능

스마트채널 광고 상품

- 광고 상품 유형 : 성과형(광고주간 실시간 입찰을 통해 광고 노출)
- 과금 기준 : CPM, CPC
- 노출 지면 : 밴드 홈, 채팅, 새소식 탭 및 네이버 지면 등
- 유저 타겟팅 : 시간/요일, 연령/성별, 지역, 디바 이스, 관심사 타겟팅 및 맞춤 타겟 설정 가능
- 광고 집행 방법 : 네이버 성과형 디스플레이 광 고 플랫폼에서 집행. 대행사 위탁 운영 및 직접 운영 가능

소셜광고(새소식 광고, 밴드 홈 광고) 광고 타입 : 새소 식 광고, 밴드 홈 광고, 스티커 프로모션 중 목적에 맞는 형태를 설정한다.

소셜광고(새소식/밴드 홈 광고) 등록 단계

- 광고 타입
- 제목/설명
- 입찰하기
- 광고 등록

소셜광고(알림 광고) 등록 단계

- 제목/글 선택
- 메시지 작성
- 발송 정보
- 결제

소셜광고(알림 광고) 과금방식

- 충전금 발송 방식 : 발송건당 과금
- 발송권 사용 방식 : 정액 상품 구매

제5장 _ 기타 SNS매체

트위터 광고

- 프로모션 광고 : 이미지 광고, 동영상 광고, 캐러셀 광고(회전목마 광고), 모멘트 광고, 텍스트 광고
- 팔로워 광고
- Twitter Amplify : Amplify Pre-roll, Amplify Sponsorship
- Twitter Takeover : 타임라인 테이크 오버, 트렌드 테이크 오버, 트렌드 테이크 오버+
- Twitter Live : 트위터 라이브, 이벤트 페이지

링크드인 광고

- 스폰서 콘텐츠
- 텍스트 광고
- 스폰서 메시지
- 다이내믹 광고

틱톡 광고

- 탑뷰
- 인피드 광고
- 브랜드 해시태그 챌린지

Social Network Service advertisement Marketer

PART **3**

샘플 및 최신 기출유사문제

Social Network Service advertisement Marketer

A형

SNS광고마케터 1급

샘플문제

1과목 : 1번 ~ 8번
2과목 : 9번 ~ 80번
시험시간 100분

1과목 : 8문제×1.25=10점 / 2과목 : 72문제×1.25점=90점

정답 및 해설 248p

▨ 1과목 SNS의 이해

01 다음 중 소셜미디어와 매스미디어에 대한 설명으로 틀린 것은?

① 매스미디어가 소셜미디어보다 사용자에게 도달 범위가 작다.
② 매스미디어는 일방향적 소통이지만 소셜미디어는 양방향 소통이 가능하다.
③ 소셜미디어는 블로깅과 퍼블리싱 네트워크도 포함한다.
④ 소셜미디어는 기술이 발전할수록 다양한 플랫폼이 생성되고 있다.

02 다음 중 소셜미디어가 매스미디어에 비해 우위를 점하고 있는 요소가 아닌 것은?

① 사회적 관계
② 정보의 공유
③ 인맥형성
④ 대량의 메시지 전달

03 다음 소셜미디어 중 짧은 포맷의 영상 콘텐츠를 업로드하는 플랫폼 중 하나로 중국기업이 만든 것은?

① 인스타그램
② 유튜브
③ 틱톡
④ 페이스북

04 다음 중 Marketing에 포함되지 않는 것은?

① SMM(Social Media Management) 마케팅
② Paid Ads(광고) 마케팅
③ Content Marketing
④ SEO(Search Engine Optimization)

05 다음 중 소셜 네트워크 서비스의 종류로 분류하기 어려운 서비스는?

① 네이버 밴드
② 카카오스토리
③ 소셜 다이닝
④ 링크드인

06 다음 중 소셜 마케팅전략을 통해 비즈니스가 가질 수 있는 이점이 아닌 것은?

① 브랜드 인지도 향상
② 새로운 고객확보의 기회 제공
③ 검색 SEO 최적화
④ 마케팅 비용 절감

07 다음 중 기업에서 소셜미디어 도입과 관련해서 부정적 피드백(댓글)의 폐해가 걱정될 시 생각할 수 있는 '소셜미디어 대응 프로세스'가 아닌 것은?

① 감정(assessment)
② 평가(evaluate)
③ 대응(respond)
④ 보고(report)

08 다음 중 마케팅에서 제품/서비스를 사용할 핵심고객(타겟)을 이해하기 위해 가상의 고객(타겟)을 정의하는 방법을 나타내는 용어로 배우들이 쓰던 가면을 가리키는 단어에서 유래된 것은?

① 페르소나
② 세그먼트
③ 프로모션
④ 포지셔닝

part
03

샘플 및 최신 기출유사문제

▦ 2과목 SNS 광고 마케팅

09 다음 중 메타 비즈니스 광고 캠페인 준비사항에 대한 설명으로 틀린 것은?

① 인스타그램 지면에만 광고 노출을 원하는 경우 페이스북 페이지 없이 비즈니스 관리자를 통해 세팅하면 된다.

② 인스타그램의 공개 콘텐츠 중 "슬라이드형" 게시물을 이용해서 "브랜드 인지도 증대" 목표로 광고를 진행 할 수 있다.

③ 매출을 위해 전환 캠페인을 세팅하기 위해서는 페이스북 전환 이벤트 준비가 필요하다.

④ 앱 설치 캠페인을 위해서는 페이스북 앱 등록 없이 진행할 수 없다.

10 다음에서 설명하는 캠페인 세팅 시 적절한 전략은 무엇인가?

> 고객이 신제품의 브랜드 인지도 증대를 위해 TV CF를 제작하였다. 해당 브랜드의 비즈니스 목표는 조회 수 극대화가 필요하기 때문에 동영상 조회 수 목표 캠페인이 적합하다고 판단하였다. 이 브랜드는 자동 노출 위치를 사용해서 CPV 효율성 확보를 하려고 한다.

① 최근 스토리형 세로형 영상이 인기가 많으니 (9:16) 동영상만 사용한다.

② 페이스북 노출 지면과 인스타그램 지면에 적합한 1:1 비율의 동영상을 제작한다.

③ 자동 노출 위치 및 자산맞춤 설정을 사용하고 노출 위치별로 다양한 화면비를 사용한다.

④ Messenger 스토리는 9:16 비율보다 1:1 비율이 적합하다.

11 다음 중 Meta for Business의 광고가 오프라인에서 발생하는 매출에 대한 영향력을 측정하고 싶다면 페이스북 비즈니스 솔루션에서 어떠한 기능 활용을 고려해야 하는가?

① Meta픽셀

② Meta SDK

③ 브랜드사의 로열티 프로그램

④ Meta 오프라인 전환 API 기능

12 다음 중 Meta for Business의 Shops 광고 솔루션 기능이 아닌 것은?

① 쇼핑맞춤타겟
② 제품이 태그된 브랜디드 콘텐츠
③ 라이브 쇼핑
④ 제품이 태그된 다이내믹 광고

13 1st party data와 핵심타겟을 조합해서 타겟팅하고 있는 온라인 소매업체가 있다. CPA가 상승하고 있어 거래량이 늘지 않고 있는 상황이라면 다음 중 어떤 전략이 적합한가?

① 전환 캠페인 선택/노출위치 확장/ 유사 타겟팅
② 전환 캠페인 선택/노출위치 확장/핵심 타겟팅
③ 트래픽 캠페인 선택/노출위치 확장/관심사 기준 타겟팅
④ 트래픽 캠페인 선택/노출위치 확장/웹사이트 리타겟팅

14 다음 중 광고캠페인 진행 시 Meta 픽셀을 통해 활용할 수 있는 이점이 아닌 것은?

① 캠페인을 측정하기 위한 지표를 파악하고 설정
② 광고를 노출하기에 알맞은 타겟 생성
③ 캠페인을 통해 유입된 사용자의 행동 분석
④ 광고 전환 최적화를 통한 성과 증대

15 다음에서 페이스북 비즈니스 광고의 노출지면 중 Audience Network 지면에 노출이 어려운 캠페인 목표를 모두 고른 것은?

1. 브랜드 인지도
2. 도달
3. 참여
4. 잠재고객확보

① 1, 2
② 1, 3
③ 1, 2, 4
④ 1, 2, 3, 4

16 다음 중 페이스북 비즈니스 광고의 머신러닝을 설명하는 내용 중 가장 적합한 것은?

① 머신러닝으로 입찰 구매와 미디어 플래닝 등을 모두 처리할 수 있다.

② 머신러닝은 알고리즘과 예측 분석을 통해 최적의 입찰가로 적합한 타겟을 찾는다.

③ 머신러닝은 클라이언트 비즈니스의 목표를 캠페인 목표에 맞게 자동으로 설정해 준다.

④ 위 3가지 모두 적합하지 않다.

17 다음 중 머신러닝의 중요한 요소인 캠페인의 유동성이 최적의 상태로 설정되었을 때, 예상되는 이점이 아닌 것은?

① 캠페인 목표를 정하는 단계에서 어떤 목표로 최적화할 지 결정할 수 있다.

② 머신러닝을 통해서 캠페인의 새로운 타겟을 파악하는데 도움을 얻을 수 있다.

③ 머신러닝을 통해 웹사이트에 방문 가능성이 높은 핵심타겟의 데이터를 얻을 수 있다.

④ 타겟 A/B 테스트를 통해 예산 분배 예측치를 파악할 수 있다.

18 다음 중 광고 에이전시에서 지역, 인구통계에 대한 페이스북 사용자의 집계정보를 포함하여 페이스북 페이지를 팔로워한 타겟에 대해 확인 가능한 페이스북의 도구는?

① 캠페인 플래너

② 페이스북 IQ

③ 잠재고객(타겟) 인사이트

④ 광고관리자

19 다음 중 Meta for Business 광고 시스템에서 캠페인 실적을 파악하기 위해 사용할 수 있는 세 가지 "측정 방법" 및 "지표"를 나타내는 용어가 아닌 것은?

① Conversion Rate

② Audience Network

③ A/B Testing

④ Brand Lift Survey

20 다음 중 Meta Business Suite 기능 및 설명 중 틀린 것은?

① Meta Business App Family 광고 운영 및 추적

② 페이스북 페이지, 광고 계정 등의 자산 관리

③ 비즈니스 관리 지원을 위해 대행사나 마케팅 파트너 추가

④ 상거래 관리자를 통한 주문 배송 추적관리는 제공하지 않는다.

21 다음 중 Meta Business Solution에서 다양한 광고 세트를 시나리오별로 구성하였지만 캠페인의 성과를 극대화 하고자 한다면 이에 가장 적합한 예산 전략방안으로 알맞은 것은?

① CBO를 이용해 광고 세트들이 전반적으로 목표에 맞게 예산 분배가 되도록 최적화 한다.

② 캠페인의 각 광고 세트에 동등하게 예산을 분배한다.

③ 성과가 가장 좋을 것 같은 광고 세트에 예산을 가장 높게 할당한다.

④ 광고기간동안 수동으로 광고 세트를 ON/OFF 한다.

22 다음 중 Meta for Business에서 제공하는 노출위치 자산 맞춤화에 대한 설명 중 틀린 것은?

① 페이스북(Meta)과 연결된 Stock 사이트를 통해 이미지를 자동으로 제공한다.

② 고객의 기본 언어 설정에 따라 광고의 언어를 자동으로 번역한다.

③ 노출 위치에 따라 이미지를 자르거나 수정할 수 있다.

④ 노출 위치별로 사용된 이미지 또는 텍스트는 변경할 수 없다.

23 다음 중 크리에이티브의 유연성을 제공하기 위해 페이스북 비즈니스 솔루션의 기능 중 다이나믹 크리에이티브(DCO)와 다이나믹 언어 최적화(DLO)의 설명 중 틀린 것은?

① 다이나믹 크리에이티브 기능을 이용해 타겟에게 크리에이티브 성과를 비교할 수 있다.

② 여러 타겟을 대상으로 어떤 크리에이티브가 가장 효과적인지 테스트 할 수 있다.

③ 글로벌 캠페인 시 고객의 기본 언어에 맞게 문구를 자동으로 번역한다.

④ DLO는 모든 노출위치에 자동번역을 지원한다.

24 약 6개월 전에 전환 픽셀 스크립트 설치를 완료한 온라인 커머스몰이 있다. 이 몰의 매출 상향을 위해 가장 적절한 캠페인 목표와 최적화 기준은 무엇일까?

① 전환 캠페인 목표 및 가치최적화 기준

② 전환 캠페인 목표 및 일일 고유 도달 최적화 기준

③ 트래픽 캠페인 목표 및 랜딩페이지 조회 최적화 기준

④ 트래픽 캠페인 목표 및 링크클릭 최적화 기준

25 Meta for Business Suite는 크리에이터와 퍼블리셔가 콘텐츠를 수익화 할 수 있는 기능을 제공한다. 수익화 할 수 없는 콘텐츠는 무엇인가?

① Meta에서 광고 형태로 제공하는 프리롤 광고가 삽입된 인스트림 광고
② 지역 차단 관리 설정이 되어 있는 페이스북 인스트림 광고
③ 여러 언어로 제공되는 페이스북 인스트림 광고
④ 라이브 방송의 인스트림 광고

26 다음 중 Meta for Business 앱 패밀리의 커뮤니티 규정의 목표와 가치가 아닌 것은?

① 콘텐츠의 진실성 보장을 위한 허위 계정 생성 차단
② 사람의 존엄성과 권리 보장을 위해 괴롭힘과 모욕적인 콘텐츠 차단
③ 개인정보와 사생활 보호를 위한 개인정보 보호기능 제공
④ 표현의 자유를 위해서 개인뉴스는 제한 없이 자유롭게 보장

27 다음 중 인스트림 동영상, 인스턴트 아티클, Audience Network에서 광고주가 차단할 수 있는 콘텐츠 카테고리가 아닌 것은?

① 도박 콘텐츠
② 성인용 콘텐츠
③ 주류 및 정치 콘텐츠
④ 참사 및 분쟁 콘텐츠

28 다음 중 Meta의 앱 패밀리(광고노출지면)에 가장 낮은 비용으로 광고를 최적화하기 위해 자동 게재위치 사용에 대한 장점 설명 중 틀린 것은?

① 동일한 예산으로 더 많은 전환결과를 얻을 수 있다.
② 캠페인의 광고가 페이스북 앱 패밀리 전반에 걸쳐 노출된다.
③ 동일한 예산으로 더 많은 타겟에게 도달할 수 있다.
④ 광고게재위치를 세밀하게 제어할 수 있다.

29 다음 중 메타의 비즈니스 광고와 연관되어 비즈니스 성장을 위해 고객에게 노출할 수 있는 앱 중 설명이 틀린 것은?

① Facebook은 비즈니스 페이지를 통해 광고할 수 있다.

② Instagram은 사진과 동영상을 공유하며 영감을 얻고 새로운 관계를 만들어 나갈 수 있다.

③ Messenger를 통해 더 많은 신규고객 확보가 가능하다.

④ WhatsApp은 고객들과의 소통에서 별로 도움이 되지 못한다.

30 다음 중 클라이언트의 비즈니스 목표를 설정하기 위해 질문해 볼 수 있는 예시가 아닌 것은?

① 캠페인에 대한 수치적/정량적 목표치와 달성 시기

② 신규 캠페인을 위한 광고 크리에이티브 유무

③ 이전 마케팅 활동에 대한 히스토리와 성공여부

④ 새로운 주요 경쟁업체로 인한 시장 변화 유무

31 다음 중 캠페인을 위해 무엇을 노력해야 하는 지를 정확하게 알 수 있도록 잘 정의된 비즈니스 목표는 무엇인가?

① 20-30 여성 타겟으로 TV CF 광고 영상 제작

② 작년 4분기 대비 브랜드 사이트 회원가입 수 증대

③ 내년 1분기까지 금년 4분기 대비 동일한 광고비용으로 ROAS 350% 달성

④ 충성고객 증대를 위해 앱을 개발

32 다음 중 비즈니스 광고 관리자에서 캠페인을 신규로 세팅할 때, 광고 세트 수준에서 선택할 수 없는 것은?

① 광고 전환 추적 옵션

② 광고 노출위치 설정 옵션

③ 광고 타겟팅(핵심타겟, 유사타겟, 맞춤타겟) 옵션

④ 광고 예산 및 일정 옵션

part
03

샘플 및 최신 기출유사문제

33 다음 중 광고 목표에 따라 이용 가능한 광고 게재 최적화 방법 중 틀린 것은?

① 광고상기도 성과 증대 : 최대한 많은 사람들이 광고를 본 것을 기억하도록 게재

② 도달 : 타겟에게 광고를 최대한 여러 번 게재

③ 랜딩 페이지 조회 : 웹사이트 또는 인스턴스 경험(캔버스)을 읽어 들일 가능성이 높은 타겟에게 광고를 게재

④ 앱 이벤트 : 특정 액션을 1회 이상 취할 가능성이 가장 높은 타겟에게 광고 게재

34 다음 중 페이스북 비즈니스 광고의 광고 방식으로 가장 적합한 것은?

① CPC(Cost Per Click)

② CPM(Cost Per Mille)

③ oCPM(optimize Cost Per Mille)

④ CPM 모델은 Awareness 목표에 적용되며 그 외에는 oCPM 비딩방식을 사용한다.

35 다음 중 Meta 비즈니스 광고의 타겟팅 방식에 대한 설명으로 틀린 것은?

① 핵심타겟 : 연령/관심사/지역 등의 기준에 따라 타겟을 정의하고 타겟

② 맞춤타겟 : 온라인이나 오프라인에서 비즈니스에 반응을 보인 타겟

③ 유사타겟 : 소스타겟을 기준으로 유사유저를 타겟으로 생성

④ 특별광고타겟 : 고객데이터를 기반으로 광고 카테고리 상관없이 사용가능한 타겟

36 다음 중 페이스북 비즈니스 설정 탭 메뉴 중 데이터 소스에 포함된 메뉴항목이 아닌 것은?

① 카달로그 ② 도메인
③ 맞춤 전환 ④ 픽셀

37 다음 중 YouTube(이하 유튜브) 최초 건너뛰기(Skip, 스킵)가 가능한 동영상 광고로, 조회 가능성이 높은 시청자에게 광고를 게재하는 방식의 광고 상품은 무엇인가?

① 트루뷰 인스트림(Trueview Instream)

② 범퍼애드(Bumper Ad)

③ 트루뷰 비디오 디스커버리(Trueview Video Discovery)

④ CPM 마스트헤드(Masthead)

38 다음 중 트루뷰 인스트림 광고의 과금 방식은 무엇인가?

① CPC(Cost Per Click)
② CPA(Cost Per Action)
③ CPM(Cost Per Mille)
④ CPV(Cost Per View)

39 다음 중 트루뷰 인스트림 광고 노출 시 '건너뛰기' 버튼이 노출되는 시점으로 알맞은 것은?

① 3초 후
② 5초 후
③ 7초 후
④ 10초 후

40 다음 중 영상 길이 1분(60초)짜리로, 트루뷰 인스트림 광고 집행 시 과금이 되는 시점으로 알맞은 것은?

① 10초 시청
② 20초 시청
③ 30초 시청
④ 60초 시청완료

41 다음 중 트루뷰 인스트림 광고가 노출되는 위치로 알맞은 것은?

① 유튜브 홈피드
② 유튜브 검색결과
③ 유튜브 영상 시청페이지
④ 유튜브 영상 시청페이지 하단

42 다음 중 트루뷰 인스트림 광고의 과금 유형으로 틀린 것은?

① 영상 내 랜딩 URL 클릭 시
② '건너뛰기' 버튼 클릭 시
③ 컴패니언 배너 클릭 시
④ CTA(Call To Action)

43 다음 중 트루뷰 인스트림 광고에서 15초 영상소재를 사용할 경우 과금 시점으로 알맞은 것은?

① 5초 시청 시
② 7초 시청 시
③ 10초 시청 시
④ 15초 시청 완료 시

44 다음 중 트루뷰 동영상 광고 집행 시 허용되는 영상소재 길이로 적합한 것은?

① 15초 미만
② 30초 미만
③ 60초 미만
④ 제한 없음

45 다음 중 트루뷰 동영상 광고의 최소 CPV 입찰 단가로 적합한 것은?

① 50원
② 100원
③ 없음
④ 200원

46 다음 중 구글의 광고 프로그램인 구글애즈(Google Ads)에서 할 수 없는 광고는 무엇인가?

① 유튜브 동영상 광고
② 구글 앱 광고
③ 구글 디스플레이 광고
④ 유튜브 라이브 스트리밍

47 다음 중 트루뷰 광고 집행 시 광고 영상 소재를 등록해야 하는 위치로 알맞은 것은?

① 구글애즈(Google Ads) 광고 탭
② 유튜브 채널
③ 홈페이지
④ SNS 페이지

48 다음 중 트루뷰 비디오 디스커버리 광고의 과금 방식으로 알맞은 것은?

① 썸네일 or 텍스트 클릭 후 영상을 30초 이상 시청 시
② 썸네일 or 텍스트 클릭 후 영상을 5초 이상 시청 시
③ 썸네일 or 텍스트 클릭 시
④ 광고영상 공유, 좋아요, 댓글, 구독 클릭 시

49 다음 중 트루뷰 비디오 디스커버리 광고 클릭 시 연결되는 곳으로 알맞은 것은?

① 광고 영상 시청 페이지
② 기업 홈페이지
③ 기업 SNS 채널
④ 기업 이벤트 페이지

50 다음 중 트루뷰 인스트림 광고 시 사용하는 컴패니언 이미지 배너의 크기로 적합한 것은?

① 300×50   ② 300×60

③ 300×100   ④ 486×80

51 다음 중 조회율에 대해 올바르게 설명한 것은?

① 광고를 건너뛴 시청자 비율

② 광고 노출 대비 클릭 비율

③ 광고 노출 대비 조회 비율

④ 광고 노출 대비 시청 완료 비율

52 다음 중 동영상 광고가 시작된 이후 15초 동안 건너뛰기가 불가한 광고 상품은 무엇인가?

① 건너뛸 수 없는 광고

② 트루뷰 인스트림 광고

③ 트루뷰 비디오 디스커버리 광고

④ 범퍼애드

53 다음 중 유튜브 채널 내 영상 조회수가 카운팅되지 않는 광고는 무엇인가?

① 트루뷰 인스트림 광고

② 건너뛸 수 없는 광고

③ 트루뷰 비디오 디스커버리 광고

④ 정답 없음

54 다음 중 트루뷰 인스트림 광고 집행 시 노출수 100,000회, 조회수 20,000회인 영상의 조회율로 알맞은 것은?

① 20%   ② 2%

③ 0.2%   ④ 10%

55 다음 중 6초 범퍼애드의 과금 방식은 무엇인가?

① CPC   ② CPV

③ CPD   ④ CPM

part
03

샘플 및 최신 기출유사문제

56 다음 중 범퍼애드의 작동 방식 설명으로 틀린 것은?

① 최대 6초의 건너뛸 수 없는 동영상 광고
② 범퍼애드 집행 시 영상 조회수는 증가하지 않음
③ 입찰 방식으로 CPM 또는 CPC 선택 가능
④ 효과적인 인지도 및 도달 확대 등의 목표 달성 가능

57 다음 중 유튜브 동영상 광고가 게재되지 않는 곳은?

① 구글 디스플레이 네트워크 동영상 파트너
② 구글 검색결과
③ 유튜브 영상 시청페이지
④ 유튜브 홈피드(첫화면)

58 다음 중 개별 시청자에게 특정 순서로 광고를 게재하여 내 제품 또는 브랜드 스토리를 전달하는 방식은 무엇인가?

① 아웃스트림
② 광고 시퀀스
③ 디렉터 믹스
④ 광고 균등게재

59 다음 중 유튜브 광고 검수 소요 시간은?

① 대부분의 광고는 영업일 기준 1일(24시간) 이내 검토 완료
② 대부분의 광고는 영업일 기준 1시간 이내 검토 완료
③ 대부분의 광고는 영업일 기준 12시간 이내 검토 완료
④ 대부분의 광고는 영업일 기준 2일(48시간) 이내 검토 완료

60 다음 중 두 개 연속으로 게재되는 동영상 광고가 허용되는 유튜브 내 영상 콘텐츠의 길이는?

① 1분 이상
② 3분 이상
③ 5분 이상
④ 영상 길이와 상관없음

61 다음 중 유튜브 광고가 불가한 동영상 등록 상태는 무엇인가?

① 유튜브 채널 내 '미등록' 상태
② 유튜브 채널 내 '등록' 상태
③ 유튜브 채널 내 '비공개' 상태
④ 해당 사항 없음

62 다음 중 유튜브 광고 시 동일 유저에게 반복적으로 광고가 노출되는 것을 최소화하기 위해 적합한 최적화 방법은 무엇인가?

① 광고게재빈도 설정을 통한 인당 광고 노출 수 제한

② 광고 게재방식을 빠른게재에서 일반게재로 변경

③ 광고 게재방식을 일반게재에서 빠른게재로 변경

④ 광고 타겟팅 2개 이상 설정

63 다음 중 비디오 리마케팅 목록에서 설정할 수 있는 초기 목록 기간은?

① 30일

② 7일

③ 14일

④ 60일

64 다음 중 중복 시청을 최소화하고 순시청자를 최대한 늘리기 위한 방법은?

① 광고 예약기능을 통해 특정 시간대만 광고노출

② 광고게재빈도 설정

③ 광고입찰가 최소화

④ 광고 일반게재 설정

65 다음 중 목표 타겟 도달범위 및 예산별 적합한 광고 포맷과 상품 조합 등이 가능한 구글 애즈 내 플래닝 도구(Tool)는 무엇인가?

① 크로스 미디어 인사이트(Cross Media Insight-XMI)

② 브랜드 리프트 서베이(BLS, Brand Lift Survey)

③ 도달범위 플래너(Reach Planner)

④ 유튜브 서치 업리프트 리포트(YouTube Search UpLift Report)

66 다음 중 유튜브 동영상 광고 게재 순위를 산정하는데 포함되지 않는 요소는 무엇인가?

① CPV 입찰가

② 영상 조회율

③ 영상 클릭률

④ 영상 좋아요, 댓글, 공유 등의 수치

67 다음 중 유튜브 채널 수익 창출 조건에 해당되지 않는 것은?

① 구독자 10,000명 초과

② 최근 12개월 간 유효 시청 시간 4,000시간 이상

③ 연결된 애드센스

④ 채널 커뮤니티 가이드 위반 경고 없음

68 다음 중 카카오광고의 과금 방식이 아닌 것은?

① CPC(Cost Per Click)

② CPA(Cost Per Action)

③ CPM(Cost Per Mille)

④ CPV(Cost Per View)

69 다음 중 카카오광고의 기본 타겟팅 방식이 아닌 것은?

① 키워드 타겟

② 카테고리 타겟

③ 지역 타겟

④ 리타게팅 타겟

70 다음 중 광고가 게재되고 있지 않은 상황은 무엇인가?

① 광고 '승인' 상태

② 광고 '운영중' 상태

③ 광고 '제한적 승인' 상태

④ 광고 '검토중' 상태

71 다음 중 쇼핑업종에서 카카오광고의 타겟팅 예시가 아닌 것은?

① 오프라인 매장 위치에 있는 유저

② 쇼핑 카테고리에 플친 맺은 유저

③ 제품명을 검색한 유저

④ 고객 상담을 받은 유저

72 다음 중 카카오광고에서 동영상광고의 노출 위치가 아닌 것은?

① 카카오톡 채널탭 영역

② 다음 모바일앱 뉴스탭 영역

③ 카카오스토리 피드영역

④ 카카오페이 메인영역

73 다음 중 카카오 비즈보드의 특성이 아닌 것은?

① 카카오톡 채팅리스트의 최상단에 위치한 배너이다.

② 캠페인 목표에 따라서 픽셀 또는 SDK를 설치하여 활용한다.

③ 여러 가지 랜딩페이지를 만들 수 있다.

④ 동영상광고가 가능하다.

74 다음 중 카카오 비즈보드의 노출영역에 대한 설명으로 틀린 것은?

① 카카오톡 채팅 최상단 영역만 노출이 불가능하며 카카오서비스에 동시 노출된다.
② 카카오버스, 카카오지하철, 카카오네비 등에 노출된다.
③ 다음(Daum) 영역에 노출된다.
④ URL, 포스트 랜딩소재에 한해서 외부 네트워크 영역에 노출된다.

75 다음 중 밴드에 대한 설명으로 알맞지 않은 것은?

① 월간 2,000만명의 순 이용자가 이용하는 국내 소셜미디어 1위 매체이다.
② 남성과 여성의 비율이 8:2로 압도적으로 남성의 이용자가 많다.
③ 핵심 구매연령인 30대~50대 이용자가 많다.
④ 페이스북, 인스타그램 이용자 대비 40대와 50대가 가장 많이 사용한다.

76 다음 중 밴드에서 집행 가능한 디스플레이 광고상품명이 아닌 것은?

① 풀스크린 광고
② 인터랙티브 광고
③ 네이티브 피드광고
④ 스마트채널 광고

77 다음 중 네이버 밴드의 광고상품별 과금 방식이 올바르지 않은 것은?

① 풀스크린광고는 광고집행을 보장하는 보장형 광고이며 고정가격이다.
② 네이티브 피드광고와 스마트채널광고는 입찰을 통하여 노출되는 성과형이다.
③ 네이티브 피드광고는 CPM, CPC, CPV 과금을 사용할 수 있다.
④ 스마트채널 광고는 CPC 입찰방식만 있다.

part
03

샘플 및 최신 기출유사문제

78 다음 중 네이버 밴드에서 앱 종료 시 노출되는 1일 1광고주 단독 노출상품으로 브랜드 인지 효과 및 클릭을 극대화 할 수 있는 안드로이드 전용상품은 무엇인가?

① 네이티브 광고
② 스마트채널 광고
③ 동영상 광고
④ 풀스크린 광고

79 다음 중 네이버 밴드광고인 '네이티브 피드 광고'에 대한 설명 중 적절치 않은 것은?

① 리얼타임 비딩광고상품이다.
② 최소 입찰가는 CPM 110원, CPC 11원, CPV 11원이다.
③ GFA를 통해서 진행할 수 있다.
④ 캠페인 목적은 웹사이트 트래픽만 가능하다.

80 다음 중 네이버 밴드광고인 '네이티브 피드 광고'의 타게팅 옵션에 대한 설명으로 틀린 것은?

① 시간 및 요일 타게팅이 가능하다.
② 성별 및 연령 타게팅이 가능하다.
③ 앱 기설치자 노출제외 타게팅이 모든 OS 타게팅에서 가능하다.
④ 맞춤타겟으로 광고주의 브랜드를 알고 있거나 접한 적이 있는 대상 타겟이 가능하다.

B형

SNS광고마케터 1급

샘플문제

1과목 : 1번 ~ 8번
2과목 : 9번 ~ 80번
시험시간 100분

1과목 : 8문제×1.25=10점 / 2과목 : 72문제×1.25=90점

정답 및 해설 255p

▦ 1과목 SNS의 이해

01 다음 중 인스타그램을 활용한 소셜 마케팅 전략에 대한 설명 중 틀린 것은?

① Instagram 스토리 광고에 설문 스티커를 활용해서 반응을 이끌어 낸다.
② Instagram Live로 고객들과 소통하며 충성 고객을 확보해 나간다.
③ 피드와 스토리 릴스 등 이미지와 동영상에 제품 태그를 삽입한다.
④ 고객들에게 프로모션 내용에 대해서 DM을 지속적으로 보내어 참여를 유도한다.

02 다음은 소셜미디어 플랫폼에 대한 설명이다. 설명에 맞는 매체는 무엇인가?

- 2016년 150개 국가 및 지역에서 75개 언어로 시작한 서비스이다.
- 15초에서 3분 길이의 숏폼(short-form)비디오 형식으로 영상을 제작하고 공유할 수 있는 소셜 네트워크 서비스이다.
- 음악과 결합된 챌린지에 많이 활용되는 서비스로 미국 대중음악 시장에도 큰 영향을 미치고 있다.

① 틱톡　　　　　② 스냅쳇
③ 인스타그램 릴스　④ 트위터

03 다음 중 소셜미디어 플랫폼별 강약점에 대한 설명으로 틀린 것은?

① 정보와 콘텐츠의 절대적인 양은 유튜브보다 인스타그램이 더 높다.
② 할인프로모션 정보 전달은 페이스북보다 유튜브가 더 좋다.
③ 동일한 취향과 취미를 가진 사람들과 소통하기에는 네이버 밴드가 적합하다.
④ 크리에이터가 수익창출하기에는 유튜브가 적합하다.

04 다음 중 인스타그램 공식 채널운영 시 권장하는 전략이 아닌 것은?

① 타깃 오디언스가 즐겨 검색하는 단어를 이용한 커뮤니티 해시태그 활용
② 프로모션 내용을 인플루언서가 리그램하여 포스팅
③ 인스타그램 크리에이터와 협업 시 브랜디드 콘텐츠 기능 활용
④ 이미지와 영상을 활용한 트렌디한 콘텐츠로 타깃에게 노출

part
03

샘플 및 최신 기출유사문제

05 기업 소셜미디어 담당자가 브랜드 콘텐츠 마케팅 전략을 구성하고 있다. 다음 중 가장 적합하지 않은 마케팅 전략은 무엇인가?

① 인스타그램의 경우 브랜드 콘셉을 보여주는 계정과 인플루언서 계정을 분리하여 운영
② 긍정적인 리뷰 콘텐츠를 블로거들과 협력하여 제작 및 배포
③ 효율적인 인력 리소스 관리를 위해 최근 유행하는 틱톡 매체만 관리를 집중
④ 긍정적인 여론 형성을 위해 커뮤니티와 협력하여 프로모션을 진행

06 다음 중 초월(beyond), 가상을 의미하는 단어와 세계를 의미하는 합성어로 코로나 이후에 소셜미디어 플랫폼에서 급속도로 진화하고 있는 분야의 알맞은 용어는 무엇인가?

① 증강현실
② 메타버스
③ 가상현실
④ NFT

07 다음이 뜻하는 용어는 무엇인가?

- 동영상과 기록을 뜻하는 영어 단어의 합성어이다.
- 유튜브 등의 동영상 플랫폼에서 유행했던 영상 콘텐츠 형태의 하나이다.
- 영국 BBC 방송 비디오네이션이라는 시리즈물에서 시초가 되었다.

① 숏폼콘텐츠
② 기획콘텐츠
③ 브이로그
④ 라이브스트리밍

08 디지털 놀이문화를 뜻하는 것으로 디지털 유행코드를 뜻하는 단어이며, 한국어로 '짤방'으로 불리는 단어를 무엇이라 하는가?

① 밈(meme)
② MZ 세대
③ UCC
④ 바이럴 비디오

▦ 2과목 SNS 광고 마케팅

09 다음 중 정부 규제가 엄격한 기업이 Meta for Business의 노출 지면 옵션인 Audience Network내에서 특정 퍼블리셔/웹사이트에서 광고를 게재하지 않으려고 한다. 어떤 캠페인 세팅 전략을 활용해야 하는가?

① Facebook과 Instagram만 캠페인을 진행한다.

② '제외해야 할 웹사이트'를 좋아하는 사용자를 제외 타겟팅 한다.

③ 노출위치 중 Audience Network 선택을 해제하고 광고 노출하지 않는다.

④ 특정 퍼블리셔/웹사이트 차단리스트와 함께 자동노출 위치를 사용한다.

10 다음 중 다양한 상품을 보유한 E-Commerce에서 컬렉션 광고를 이용해서 캠페인의 매출을 효과적으로 증대하기에 가장 적합한 크리에이티브 전략으로 알맞은 것은?

① 15초 동영상 및 전 제품의 카달로그 연동

② 15초 커버 동영상 및 판매율이 높은 4개 상품으로 구성된 제품세트

③ 가로 커버 이미지 및 전 제품의 카달로그 연동

④ 가로 커버 이미지 및 판매율이 높은 4개 상품으로 구성된 제품세트

11 최근 쿠키 지원을 중단하는 브라우저가 늘어나면서 웹사이트 전환 추적이 어려워짐에 따라 성과 저하 현상이 나타날 수 있다. 이와 같은 상황에서 캠페인 최적화를 위해 구현해야 하는 기능은 무엇일까?

① 자동고급매칭

② Facebook 성과 기여

③ 전환 API

④ 수동 고급매칭

12 다음 중 카달로그에 정기적으로 변경되지 않는 1,000개의 제품을 업로드해야 한다면, 관리자가 카달로그에 제품을 추가할 수 있는 최적의 방법은?

① 수동 업로드

② 구글 스프레드 시트 대량 수동 업로드

③ 픽셀 사용

④ 전환 API 사용

13 다음 중 Meta '다이나믹 캠페인'을 준비하는 과정에서 Meta 픽셀/SDK의 이벤트 값 중 필수 이벤트 값이 아닌 것은?

① ViewContent ② AddToCart

③ Purchase ④ CheckOut

14 다음 중 Meta '앱 캠페인'을 준비하는 과정에서 App Event를 측정하기 위해 선택할 수 있는 측정 솔루션이 아닌 것은?

① Meta SDK
② Meta 애플리케이션 API
③ MMP 배지가 있는 3rd Party Tool
④ Meta 앱 이벤트 API

15 다음 중 브랜드의 TVCF 영상을 페이스북을 이용한 모바일 브랜드 캠페인에서 효과적으로 활용하기 위해 가장 적합한 방법은 무엇인가?

① 브랜드 TVCF 영상의 스토리 전체를 보여주기 위해 무편집본 사용
② 기존 영상 자산에 자막을 추가
③ 최초 3초 이내에 브랜드 메시지를 노출하여 15~30초 영상으로 재구성하여 사용
④ 기존 영상을 1.91:1 포맷으로 변경하여 사용

16 브랜드에서 S/S 컬렉션 시즌 상품을 소개하려고 한다. 시즌 신상품 이미지 20개와 15초짜리 동영상과 함께 사용해서 구매 고려도를 높이고자 한다. 다음 중 가장 적합한 광고 크레이티브 형식은?

① 슬라이드쇼
② 컬렉션
③ 동영상
④ 단일이미지

17 다음 중 모바일용 크리에이티브 스토리텔링 기법이 아닌 것은?

① 버스트 : 스토리 구조를 전면에 드러내고 즐거움을 선사해서 끝까지 시청하게 만듦
② 셔플 : 트레일러와 같이 콘텐츠를 짜깁기하여 첫 3~6초 이내에 주요 장면을 구성
③ 펄스 : 스토리 구조를 패턴화 하여 다음 순간 어떤 장면이 나올지 기대감 생성
④ 전개 : 어느 정도의 시간 흐름을 통해 스토리를 전개

18 다음에서 설명하는 브랜드가 선택해야 할 입찰방식으로 알맞은 것은?

> 브랜드는 광고에 대한 도달과 광고비용 지출의 예측을 중요하게 생각한다. 예산이 한정되어 있으므로 선택한 기간에 타겟 고객에게 빈도를 기준으로 광고를 집행하고 싶다.

① CPM   ② CPA
③ CPC   ④ CPV

19 다음에서 설명하는 브랜드에는 어떤 목표가 사용되어야 하는가?

> 자사 페이스북에서 신규고객이 제품을 확인하고 메신저를 통해 대화하도록 유도함으로써 잠재고객을 확보하고자 한다. 저렴한 비용으로 잠재고객과의 대화수를 최대화하고자 한다.

① 메시지 전달을 목표로 한 Messenger 연결광고
② 다이내믹 광고를 활용한 카달로그 판매 캠페인
③ 메시지 전달을 목표로 한 컬렉션 광고
④ 매장방문을 목표로 한 컬렉션 광고

20 다음 중 캠페인의 KPI가 400만 동영상 조회를 달성하면, 동영상 조회당 비용을 30원 이하로 유지하고자 할 때 적절한 예산은 얼마인가?(vat별도)

① KRW 20,000,000
② KRW 80,000,000
③ KRW 120,000,000
④ KRW 50,000,000

21 Meta 비즈니스에서 지원하는 광고 형식에 대해 설명이 적합하지 않은 것은?

① 뉴스피드 또는 인스타그램 피드는 정사각형 이미지와 4:5 비율의 동영상이 적합하다.
② 스토리는 인터랙티브 요소나 스티커들을 활용하여 참여를 유도할 수 있다.
③ 인스트림 동영상은 버티컬 영상이 적합하다.
④ Messenger의 홍보 메시지는 모바일 전용이며 1.91:1 또는 16:9 이미지가 효과적이다.

22 다음에서 설명하고 있는 내용에 적합한 구매 유형과 옵션 기능으로 알맞은 것은?

> 클라이언트의 제품 영상을 스토리텔링 형태로 노출하기 위해, 타겟그룹에게 광고 1편을 보여준 후 2편을 보여주고자 한다.

① 구매유형 : 경매 / 기능 : 일정 예약
② 구매유형 : 경매 / 기능 : 순차 게재
③ 구매유형 : 도달 및 빈도 / 기능 : 일정 예약
④ 구매유형 : 도달 및 빈도 / 기능 : 순차 게재

23 다음 중 Meta for Business의 다이내믹 광고에서 제공하는 카탈로그의 업종이 아닌 것은?

① 리테일/전자상거래
② 여행
③ 금융
④ 부동산

24 다음 중 Meta for Business 광고 시스템에서 맞춤타겟을 만들고자 할 때, 타겟 생성 시 사용할 수 있는 소스 옵션이 아닌 것은?

① 고객파일
② 오프라인 활동
③ Meta 픽셀/SDK
④ Meta for Business 관심사

25 Meta는 광고 경매에서 타겟에 대해 선택된 광고순위를 지정하고 캠페인 목표와 가치에 적합한 광고를 찾는다. 다음 중 경매 광고 순위 낙찰에 영향을 미치는 요소가 아닌 것은?

① 광고주 입찰가
② 추산 행동률
③ 광고의 관련성과 품질
④ 입찰조정방식

26 다음 캠페인으로 지속하면 향후 어떤 진행 결과를 예상할 수 있는지 가능성이 높은 것은?

> 브랜드가 보유한 1st Party Data를 대상으로만 캠페인을 진행하고 있다. 현재 캠페인은 성공적으로 매출 성과가 실행되고 있어 만족도가 굉장히 높은 상태이다.

① 캠페인의 성과가 최적화되어 매출이 지속적으로 증대된다.
② 기존 고객에게 광고가 지속적으로 노출되면서 브랜드 충성도가 높아진다.
③ 광고 타겟이 한정적이어서 광고 예산을 늘려도 노출량이 줄어든다.
④ 크리에이티브만 지속적으로 변경해 준다면 광고 피로도가 적어 매출은 증대 될 것이다.

27 새로운 모델 출시로 매출증대를 꾀하는 자전거 제조업체가 있다. '지난 시즌의 모델 구매에 관심을 보인 고객'을 대상으로 판매효과를 테스트해보고자 한다. 이때 가장 필요한 데이터 소스는 무엇인가?

① 웹사이트 방문자
② 오프라인 CRM 데이터
③ 3rd Party SDK
④ 온라인 구매전환 데이터

28 브랜드 캠페인 진행에 있어 도달 및 빈도를 조절하는 광고를 구매할 계획이다. 다음 중 해당 캠페인의 광고 인벤토리에 적용할 게재 비용 방식으로 적합한 것은?

① CPM
② CPA
③ CPV
④ CPC

29 커머스브랜드를 신규로 출시할 계획이다. 신규 고객을 유치하는 것이 브랜드의 목적일 때, 캠페인 타겟팅 전략 추천으로 알맞은 것은 무엇인가?

① 위치 및 인구 통계기반의 폭 넓은 핵심 타겟
② 웹사이트 방문자 리타겟팅, 고객은 제외
③ 위치 및 인구 통계기반을 토대로 구성한 팔로워 유사타겟
④ 고객을 포함한 웹사이트 방문자 유사타겟

30 다음 중 Meta for Business의 광고 캠페인 목표에 적합하지 않은 것은?

① 브랜드 인지도 증대(Brand Awareness)
② 페이스북 페이지 좋아요(Facebook page Like)
③ 트래픽(Traffic)
④ 매장유입(Store visits)

part
03
샘플 및 최신 기출유사문제

31 다음 중 페이스북 광고 형식의 유형 중 카달로그가 필요한 광고 형식은?

① 이미지 광고
② 동영상 광고
③ 슬라이드 광고
④ 컬렉션 광고

32 Meta for Business의 이미지 광고 모범사례를 설명하고 있는 내용에서 광고에 적합한 크리에이티브 접근 방식 중 틀린 것은?

① 페이스북의 다양한 노출위치에 권장되는 화면 비율을 사용한다.
② 제품이나 서비스, 브랜드를 이미지 내에 노출하여 메시지를 효율적으로 전달한다.
③ 이미지 자체에 배너와 같이 많은 정보를 담은 텍스트로 정보를 전달한다.
④ 최소 픽셀 크기의 요구사항을 확인해서 광고가 흐려지지 않도록 한다.

33 다음 중 Meta에서 성과측정을 위해 제공하는 데이터 소스 및 기능이 아닌 것은?

① Meta 픽셀
② 전환 API
③ Meta SDK
④ Web Site Search Console

34 다음에서 목표달성에 대한 평가를 하는데 가장 좋은 KPI는 무엇인가?

> 브랜드의 올해 가장 중요한 목표는 매출을 올리는 것이다.

① 총 전환 수
② 총 광고 클릭 수
③ 브랜드 인지도 상승도
④ 총 광고 노출 수

35 메타의 비즈니스 솔루션은 각 플랫폼과 기기 전반에 걸쳐 성과측정 및 인사이트를 파악할 수 있다. 다음 중 그것을 가능하게 하는 것은?

① 전환 스크립트 픽셀
② Facebook UID
③ 인터넷 Cookie
④ 3rd Party SDK

36 다음 중 메타 비지니스에서 다양한 디지털 인사이트와 마케팅 리서치 자료를 제공하는 도구는 무엇인가?

① 비즈니스 관리자
② 이벤트 관리자
③ Facebook IQ
④ Meta Developers

37 다음 중 구글애즈 동영상 캠페인에서 사용할 수 없는 광고 로테이션 옵션은 무엇인가?

① 클릭 최적화

② 조회 최적화

③ 전환 최적화

④ 해당 사항 없음

38 다음 중 비디오 리마케팅에 대한 설명으로 옳은 것은?

① 비디오 리마케팅을 위해서는 태그를 심어야 한다.

② 영상이 업로드된 유튜브 계정과 유튜브 동영상 광고를 진행할 구글애즈 계정을 서로 연동해야 한다.

③ 시청자 목록 최대 365일까지 보관할 수 있다.

④ 비디오 리마케팅 적용 시 입찰가가 할증된다.

39 다음 중 비디오 리마케팅 목록으로 만들 수 없는 것은?

① 채널의 동영상 조회

② 채널 페이지 방문

③ 광고를 건너뛴 시청자

④ 채널 내 특정 영상에 댓글을 남긴 시청자

40 다음 중 비디오 리마케팅과 관련하여 잘못 설명한 것은?

① 1개 유튜브 채널에 여러 개의 구글애즈 계정을 연동할 수 있다.

② 비디오 리마케팅으로 생성한 목록은 GDN 광고로도 사용 가능하다.

③ 비디오 리마케팅을 위해서는 별도의 태그를 설치해야 한다.

④ 비디오 리마케팅은 광고 입찰가에 영향을 주지 않는다.

41 다음 중 브랜드가 보유한 이미지와 텍스트만으로 15초 유튜브 동영상 제작이 가능한 도구(Tool)는 무엇인가?

① 비디오 빌더(Video Builder)

② 비디오 애드 시퀀싱(Video Ads Sequencing)

③ 디렉터 믹스(Director Mix)

④ 범퍼애드(Bumper Ad)

42 다음 중 구글의 맞춤형 메시지 동영상 자동화 솔루션으로, 타겟 그룹별 맞춤 크리에이티브를 전달하는 방식의 도구(Tool)는 무엇인가?

① 비디오 빌더(Video Builder)
② 비디오 애드 시퀀싱(Video Ads Sequencing)
③ 디렉터 믹스(Director Mix)
④ 범퍼애드(Bumper Ad)

43 다음 중 비디오 액션 광고에서 지원하지 않는 추가 기능은 무엇인가?

① 사이트링크 확장
② 프로덕트 피드 확장
③ 앱 딥링킹 기능
④ 지도 기능

44 다음 중 어린이 시청자만을 위한 맞춤 앱으로 가장 안전한 환경에서 광고 노출이 가능한 게재위치는?

① 유튜브 키즈　　② 유튜브
③ 유튜브 뮤직　　④ 유튜브 프리미엄

45 다음 중 TV 방송사와 웹 오리지널 콘텐츠 채널을 선별해 판매하는 유튜브 예약형 광고 상품은 무엇인가?

① 마스트헤드
② 프라임팩(Prime Pack)
③ SMR
④ 유튜브 프리미엄

46 다음 중 유튜브 홈페이지 최상단에 노출되면 원하는 노출량만큼 구매해 노출시키는 광고 상품은?

① CPM 마스트헤드
② 프라임팩
③ 트루뷰 비디오 디스커버리
④ 범퍼애드

47 다음 중 광고 구매(입찰) 방식이 다른 한 가지 상품은 무엇인가?

① 트루뷰 디스커버리
② 트루뷰 비디오 디스커버리
③ CPM 마스트헤드
④ 범퍼애드

48 다음 중 유튜브 광고 성과를 측정할 수 있는 솔루션으로, 광고 상기도와 브랜드 인지도 등을 측정할 수 있는 도구(Tool)는 무엇인가?

① 크로스 미디어 인사이트(Cross Media Insight—XMI)
② 브랜드 리프트 서베이(BLS, Brand Lift Survey)
③ 도달범위 플래너(Reach Planner)
④ 유튜브 서치 업리프트 리포트(YouTube Search UpLift Report)

49 다음 중 트루뷰 동영상 광고에서 사용할 수 없는 타겟팅은 무엇인가?

① 위치&시간대&기기
② 생애주기
③ 맞춤 구매의도
④ IOS 기기 특정 앱 사용자

50 다음 중 인구통계 타겟팅에 해당되지 않는 것은 무엇인가?

① 성별, 연령
② 자녀유무
③ 소득수준
④ 거주지

51 다음 중 콘텐츠 기반의 타겟팅이 아닌 것은 무엇인가?

① 게재위치
② 리마케팅
③ 주제
④ 키워드

52 다음 중 BTS 유튜브 채널에 광고를 게재하기 위해 사용할 수 있는 타겟팅은 무엇인가?

① 주제
② 게재위치(채널)
③ 관심사
④ 리마케팅

53 다음은 유튜브 내 뉴스 관련 채널 영상에 광고를 게재하기 위해 적합한 타겟팅은 무엇인가?

① 주제
② 키워드
③ 구매의도
④ 고객 일치

54 다음 중 특정 분야에 구매의도가 매우 높은 유저에게 광고를 노출할 수 있는 타겟팅은 무엇인가?

① 리마케팅
② 인구통계
③ 주제
④ 구매의도

55 다음 중 20대 여성 쇼핑몰을 운영하는 광고 주가 있다. 주요 고객인 20대 여성에게만 광고를 노출시킬 수 있는 타겟팅 방식은 무엇인가?

① 시그널 이벤트
② 인구통계
③ 생애주기
④ 유사 잠재고객

56 다음 중 키워드 타겟팅에 대한 설명으로 올바른 것은?

① 적용한 문맥을 기반으로 유튜브 내 영상 제목, 설명문구, 태그 등에 매칭이 되어 광고 노출
② 광고그룹당 20개 이상 문맥 사용 불가
③ 경쟁사 키워드 사용 불가
④ 일정 수량 이상 키워드 사용 시 과금비용 할증

57 다음 중 '브랜드 인지도 개선'을 목표로 트루뷰 캠페인 진행 시 가장 중요하게 평가해야 할 실적은 무엇인가?

① 클릭률(CTR) 및 클릭당비용(CPC)
② 조회율, 조회당비용(CPV), 후속조회수
③ 조회율 및 클릭당비용(CPC)
④ 노출수, CPM, 영상 시청시간

58 다음 중 유튜브 애널리틱스를 통해 확인할 수 없는 지표는 무엇인가?

① 영상 재생 위치
② 영상 시청자 연령 및 성별
③ 영상을 시청하지 않고 건너뛴 시청자 비율
④ 영상 시청 시간

59 다음 중 특정 키워드가 포함된 영상, 특정 연령 및 성별 등을 제외하는 타겟팅 방식은 무엇인가?

① 관심사 타겟팅
② 인구통계 타겟팅
③ 리마케팅
④ 제외 타겟팅

60 다음 중 동영상 광고 품질평가점수에 영향을 주지 않는 것은 무엇인가?

① 영상 조회율
② 영상 재생 진행률
③ 영상 클릭률
④ 동영상 광고비 수준

61 다음 중 유튜브 광고 소재 목적으로 제작해, 자신의 유튜브 채널에는 노출을 원치 않을 때 할 수 있는 채널 내 영상 업로드옵션의 설정 방법은?

① 공개
② 비공개
③ 미등록
④ 예약

62 다음 중 유튜브 광고 형식이 아닌 것은 무엇인가?

① 반응형 디스플레이 광고
② 건너뛸 수 없는 인스트림 광고
③ 인피드 동영상 광고
④ 하루 24시간 마스트헤드 광고

63 다음 중 맞춤 관심분야 잠재고객을 구축하는 데 사용되는 요소는 무엇인가?

① 언어, 위치, 성별, 연령
② 성별, 연령, 키워드, 웹사이트 URL
③ 관심사, 키워드, 주제, 게재위치
④ 키워드, 게재위치, 웹사이트 URL, 앱 다운로드

64 다음 중 구글애즈 광고 캠페인에서 특정 기기 타겟팅에 대한 설명으로 잘못된 것은?

① 특정 통신사 타겟팅
② 특정 휴대전화 기기 타겟팅
③ 컴퓨터, 휴대전화, 태블릿 타겟팅
④ 특정 TV 브랜드 타겟팅

65 크리에이터 제임스는 유튜브를 통해 자신이 자유롭게 창작하고 새로운 기회를 찾으면서 돈을 벌고 있습니다. 다음 중 유튜브의 수익 창출 프로그램을 바르게 설명한 것은?

① 크리에이터는 특정 구독자 수를 초과하면 수익금을 받는다.

② 크리에이터는 유튜브 콘텐츠를 업로드할 때마다 수익금을 받는다.

③ 크리에이터는 브랜디드 콘텐츠 제작, PPL을 하면 수익금을 받는다.

④ 크리에이터는 콘텐츠에 게재되는 광고를 통해 수익금을 받는다.

66 다음 중 영상 시청 위치를 확인할 수 있는 YouTube Analytics 내 정보는 무엇인가?

① 트래픽 소스

② 시청자 연령

③ 기기 유형

④ 재생목록

67 다음 중 유튜브 콘텐츠(영상, 설명문구 등) 내에 사용이 가능한 외부 링크는?

① 멀웨어를 설치하는 웹사이트나 앱으로 연결되는 링크

② 음란물로 연결되는 링크

③ 기업의 상업적인 내용이 들어간 홈페이지, SNS 페이지, 이벤트 페이지

④ 사용자의 로그인 사용자 인증 정보, 금융 정보 등을 피싱하는 웹사이트 또는 앱으로 연결되는 링크

68 다음 중 유튜브 커뮤니티 가이드에 위반되지 않는 것은?

① 과도하게 자주 게시되거나 반복되거나 뚜렷한 대상이 없고 다음 내용을 하나 이상 포함한 콘텐츠

② 제목, 썸네일, 설명란을 이용하여 사용자가 콘텐츠의 내용을 다른 내용으로 오해하도록 하는 콘텐츠

③ 내용이 같거나 뚜렷한 대상이 없거나 반복적인 댓글을 대량 게재하는 행위

④ 좋아하는 가수의 뮤직비디오 영상을 자신의 유튜브 채널 내 '재생목록'으로 만드는 행위

69 다음 중 카카오 비즈보드에서 랜딩페이지로 적합하지 않은 것은?

① URL
② 카카오페이 구매
③ 챗봇
④ 카카오 채널

70 다음 중 카카오광고의 소재유형이 아닌 것은?

① 동영상
② 일반 이미지
③ 플친 메시지
④ 텍스트

71 다음 중 카카오 비즈보드의 캠페인 목적이 아닌 것은?

① 전환
② 방문
③ 컨텐츠 공유
④ 도달

72 다음 중 카카오 비즈보드 그룹내에서 맞춤 타겟으로 설정할 수 있는 것이 아닌 것은?

① 픽셀&SDK
② 카카오사용자
③ 고객파일
④ 페이스북 친구 리스트

73 다음 중 카카오 비즈보드의 캠페인 내에서 최소 일 예산은 얼마인가?

① 자유롭게 설정 가능
② 10,000원
③ 50,000원
④ 100,000원

74 다음 중 카카오톡 채널 광고의 목표로 적합한 것은?

① 전환
② 방문
③ 도달
④ 조회

75 다음 중 네이버 광고상품의 타게팅과 광고 집행방법에 대하여 올바르지 않은 것은?

① 풀스크린 광고는 성별, 시간, 디바이스 등 다양한 타게팅 방법이 가능하다.

② 네이티브 광고와 스마트채널 광고는 앱, 관심사 타게팅 외 맞춤 타겟설정이 가능하다.

③ 풀스크린 광고는 렙사와 대행사를 통해서 집행이 가능하다.

④ 네이티브 광고와 스마트채널 광고는 대행사 외에 직접 운영이 가능하다.

76 다음 중 네이버 밴드광고인 '스마트 채널광고'에 대한 설명으로 틀린 것은?

① 밴드앱 홈, 새소식, 채팅 최상단에 노출된다.

② 최소입찰가는 CPM 2,000원, CPC 11원이다.

③ 타게팅 옵션은 네이티브 피드광고와 동일하다.

④ 밴드영역 상단 고정노출로 주목도를 높일 수 있다.

77 다음 중 네이버 밴드광고인 '네이티브 피드광고'의 세팅에 대한 설명 중 틀린 것은?

① 맞춤 타겟 설정은 고객파일, MAT타겟, 유사타겟을 설정할 수 있다.

② 맞춤타겟은 고객수에 대하여 제한이 없다.

③ 지역타겟을 설정 할 수 있으며, 광역시는 구 단위, 일반 도는 군 단위까지 가능하다.

④ 안드로이드와 IOS를 나눠서 타게팅이 가능하다.

78 다음 중 네이버 밴드광고인 '네이티브 피드광고'의 타겟 세팅에 대한 설명 중 틀린 것은?

① 상세타겟 설정은 관심사 타겟, 구매의도 타겟, 검색타겟이 있다.

② 게재위치 타겟은 네이버는 기본 노출설정이 되며, 패밀리 매체에 대한 추가 노출을 설정한다.

③ 소재 선택은 최적화, 성과가중, 균등 방식이 있다.

④ 1일 노출빈도를 설정할 수 있다.

79 다음에서 설명하는 매체 광고는 무엇인가?

- 타임라인 테이크 오버 : 24시간동안 홈 타임라인의 첫 광고지면을 독점하는 동영상 광고
- 트렌드 테이크 오버 : 24시간동안 실시간 트렌드 리스트의 상단을 독점하는 해시태그 광고
- 트렌드 테이크 오버+ : '트렌드 테이크 오버'의 업그레이드 형태로 트렌드탭 상단에 이미지/동영상/GIF와 함께 노출시켜 주목도가 높은 광고

① 트위터
② 틱톡
③ 링크드인
④ 카카오스토리

80 다음에서 설명하는 특성에 대한 명칭은?

- 채팅으로 소비자와 소통하면서 상품을 소개하는 스트리밍 방송이다.
- 가장 큰 특징은 '상호 소통'이다. 생방송이 진행되는 동안 이용자들은 채팅을 통해 진행자, 혹은 다른 구매자와 실시간 소통할 수 있다.

① 소셜 커머스
② TV홈쇼핑
③ 라이브 커머스
④ 인터넷 커머스

part
03

샘플 및 최신 기출유사문제

SNS광고마케터 1급

2025년

기출유사문제

1과목 : 1번 ~ 8번
2과목 : 9번 ~ 80번
시험시간 100분

1과목 : 8문제×1.25=10점 / 2과목 : 72문제×1.25점=90점

정답 및 해설 262p

▒ 1과목 SNS의 이해

01 다음 중 소셜미디어와 전통적 매스미디어를 비교한 설명으로 틀린 것은?

① 매스미디어의 소통은 일방향이지만 소셜미디어의 소통은 양방향이다.

② 소셜미디어는 매스미디어에 비해서 대량의 정보 전달이 용이하다.

③ 소셜미디어는 매스미디어에 비해 정보 격차 문제를 발생시킨다.

④ 소셜미디어를 활용한 커뮤니케이션의 도달 범위는 매스미디어보다 크다.

02 다음 중 플랫폼별 특징으로 옳지 않은 것은?

① 페이스북은 하버드대학교 학생들을 대상으로 시작한 소셜 미디어이다.

② 링크드인은 구인 및 구직, 동종업계 정보의 공유에 특화된 플랫폼이다.

③ 틱톡은 보낸 메시지가 확인 후 24시간 안에 사라지는 독특한 서비스로 인기를 끌었다.

④ 인스타그램은 사진과 동영상을 공유하며 영감을 얻고 새로운 관계를 만들 수 있다.

03 다음 〈보기〉의 설명을 실현하기 위한 마케팅 전략으로 가장 적합하지 않은 것은?

〈보기〉
> 기업의 소셜미디어 담당자가 MZ세대를 겨냥한 콘텐츠 전략을 기획하고 있다.

① 광고주의 콘텐츠를 통합적으로 관리해 주는 프로그램을 유료로 사용한다.

② 타겟 오디언스가 즐겨 검색하는 단어를 이용한 커뮤니티 해시태그를 활용한다.

③ 긍정적인 제품 리뷰 콘텐츠를 블로거들과 협력하여 제작 및 배포한다.

④ 인스타그램의 브랜드 콘셉트를 보여주는 계정과 인플루언서 계정을 분리하여 운영한다.

04 다음 중 현실의 정치, 경제, 사회, 문화 영역에서의 상호작용을 가상공간에 구현한 콘텐츠와 플랫폼을 포괄적으로 지칭하는 용어는?

① 링크드인

② 메타버스

③ 인스타그램

④ 세컨드라이프

05 다음 중 소셜미디어를 활용한 콘텐츠 마케팅에 대한 설명으로 틀린 것은?

① 웹2.0 시대는 콘텐츠의 생산과 배포가 쉬워져 많은 기업들이 적극 활용하고 있다.

② 콘텐츠의 유기적 도달을 높이기 위해 인스타그램에 계정을 만든다.

③ 브랜디드 콘텐츠를 활용, 제품의 판매 촉진에만 집중하는 마케팅 전략이다.

④ 유튜버와 협업을 통해 제품에 대한 솔직한 리뷰를 제작한다.

06 전체를 동영상으로 촬영한 뒤 특정 부분을 편집하는 방식으로 생생한 정보 전달이나 일상을 기록하는 콘텐츠 유형은?

① 브이로그

② 기획 콘텐츠

③ 숏폼 콘텐츠

④ 라이브 스트리밍

07 다음 중 소셜미디어 마케팅에 대한 설명으로 틀린 것은?

① 소셜미디어 마케팅은 타깃 고객의 반응을 직접적으로 확인하고 대응하는 것이 가능하다.

② 소셜미디어 최적화는 오가닉 트래픽 최적화를 위한 다양한 마케팅 기법을 의미한다.

③ 소셜미디어 최적화는 브랜드의 존재감과 커뮤니케이션 효과의 극대화에 초점을 맞춘다.

④ 도달률과 빈도수를 측정하기 어렵다는 점이 소셜미디어를 활용한 유료 광고의 단점이다.

08 1회 구매 시 평균적으로 결제하는 금액인 '객단가'와 같은 의미로 사용되는 소셜미디어 관련 마케팅 용어는?

① 판매가치

② 고객가치

③ 전환가치

④ 생애가치

▨ 2과목 SNS 광고 마케팅

09 다음 중 Meta for Business의 슬라이드 광고에 대한 설명으로 옳지 않은 것은?

① 동영상 길이는 최대 60초까지 가능하다.
② 이미지 형식은 JPG 또는 PNG를 사용할 수 있다.
③ 10개의 이미지나 동영상을 담은 슬라이드를 제작하더라도 링크는 항상 동일해야 한다.
④ 가장 성과가 좋은 슬라이드를 맨 뒤에 표시하면 소비자의 클릭을 최대한 유도할 수 있다.

10 다음 중 Meta Business Suite에서 사용하는 광고 경매 낙찰 순위에 영향을 미치지 않는 요인은?

① 입찰가   ② 광고 품질
③ 광고 형식   ④ 추산 행동률

11 다음 중 Meta for Business 광고 시스템을 활용해서 맞춤 타기팅을 생성할 때 광고주가 제공하는 소스로 옳은 것은?

① 광고주의 고객 리스트에 포함된 이메일 주소
② 광고주의 페이스북 이벤트에 반응하거나 참여한 사람들
③ 인스타그램 또는 페이스북에서 광고주의 동영상을 시청한 사람들
④ 인스타그램 또는 페이스북 쇼핑을 통해 광고주의 제품을 구매한 사람들

12 Meta for Business의 유사 타기팅(Lookalike Audience)에 관한 다음 설명 중 가장 적절하지 않은 것은?

① 맞춤 타깃(Custom Audience)과 유사한 특성을 가진 소비자에게 광고를 노출할 수 있다.
② 유사 타깃을 설정하여, 광고 노출 지표인 빈도의 최대화에 초점을 맞춘 전략을 구사해야 한다.
③ 유사 타깃의 규모를 1~10의 척도로 설정 가능하며, 1에 가까울수록 맞춤 타깃(Custom Audience)과 유사하다.
④ 유사 타깃을 추가하면 Meta 광고 시스템이 맞춤 타깃(Custom Audience)에 유사한 특성을 가진 사람들에게 광고를 노출한다.

13 다음 중 Meta for Business의 동영상 업로드 기준에 관한 설명으로 틀린 것은?

① 15초 이하로 짧게 제작한 동영상이 시청 가능성이 높다.

② 메타 동영상의 6개 목표 모두 360도 동영상이 가능하다.

③ 소리가 없더라도 직관적으로 이해될 수 있는 동영상으로 만드는 것이 좋다.

④ 세로형 동영상을 적절하게 활용해 모바일 지면을 최대한 활용하는 것이 좋다.

14 다음 중 메타 픽셀(Meta Pixel)에 대한 설명으로 옳지 않은 것은?

① 소비자들이 앱에서 하는 행동을 파악하고 측정할 수 있는 분석 도구이다.

② 광고 캠페인을 통해 유입된 사용자의 행동 분석이 가능하다.

③ 성과 분석을 통해 광고 전환 최적화 전략 수립이 가능하다.

④ 광고주의 웹사이트에 설치하여 광고성과를 측정하고 최적화하기 위한 코드 조각이다.

15 다음의 캠페인 성공 여부 평가에 사용해야 하는 성과 목표로 적합한 것은?

> 신제품 출시를 기획하는 K전자가 새롭게 진행하는 캠페인의 목표는 15초짜리 CF를 소비자들이 최대한 많이 보도록 하는 것이다.

① 도달

② 동영상 재생 횟수

③ 트루플레이(Thruplay)

④ 동영상 평균 시청 시간

16 Meta for Business에서 다음을 실현하기 위한 가장 적절한 광고 형식은?

> 패션 브랜드에서 봄/여름 시즌 상품을 소개하려고 한다. 시즌 신상품 이미지 20개와 15초짜리 동영상을 소비자에게 동시에 노출하여 구매 고려도를 높이고자 한다.

① 컬렉션

② 동영상

③ 슬라이드쇼

④ 단일이미지

17 다음 중 인스타그램 스토리 광고 동영상 소재의 특징으로 옳지 않은 것은?

① 용량은 4GB까지 가능하다.
② 길이는 최대 60분까지 가능하다.
③ 가장 적합한 화면 비율은 16:25이다.
④ 동영상 형식은 mp4, mov파일을 권장한다.

18 다음을 실현하기 위한 캠페인 세팅 전략으로 가장 적절한 것은?

> Meta for Business에서 캠페인을 운영 중인 광고주가 노출 지면 옵션이 Audience Network를 활용하지만 특정 퍼블리셔/웹사이트에서 광고가 노출되는 것은 원치 않는다.

① Facebook과 Instagram만 캠페인을 진행한다.
② '제외해야 할 웹사이트'를 좋아하는 사용자를 제외 타기팅한다.
③ 노출위치 중 Audience Network 선택을 해제하고 광고 노출을 하지 않는다.
④ 특정 퍼블리셔/웹사이트 차단리스트와 함께 자동 노출 위치를 사용한다.

19 다음에서 설명하는 것으로 적절한 것은?

> 애플 ATT(App Tracking Transparency) 정책과 크롬 브라우저 쿠키 지원 중단 정책 이후 메타에서 주력으로 사용하는 전환 추적 방식이다.

① 전환 API
② 고급 매칭
③ A/B 테스트
④ Facebook 성과 기여

20 다음 중 Meta for Business 광고 캠페인에 대한 설명으로 틀린 것은?

① 페이스북 앱 등록 없이도 앱 설치 캠페인을 실행할 수 있다.
② 인스타그램의 공개 콘텐츠 중 '슬라이드형' 게시물을 이용해서 '브랜드 인지도 증대 목표'로 광고를 진행할 수 있다.
③ 매출을 위해 전환 캠페인을 세팅하기 위해서는 페이스북 전환 이벤트 준비가 필요하다.
④ 인스타그램 지면에만 광고 노출을 원하는 광고주도 반드시 페이스북 페이지를 만들어야 한다.

21 다음 설명에 부합하는 기업의 광고 목표에 적합한 Meta for Business 입찰 방식은?

> • 광고에 대한 도달과 광고비용 지출의 예측을 중요하게 생각하는 경우
> • 한정된 예산으로 선택한 기간에 타깃 고객에게 도달률과 빈도를 기준으로 광고를 집행해야 하는 경우

① CPC
② CPS
③ CPV
④ oCPM

22 다음 중 메타 비즈니스 스위트의 광고 관리자의 특징에 대한 설명으로 옳지 않은 것은?

① 계정 전환 없이 통합적으로 광고를 관리할 수 있다.
② 개인 계정을 타인과 공유하여 사용할 수 있으므로 사용이 편리하다.
③ 페이스북, 인스타그램, 페이스북 메신저, 왓츠앱 등의 다양한 플랫폼의 광고 관리가 가능하다.
④ 받은 메시지함 관리 기능을 활용하거나 자주 묻는 질문에 자동화된 답변을 생성하여 응답 시간을 절약할 수 있다.

23 다음 중 Audience Network에서 브랜드 가치 보호를 위해 제한할 수 있는 인벤토리 제공 필터 항목이 아닌 것은?

① 불쾌한 활동
② 참사 또는 분쟁
③ 의료산업 및 금융
④ 논란의 여지가 있는 사회문제

24 메타에서 브랜드 캠페인을 진행하는 데 있어서 구매 유형을 예약으로 진행할 예정일 때, 해당 캠페인에 적용되는 광고 구매 방법은?

① CPA
② CPC
③ CPM
④ CPV

25 다음 중 인스타그램 광고에 대한 설명으로 틀린 것은?

① 릴스 광고의 권장 비율은 4:9이다.

② 동영상 광고의 최대 크기는 4GB이다.

③ 이미지 광고의 최대 크기는 30MB이다.

④ 피드의 권장 이미지 해상도는 1080 × 1080 픽셀이다.

26 다음 중 페이스북 동영상 광고 제작에 대한 설명으로 틀린 것은?

① 일부 광고 목표에 한해 360도 동영상을 활용할 수 있다.

② 가로형 동영상을 만들어서 모바일 지면을 최대한 활용해야 한다.

③ 소리가 없더라도 소비자가 이해할 수 있는 동영상을 제작해야 한다.

④ 기승전결의 구조를 활용하여 제품 또는 브랜드의 핵심 메시지를 동영상 전반에 노출시켜야 한다.

27 다음 중 Meta에서 광고 성과를 극대화하고자 할 때 가장 적합한 예산 전략 방안은?

① 캠페인의 각 광고 세트에 동일하게 예산을 분배한다.

② 광고 기간 동안 수동으로 광고 세트를 ON/OFF한다.

③ 성과가 가장 좋을 것 같은 광고 세트에 예산을 가장 높게 할당한다.

④ 어드밴티지 캠페인 예산을 이용해 광고 세트들이 캠페인 목표에 맞게 예산 분배가 되도록 최적화한다.

28 다음 중 Meta의 비즈니스 광고와 연관되어 비즈니스 성장을 위해 고객에게 노출할 수 있는 앱 중 그 설명이 잘못된 것은?

① Facebook은 비즈니스 페이지를 통해 광고할 수 있다.

② Messenger를 통해 더 많은 충성고객의 관리가 가능하다.

③ WhatsApp은 고객들과의 소통에서 별로 도움이 되지 못한다.

④ Instagram은 사진과 동영상을 공유하며 영감을 얻고 새로운 관계를 만들어 나갈 수 있다.

29 다음 중 캠페인 목표를 판매로 선택하고, 전환 위치를 웹사이트로 선택했을 때 설정이 가능한 표준 이벤트에 해당하지 않는 것은?

① Curbside

② Purchase

③ AddtoCart

④ ViewContent

30 다음 중 Meta for Business의 특별 광고 카테고리에 해당하지 않는 것은?

① 패션   ② 신용

③ 고용   ④ 주택

31 Meta의 광고 게재 시스템에서 캠페인의 유동성이 최적의 상태로 설정되었을 때 기대되는 이점이 아닌 것은?

① 타겟 A/B 테스트를 통해 예산 분배 예측치를 파악할 수 있다.

② 캠페인 목표를 정하는 단계에서 어떤 목표로 최적화할지를 결정할 수 있다.

③ 머신러닝을 통해서 캠페인의 새로운 타겟을 파악하는 데 도움을 얻을 수 있다.

④ 머신러닝을 통해 웹사이트에 방문 가능성이 높은 핵심 타겟의 데이터를 얻을 수 있다.

32 다음 중 페이스북 페이지 인사이트의 구성 항목에 대한 설명으로 틀린 것은?

① 추천은 사람들이 페이지를 추천한 횟수이다.

② 페이지 행동은 사람들이 페이지의 연락처 정보 및 행동 유도 버튼을 클릭한 횟수이다.

③ 페이지 조회는 로그인 또는 로그아웃한 사람들이 페이지의 프로필을 조회한 횟수이다.

④ 응답시간은 가장 빠른 응답시간의 100%를 기준으로 페이지에서 응답 완료까지 걸린 평균시간이다.

33 다음 중 Meta의 광고 비즈니스 목표에 대한 설명으로 옳지 않은 것은?

① 인지도: 브랜드 인지도 극대화

② 트래픽: 웹사이트 트래픽 극대화

③ 잠재고객: 페이스북 페이지 좋아요 극대화

④ 앱 홍보: 앱 설치 및 앱 내 특정 행동 유도

34 다음 중 유튜브에 대한 설명으로 옳지 않은 것은?

① 동영상 조회수로 검색 결과 동영상 순위가 결정된다.

② 전 세계에서 가장 많은 사용자를 보유한 동영상 플랫폼이다.

③ 콘텐츠 제작자와 광고 수익을 나누는 창작자 생태계가 특징이다.

④ 최근 쇼츠(Shorts) 서비스가 인기를 끌면서 동영상 트래픽이 더욱 늘었다.

35 다음 중 유튜브 추천 영상에 대한 설명으로 틀린 것은?

① 구독 중인 채널의 영상도 추천 영상에 영향을 주는 요소이다.

② 현재 시청자가 보고 있는 유사한 주제의 영상 목록을 바탕으로 추천된다.

③ 추천 영상 목록에서 클릭을 받을 수 있도록 흥미를 유발하는 제목을 작성하는 것이 좋다.

④ 구독자 1,000명 이상의 채널을 기준으로 조회수 증가율 등의 여러 지표를 고려하여 추천된다.

36 다음 중 Meta Business Suite에 대한 설명으로 옳지 않은 것은?

① 광고주의 비즈니스와 관련된 활동을 통합적으로 관리해 주는 유료 도구이다.

② Facebook, Instatram, Messenger, WhatsApp 등의 광고를 통합 관리할 수 있다.

③ 지역 비즈니스의 경우 매장에서 너무 먼 지역에는 광고 노출이 제한될 수 있다.

④ 광고 관리자는 하나의 광고 세트에 최대 50개의 광고를 보유할 수 있다.

37 다음 중 유튜브 파트너 프로그램(YPP)에 참여하기 위한 자격요건이 아닌 것은?

① 연결된 애드센스 계정을 보유해야 한다.
② 유튜브 채널 수익 창출 정책을 준수해야 한다.
③ 최근 12개월 간 조회 시간이 1,000시간 이상이어야 한다.
④ 유튜브 파트너 프로그램이 제공되는 국가나 지역에 거주해야 한다.

38 유튜브 쇼츠의 길이는 최대 몇 초인가?

① 90초　　　　② 180초
③ 270초　　　　④ 360초

39 다음 중 유튜브 동영상 광고의 입찰 전략 용어에 대한 설명으로 옳은 것은?

① 타깃 전환당비용 : 클릭 1회당 지불하고자 하는 평균비용을 설정한다.
② 타깃 CPM : 광고가 100회 게재될 때마다 지불하려는 평균 금액을 설정할 수 있다.
③ 조회당비용: 시청자가 동영상을 30초 지점까지 시청하거나 동영상과 상호작용할 때 비용을 지불한다.
④ 전환수 최대화 : 캠페인에서 가장 많은 클릭이 발생하는 방향으로 예산이 지출되도록 일예산이 자동으로 설정된다.

40 다음 중 유튜브 광고 게재 순위에 영향을 미치는 요소가 아닌 것은?

① 입찰 경쟁력
② 제품의 경쟁력
③ 광고 순위 기준
④ 사용자 검색의 문맥

part
03

샘플 및 최신 기출유사문제

41 다음 중 범퍼 광고에 대한 설명으로 옳지 않은 것은?

① 영상 조회수에 반영되지 않는다.

② 최대 6초의 동영상 광고를 말한다.

③ 타겟 CPM 방식으로 노출수를 기준으로 과금된다.

④ 언제든지 건너뛰기 버튼을 클릭하여 광고를 건너뛸 수 있다.

42 다음 중 유튜브 스튜디오의 '맞춤 설정' 메뉴 기능에 대한 설명으로 틀린 것은?

① 재생목록과 추천 영상 등을 설정할 수 있다.

② 유튜브 채널의 프로필과 배경화면 등을 설정할 수 있다.

③ 등록한 동영상, 쇼츠, 라이브, 게시물 등을 관리할 수 있다.

④ 기업의 상업적인 내용이 들어간 홈페이지에 링크할 수 있다.

43 다음 중 사용자가 유튜브 동영상 광고를 시청하거나 광고에 참여한 횟수를 나타내는 지표는 무엇인가?

① 전환수　　　② 조회수

③ 노출수　　　④ 클릭수

44 다음 중 유튜브 홈페이지 최상단에 원하는 노출량만큼 구매해 노출하는 광고 상품은?

① 범퍼 애드

② CPM 마스트헤드

③ 비디오 액션 캠페인

④ 트루뷰 비디오 디스커버리

45 다음 중 구글의 아웃스트림 광고에 대한 설명으로 틀린 것은?

① 음소거 상태로 재생된다.

② 유튜브에서 사용할 수 없다.

③ 앱에서 세로 모드 및 전체 화면 모드를 모두 지원한다.

④ 제목, 배너, 링크 등을 클릭하면 과금되는 CPV 방식이다.

46 다음 중 구글애즈에서 광고 게재 위치는 고려하지 않고, 잠재고객의 성향만을 근거로 광고를 노출시키는 타겟팅 방법은?

① 위치 타겟팅

② 제외 타겟팅

③ 사용자 기반 타겟팅

④ 콘텐츠 기반 타겟팅

47 다음 중 '인피드 동영상 광고'에 대한 설명으로 틀린 것은?

① 3분 이상의 영상은 과금 비용이 할증된다.

② 동영상의 썸네일 이미지와 텍스트로 구성된다.

③ 사용자가 동영상을 클릭하여 시청하도록 유도한다.

④ 텍스트 문구는 제목, 설명1, 설명2로 구성되어 있다.

48 다음 중 브랜드 인지도를 목표로 하는 광고로 적절하지 않은 것은?

① 범퍼 광고

② 마스트헤드

③ 인피드 광고

④ 컴패니언 배너

49 다음 중 특정 유튜브 동영상 광고를 7명이 21번 보았을 때 해당 광고의 도달수로 옳은 것은?

① 3   ② 7

③ 14   ④ 21

50 다음 중 영상 길이 25초짜리로 건너뛸 수 있는 동영상 광고(트루뷰 인스트림 광고) 집행 시 과금이 되는 시점으로 옳은 것은?

① 10초 시청   ② 15초 시청

③ 20초 시청   ④ 전체 시청

51 다음에서 설명하는 구글의 광고 효과 측정 도구는?

> 클릭수, 노출수, 조회수 같은 전통적인 측정 항목 대신 광고 회상, 브랜드 입지도, 고려도 같은 측정항목에 중점을 둔다.

① A/B 테스트

② 픽셀 및 SDK

③ 도달 범위 플래너

④ 브랜드 광고 효과(Brand lift)

52 다음 중 구글의 '도달 범위 플래너'가 수행할 수 없는 활동은?

① 캠페인 유형의 다양한 조합을 만들어 효과를 비교할 수 있다.

② 동영상 캠페인의 성과가 목표에 얼마나 근접했는지 검증할 수 있다.

③ 도달률을 높이기 위한 최적의 광고 상품과 예산 비중을 알 수 있다.

④ 광고 형식 예산 할당을 선택하거나 맞춤 미디어 계획을 만들 수 있다.

53 다음 중 구글애즈 캠페인의 목표로 적절하지 않은 것은?

① 리드

② 웹사이트 트래픽

③ 브랜드 인지도 및 도달 범위

④ 목표 설정 없이 캠페인 만들기

54 다음 중 유튜브의 저작권 침해 처리 도구에 대한 설명으로 옳지 않은 것은?

① 저작권 위반 경고 3회 시 계정에 업로드된 모든 동영상이 삭제될 수 있다.

② Content ID 소유권 주장을 통해 저작권 침해 사실이 발견되면 해당 동영상은 유튜브에서 바로 삭제된다.

③ 저작권 소유자는 유튜브의 Content ID 시스템을 사용해 보유한 콘텐츠를 유튜브에서 간단하게 확인하고 관리할 수 있다.

④ 동영상 시청을 차단하지 않고, 계속 시청할 수 있도록 하되 동영상에 광고를 게재해 수익을 창출하고 문제의 동영상 시청률 통계를 추적할 수 있다.

55 다음에서 설명하는 용어로 옳은 것은?

> 의도적인 사기 트래픽 및 의도하지 않은 클릭 또는 중복 클릭 등 실제 사용자의 관심과는 무관하게 발생한 유튜브 광고 클릭 및 노출을 의미한다.

① 무효 클릭
② 부정 클릭
③ 부정 노출
④ 무효 트래픽

56 다음 중 유튜브 광고 예산 설정에 대한 설명으로 틀린 것은?

① 일일예산의 변경은 횟수에 제한이 있다.

② 캠페인 총예산과 일일예산을 선택할 수 있다.

③ 예산을 사용할 캠페인의 시작일과 종료일 설정이 가능하다.

④ 총예산은 광고 집행 기간 동안 집행할 전체 예산을 말한다.

57 다음 중 유튜브 컴패니언 동영상에 대한 설명으로 틀린 것은?

① 별도로 2개의 유튜브 동영상을 추가해야 한다.

② 주요 광고 우측이나 하단에 함께 노출되는 광고이다.

③ 데스크톱에서 마스트헤드 광고 옆에 표시되는 동영상이다.

④ 마스트헤드와 함께 판매되며 동일한 채널의 동영상이 아니어도 된다.

58 다음 중 구글애즈 광고 캠페인에서 특정 기기 타깃팅의 대상이 될 수 없는 것은?

① 특정 통신사 타겟팅
② 특정 TV 브랜드 타겟팅
③ 특정 휴대전화 기기 타겟팅
④ 컴퓨터, 휴대전화, 태블릿 타겟팅

59 다음 중 동영상 액션 캠페인에 대한 설명으로 옳지 않은 것은?

① 클릭 후 도달할 최종 URL을 반드시 입력해야 한다.
② 광고 소재에 클릭 유도 문구(CTA)를 사용할 수 있다.
③ 전환가치 극대화 입찰 전략은 설정 즉시 사용할 수 있다.
④ 사이트 링크, 제품 피드 등을 추가하면 다양한 방문을 유도할 수 있다.

60 다음 중 구글애즈의 광고 보고서에 대한 설명으로 틀린 것은?

① 유튜브 동영상 광고에 대해 실시간으로 성과 지표를 확인할 수 있다.
② 유튜브 동영상 광고의 당일 성과 지표는 다음날부터 확인이 가능하다.
③ 저장된 보고서 중 18개월 이상 액세스 하지 않은 보고서는 계정에서 자동으로 삭제된다.
④ 대시보드를 통하여 캠페인의 예산, 상태, 캠페인 유형, 노출수, 조회수, 조회율 등을 확인할 수 있다.

61 다음 중 유튜브 크리에이터의 광고 설정에 대한 설명으로 틀린 것은?

① 자신의 동영상에 수익 창출을 사용 설정했을 때 광고가 게재된다.
② 사용자가 광고를 직접 삽입할지 또는 자동으로 삽입할지 결정할 수 있다.
③ 유튜브 파트너 프로그램에 가입하면 모든 영상에 광고를 게재할 수 있다.
④ 만 13~17세 크리에이터의 경우 기본적인 동영상 공개 범위 설정이 비공개로 설정된다.

62 다음 중 유튜브의 상세 타겟에서 설정할 수 있는 항목이 아닌 것은?

① 구매 예산
② 성인 타겟
③ 주제 타겟
④ 구매 의도

63 다음 중 동영상 콘텐츠 게재 관련 설명으로 옳은 것은?

① 일부 공개의 경우 댓글 작성은 불가능하다.
② 일부 공개의 경우 검색 결과에 노출되지 않는다.
③ 13~17세의 미성년자는 기본 업로드 설정이 공개이다.
④ 비공개의 경우에도 공개 재생목록에는 표시할 수 있다.

64 다음 중 유튜브의 민감한 콘텐츠에 광고가 노출되지 않도록 광고 노출 게재지면을 필터링하는 기능으로 옳은 것은?

① 네트워크 설정
② 노출 기기 설정
③ 게재 빈도 설정
④ 인벤토리 유형 설정

65 다음 중 유튜브 비디오 리마케팅에 대한 설명으로 옳은 것은?

① 초기 목록 크기는 과거 20일이 기본값이다.
② 최대 시청자 데이터 보관 가능 기간은 450일이다.
③ 채널 구독자 및 방문자, 영상 시청자 등으로 다양한 그룹을 만들 수 있다.
④ 시리즈 영상 1편 조회자에게 2편 광고를 노출하는 캠페인 설계도 가능하다.

66 다음 중 CPM 마스트헤드 광고에 대한 설명으로 옳지 않은 것은?

① 구글애즈에서 구매 및 집행이 가능하다.
② 원하는 비용만 집행하여 노출수를 확보할 수 있다.
③ CPM 과금 방식으로 목표 노출수만큼 비용을 지불한다.
④ 유튜브 광고 지면 중 프리미엄 지면으로 홈페이지 최상단에 노출된다.

67 다음 중 유튜브 동영상 광고에서 노출수 200,000회, 조회수 25,000회일 때 조회율은?

① 2.5%   ② 5%
③ 12.5%   ④ 25%

68 다음 중 디지털 콘텐츠 라벨에 관한 설명으로 옳지 않은 것은?

① DL-G: 전체 시청가
② DL-MA: 아동 시청가
③ DL-T: 청소년 시청가
④ DL-PG: 보호자 동반 시청가

69 다음 중 하나의 유튜브 채널에 연결할 수 있는 최대 구글애즈 계정의 수는 몇 개인가?

① 300개   ② 500개
③ 700개   ④ 1,000개

70 다음 중 카카오톡 비즈보드의 특징이 아닌 것은?

① 빅데이터 기반의 타겟팅 광고가 가능하다.
② 랜딩페이지는 광고주 사이트 URL로만 가능하다.
③ 톡 비즈솔루션을 활용한 마케팅 액션이 가능하다.
④ 카카오톡의 메가트래픽을 활용하여 노출수가 높다.

71 다음 중 카카오모먼트에 대한 설명으로 틀린 것은?

① 카카오의 대표 광고 플랫폼이다.

② 카카오커머스, 카카오톡 예약하기 등을 이용할 수 있다.

③ 개인 광고계정은 맴버에게 마스터 권한 위임이 불가하다.

④ 사업자등록번호가 없는 광고주는 본인인 증 후 신규 광고계정 생성이 가능하다.

72 카카오 모먼트 CPA 과금 방식에 대한 설명으로 옳지 않은 것은?

① CPA는 클릭으로부터 24시간 이내 발생한 친구 추가에 대해서 과금된다.

② CPA 비용 목표 설정은 목표하는 CPA 평균 비용을 유지하는 과금 방식이다.

③ 디스플레이, 비즈보드 유형의 전환(광고 목표 설정: 카카오톡 채널) 캠페인에만 제공된다.

④ CPA 과금 방식은 광고 효율에 맞게 입찰이 자동 조정되므로 설정한 예산을 초과하지 않는다.

73 다음 중 카카오 비즈보드 유형에서 선택할 수 있는 광고 목표가 아닌 것은?

① 전환   ② 조회

③ 방문   ④ 도달

74 카카오 비즈보드의 일예산에 대한 설명 중 틀린 것은?

① 일예산을 넘는 비용이 청구되는 경우도 있다.

② 광고그룹 예산은 캠페인 예산을 초과할 수 없다.

③ 광고그룹의 일예산은 5만 원 이상부터 설정이 가능하다.

④ 과금 비용이 일예산을 초과하는 경우 자동으로 광고 집행이 중단된다.

75 다음 중 네이버 밴드의 풀스크린 광고에 대한 설명으로 틀린 것은?

① 다른 광고와 달리 성별 타겟팅만 가능하다.

② iOS와 안드로이드를 선택하여 노출할 수 있다.

③ 네이버의 NOSP 광고 시스템을 통해 운영할 수 있다.

④ 앱을 닫을 때 팝업 형식으로 광고가 나타나는 방식을 말한다.

76 다음 중 네이버 밴드 서비스에 대한 설명으로 옳지 않은 것은?

① 10~20대의 사용 비중이 높다는 특징이 있다.

② 소규모 그룹을 만들고 관리하는 게시판 서비스이다.

③ 채팅, 사진첩, 캘린더, 주소록, 투표, 동창찾기 등 다양한 기능을 제공한다.

④ 소모임 밴드 기능을 바탕으로 오픈채팅방과 유사한 서비스로 인기를 끌고 있다.

77 다음 중 밴드 파트너센터에서 집행할 수 있는 네이버 밴드 광고 상품은?

① 소셜 광고

② 알림 광고

③ 네이티브 광고

④ 디스플레이 광고

78 다음 중 네이버 밴드 홈 광고에 대한 설명으로 틀린 것은?

① 최저 30만 원부터 광고 집행이 가능하다.

② 광고비는 낙찰된 CPM과 노출수에 따라 결정된다.

③ 밴드의 리더 및 운영자가 직접 광고를 등록할 수 있다.

④ 본인의 밴드 페이지를 사용자들에게 알릴 수 있는 정액제 노출형 상품이다.

79 다음 중 틱톡 광고에 대한 설명으로 틀린 것은?

① 브랜드 테이크 오버는 이미지 광고도 가능하다.

② 인피드 광고는 광고종료 후 계정 내 영상 유지가 가능하다.

③ 타임라인 테이크 오버는 6시간 동안 타임라인 첫 화면에 독점으로 노출되는 광고이다.

④ 브랜드 해시태그 챌린지는 규모 있는 UGC를 만들어 내며 브랜드를 팔로우하는 데 도움이 된다.

80 다음 중 트위터 광고 상품이 아닌 것은?

① 프리롤 광고

② 프로모션 광고

③ 테이크 오버 광고

④ 인피드 동영상 탑뷰

part
03

샘플 및 최신 기출유사문제

245

Social Network Service advertisement Marketer

PART **4**

정답
및 해설

Social Network Service advertisement Marketer

빠른 정답찾기

샘플문제 A형

01 ①	02 ④	03 ③	04 ④	05 ③
06 ④	07 ④	08 ①	09 ①	10 ③
11 ④	12 ③	13 ①	14 ①	15 ④
16 ②	17 ①	18 ③	19 ②	20 ④
21 ①	22 ③	23 ④	24 ①	25 ①
26 ④	27 ③	28 ④	29 ④	30 ②
31 ③	32 ①	33 ②	34 ④	35 ④
36 ②	37 ①	38 ④	39 ②	40 ④
41 ③	42 ②	43 ④	44 ④	45 ③
46 ④	47 ①	48 ③	49 ①	50 ②
51 ③	52 ①	53 ②	54 ①	55 ④
56 ③	57 ②	58 ②	59 ①	60 ③
61 ③	62 ①	63 ④	64 ①	65 ④
66 ④	67 ①	68 ④	69 ④	70 ④
71 ④	72 ④	73 ④	74 ①	75 ②
76 ②	77 ④	78 ④	79 ④	80 ③

※문제 및 정답에 대한 다른 의견을 첨가하였습니다.

01 정답 ①

매스미디어(Mass Media)란 매스 커뮤니케이션 미디어(Mass Communication Media)의 축약된 말로 불특정 다수인 대중에게 다량의 정보를 전달하는 매체 · 미디어이다. 대량으로 생산된 정보를 대중에게 일방적으로 전달하기 용이하다.

02 정답 ④

소셜미디어(Social media)는 사람들의 의견, 생각, 경험, 관점 등을 서로 공유하기 위해 사용하는 온라인 도구나 플랫폼을 의미한다. 따라서 매스미디어보다 사회적 관계, 정보의 공유, 인맥형성의 용이성은 우월하나, 텔레비전, 라디오, 신문과 같은 매체를 통하여 대량 메시지의 전달하는 대량 메시지 전달은 우위에 있다하기 어렵다.

03 정답 ③

틱톡(Tik Tok)은 짧은 포맷의 영상 콘텐츠를 업로드하는 플랫폼으로, 음악과 결합된 챌린지에 많이 활용된다.

04 정답 ④

SEO(Search Engine Optimization)는 검색엔진 최적화로 검색엔진에서 검색이 잘 되게 하는 방법을 말한다. 마케팅 과정에서 SEO를 사용하기도 하지만, 마케팅의 종류 및 방법이라 하기는 힘들다.
※ SEO가 마케팅에 포함되지 않는다고 확답하기 어렵다고 판단된다.

05 정답 ③

소셜 다이닝이란 SNS를 통해 관심사가 비슷한 사람끼리 만나 식사를 즐기며 인간관계를 맺는 것을 말한다. 소셜 네트워크 서비스의 종류는 아니다.

06 정답 ④

소셜 마케팅전략을 통해 비즈니스는 브랜드의 인지도를 상승시키고, 새로운 고객에게 도달하여 새로운 고객을 확보하는 기회가 생긴다. 인지도와 방문, 의견 공유가 증가하면, SEO가 될 수 있는 장점이 있다. 일반적으로 소셜 마케팅전략을 이용하면 마케팅 비용이 절감되지만, 과도한 경쟁과 과한 인력 소모로 인하여 오히려 비용이 증감하는 경우도 생긴다.

07 정답 ④

미 공군의 온라인 피드백(소셜미디어 대응 프로세스)은 감정(assessment), 평가(evaluate), 대응(respond)이다.

08 정답 ①

페르소나란 배우들이 쓰던 가면을 가리키고, 페르소나 마케팅이란 제품 또는 서비스를 사용할 핵심 고객을 이해하기 위해 가상의 고객을 정의하는 마케팅이다.

09 정답 ①

페이스북 페이지는 페이스북 광고에 필수이다. 인스타그램 계정 없이도 페이스북 광고는 가능하지만, 페이스북 페이지 없이 인스타그램 광고는 불가능하다.

10 정답 ③

비즈니스의 목표가 조회수 극대화이므로, 자동 노출 위치를 사용하면 타겟에 속하는 사람들에게 더 많이 도달할 수 있다. 자산 맞춤화 기능을 사용하면 하나의 광고로 여러 노출 위치에 적합한 비율로 사용할 수 있다.

11 정답 ④

오프라인 전환 API를 사용하여 오프라인 이벤트 데이터를 Facebook으로 직접 보내, 광고가 매장 구매, 전화 주문, 예약 등에 영향을 주어 실질적인 성과를 유도했는지 측정할 수 있다.

12 정답 ③

Meta for Business의 Shops 광고 솔루션 기능은 쇼핑 맞춤 타겟, 제품이 태그된 다이내믹 광고, 제품 태그 광고, 제품이 태그된 브랜디드 콘텐츠이다.

13 정답 ①

CPA가 상승하였으므로, CPA를 낮추기 위하여 전환을 늘릴 수 있는 전환 캠페인을 선택하는 것이 적절하다. 1st party data와 핵심 타겟을 조합하여 타겟팅 하였으나, 거래량이 늘지 않았으므로, 우수고객과 유사한 관심을 갖는 사람, 즉 유사 타겟을 타겟팅하는 것이 적절하다.

14 정답 ①

기본적으로 Meta 픽셀은 광고 성과를 측정할 수 있다. 사람들이 광고를 보면 발생하게 될 결과를 측정하여 광고의 영향을 더욱 효과적으로 파악할 수 있다. Meta 픽셀을 이용하면 신규 고객, 웹사이트의 특정 페이지를 방문한 사람, 원하는 행동을 취한 사람 등 비즈니스에 적절한 타겟에게 광고를 노출한다. 또, 자동 입찰을 설정하여 제품 구매 등 비즈니스에 중요한 행동을 할 가능성이 높은 사람에게 도달하여 매출을 늘릴 수 있다.

15 정답 ④

Audience Network 지면에 모든 광고가 노출 가능한 캠페인 목표는 트래픽, 앱 설치, 전환, 카탈로그 판매이다. 브랜드 인지도, 도달, 참여, 동영상 조회도 광고는 가능하지만 동영상 형식만 가능하다.
※ 모든 형식의 광고 노출이 어려운 캠페인 목표라면 ④번이 옳다고 판단된다.

16 정답 ②

머신러닝은 알고리즘과 예측 분석을 통해 타겟팅에 적합한 대상, 광고를 노출하기에 적절한 시간대, 사용할 크리에이티브와 노출 위치를 더욱 상세히 파악한다. 적합한 타겟을 찾아 광고 성과를 최적화 한다.

17 정답 ①

머신러닝은 캠페인 목표에 적합한 타겟을 파악하여 광고 성과를 최적화 한다.

18 정답 ③

잠재고객(타겟) 인사이트란 광고 에이전시에서 지역, 인구통계에 대한 페이스북 사용자의 집계정보를 포함하여 페이스북 페이지를 팔로워한 타겟에 대해 확인 가능한 페이스북의 도구이다.
※ 현재는 Facebook과 Instagram에서 진행한 일반 및 유료 소셜미디어 활동의 결과를 한곳에서 파악할 수 있는 'Meta Business Suite 인사이트'를 제공한다.

19 정답 ②

Audience Network는 페이스북, 인스타그램 외 매체 네트워크로 캠페인 실적을 파악하기 위해 사용할 수 있는 측정 방법 및 지표를 나타내는 용어가 아니다.

part
04

정답 및 해설

20 정답 ④

Meta Business Suite을 통하여 Facebook 페이지와 Instagram 계정의 개요를 볼 수 있으며, 업데이트, 최신 게시물 및 광고, 인사이트를 확인할 수 있다. 상거래 관리자를 통하여 배송 추적 및 확인이 가능하다.

21 정답 ①

캠페인 예산 최적화(CBO)를 활용하면 광고 세트 전반의 캠페인 예산을 자동으로 관리하므로 캠페인 성과를 극대화할 수 있다. 캠페인의 성과를 극대화 하고자 할 때, 가장 적합한 예산 전략 방안이다.

22 정답 ③

① 현재 페이스북(Meta)과 연결된 Stock 사이트를 통해 이미지를 자동으로 제공하지 않는다.
② 고객의 기본 언어 설정에 따라 광고의 언어를 자동으로 번역한다.
③ 노출 위치에 따라 이미지를 자르거나 수정할 수 있다.
④ 노출 위치별로 사용된 이미지 및 동영상 변경이 가능하다.
※ ③번의 내용은 확실히 맞는 내용이다(Meta for Business-노출 위치에 적합하게 광고 크리에이티브 맞춤 설정하기).

23 정답 ④

다이나믹 언어 최적화(DLO)는 자동 번역 기능을 지원하는 광고 노출 위치와 자동 번역 기능을 지원하는 언어에서는 자동 번역을 하지만, 일부 광고 노출 위치와 언어의 경우 자동 번역 기능이 제공되지 않을 수 있다.

24 정답 ①

매출 상향을 위해서는 전환수를 늘리는 것을 목표로 하는 것이 적합하다. 최적화 역시 전환과 관련이 많은 가치 최적화하는 것이 적절하다.

25 정답 ①

인스트림 광고는 크리에이터가 라이브 방송과 주문형 동영상으로 수익을 올릴 수 있는 방법으로, 현재 특정 국가에서 특정 언어로 동영상을 게시하는 페이지에서만 사용할 수 있다. 광고 수익화를 위해서는 Facebook의 파트너 수익화 정책을 지속적으로 준수해야 하며, 만 19세 이상이어야 한다. 인스트림 광고를 사용할 수 있는 국가에 거주해야 한다.
※ ①번은 수익화 가능한 광고라 판단이 된다.

26 정답 ④

Meta의 커뮤니티 규정에 의하면 표현의 자유를 위해서 자유성은 보장하나, 진실성, 안전성, 개인정보 보호, 존엄성을 모두 지켜야 한다.

27 정답 ③

Meta 광고 정책에 의하면 주류, 도박, 데이팅, 성인용 건강 제품과 서비스(피임 및 출산)의 광고는 차단할 수 있다. 이외에도 더 많은 차단리스트가 존재한다.
※ 주류도 차단 가능한 리스트이다.

28 정답 ④

자동 게재위치를 사용하면 동일한 예산으로 가능한 많은 Meta의 앱 패밀리 지면에 광고가 노출되어 더 많은 타겟에게 도달할 수 있어, 더 많은 전환 결과를 얻을 수 있다. 자동 게재위치는 자동으로 광고 게재위치를 설정하므로, 세밀하게 제어할 수 없다.

29 정답 ④

WhatsApp은 스마트폰 및 모바일 기기로 메시지를 주고받는 앱으로, 고객들과 빠르고 편리하게 소통할 수 있다. WhatsApp 비즈니스 API를 통하여 브랜드에 대한 대량의 메시지를 보낼 수 있다.

30 정답 ②

비즈니스 목표를 설정하기 위해서는 기본적으로 캠페인에 대한 수치적/정량적 목표치와 달성 시기를 정하여야 한다. 그리고 시장 환경을 분석하기 위하여 이전 마케팅 활동에 대한 히스토리와 성공여부와 새로운 주요 경쟁업체로 인한 시장 변화 유무를 확인할 수 있다. 신규 캠페인을 위한 광고 크리에이티브는 광고 목표에 맞게 제작되어야 한다.

31 정답 ③

비즈니스 목표 및 성과는 구체적이고 명확해야 하며, 측정 가능한 것이어야 한다. 행동 지향적이며, 달성 가능한 기간을 명시하는 것이 좋다.

32 정답 ①

페이스북 광고의 광고 세트 수준에서 선택할 수 있는 설정은 광고 세트 이름, 트래픽, 다이내믹 크리에이티브 여부, 예산 및 일정, 타겟, 노출 위치, 기기, 자산 맞춤화, 브랜드 가치 보호, 최적화 및 게재이다. 광고 전환 추적 옵션은 광고 수준에서 설정할 수 있다.

33 정답 ②

도달(Reach)이란 광고가 노출된 사람의 정도를 나타내는 수치로, 타겟에게 광고를 노출시키는 정도를 나타내는 수치는 빈도이다.

34 정답 ④

인지도(Awareness) 목표를 위해서는 CPM 모델이 적용되는 것이 적절하고, 나머지는 oCPM 비딩방식으로 적용되는 것이 적절하다.

35 정답 ④

특별 광고 타겟이란 가장 가치 있는 고객과 유사한 온라인 행동을 보이는 새로운 사람들을 타겟으로 설정하는 것으로, 특별 광고 카테고리의 광고에만 사용할 수 있다.

36 정답 ②

비즈니스 설정 탭 메뉴 중 데이터 소스에 포함된 항목은 카탈로그, 픽셀, 오프라인 이벤트 세트, 맞춤 전환, 이벤트 소스 그룹, 공유 타겟, 비즈니스 크리에이티브 폴더이다. 도메인은 브랜드 가치 보호에 포함된 항목이다.

37 정답 ①

트루뷰 인스트림(Trueview Instream)은 YouTube 최초 건너뛰기가 가능한 동영상 광고로, 조회 가능성이 높은 시청자에게 광고를 게재하는 방식의 광고 상품이다.
※ 트루뷰 인스트림은 현재 인스트림 광고로 명칭이 변경되었다.

38 정답 ④

건너뛸 수 있는 인스트림 광고의 과금 방식은 CPV(조회당 비용)으로, 시청자가 동영상을 30초 지점까지(동영상 광고가 30초 미만인 경우 광고 전체) 시청하거나 동영상과 상호작용할 때(둘 중 빠른 시점 적용) 비용을 지불한다.

39 정답 ②

건너뛸 수 있는 인스트림 광고는 5초 후에 건너뛰기 버튼이 노출된다.

40 정답 ③

건너뛸 수 있는 인스트림 광고는 조회당 비용(CPV)으로 시청자가 동영상을 30초 지점까지(동영상 광고가 30초 미만인 경우 광고 전체) 시청하거나 동영상과 상호작용할 때 비용을 지불한다.

41 정답 ③

건너뛸 수 있는 인스트림 광고는 유튜브 영상 시청페이지와 우측 상단 컴패니언 배너에 노출된다.

42 정답 ②

건너뛸 수 있는 광고는 클릭 유도 문구 버튼(CTA), 랜딩 URL, 컴패니언 배너 등 클릭 영역 연결시 과금된다.

43 정답 ④

건너뛸 수 있는 인스트림 광고는 조회당 비용(CPV)으로 시청자가 동영상을 30초 지점까지 시청하거나 동영상 광고가 30초 미만인 경우 광고 전체를 시청할 때 과금된다.

44 정답 ④

건너뛸 수 있는 인스트림 광고는 동영상 길이에 제한은 없지만 3분 미만의 동영상을 사용하는 것이 효과가 좋다. 3분 초과시 더 높은 입찰가가 필요하다.

45 정답 ③

건너뛸 수 있는 인스트림 광고는 동영상 길이의 제한과 최소 CPV 입찰가가 없다.

46 정답 ④

라이브 스트리밍은 운영 가능한 공식 광고 상품이 아니다. 구글 애즈에서 운영 가능한 광고는 검색광고, 디스플레이 광고(GDN), 동영상 광고(YouTube), 쇼핑 광고, 앱 프로모션광고이다.
※ 라이브 스트리밍은 현재 실시간 스트리밍으로 명칭이 변경되었다.

part
04

정답 및 해설

47 정답 ①

유튜브 광고 집행을 하기 위해서는 유튜브 광고 운영을 하는 구글 애즈에서 등록을 하여야 한다. 광고 소재는 구글 애즈의 광고 탭에서 등록할 수 있다.

48 정답 ③

트루뷰 비디오 디스커버리 광고는 CPV(조회당 비용) 과금 방식으로, 영상 이미지(썸네일) 또는 텍스트 클릭시 과금된다. 단, YouTube 앱의 경우 시청자가 '피드에서 재생'을 사용 설정할 때 광고에서 자동으로 재생되는 동영상의 조회수는 계산하지 않는다.
※ 트루뷰 비디오 디스커버리 광고는 현재 인피드 동영상 광고로 명칭이 변경되었다.

49 정답 ①

인피드 동영상 광고는 영상 미리보기 이미지와 텍스트가 노출되며, 광고 영상의 길이에 제한이 없고, 광고 클릭 시 영상 시청 페이지로 넘어간다.

50 정답 ②

인피드 동영상 광고 시 노출되는 컴패니언 이미지 배너의 크기는 해상도 300px×60px, GIF 프레임 속도 초당 5프레임 미만, 최대 크기 150KB이다.

51 정답 ③

조회율은 광고 노출 대비 조회 비율을 의미하며, 조회수를 노출수로 나눈 백분위로 구한다.

52 정답 ①

건너뛸 수 없는 광고란 동영상 광고가 시작된 이후 15초 동안 건너뛰기가 불가한 광고를 말한다.
※ 건너뛸 수 없는 광고란 건너뛸 수 없는 인스트림 광고를 의미하는 것으로 판단된다.

53 정답 ②

건너뛸 수 없는 광고는 1,000회 노출당 비용을 지불하는 CPM 방식이다. 따라서 유튜브 채널 내 영상 조회수 카운팅이 되지 않는다.

54 정답 ①

조회율은 광고 노출 대비 조회 비율을 의미하며, 조회수를 노출수로 나눈 백분위로 구한다. 따라서 20,000÷100,000×100=20(%)이다.

55 정답 ④

범퍼애드는 6초 이하의 건너뛸 수 없는 광고로 1,000회 노출당 비용을 지불하는 CPM 방식이다.

56 정답 ③

범퍼애드는 6초 이하의 건너뛸 수 없는 광고로 1,000회 노출당 비용을 지불하는 CPM 방식이다. CPM 방식이므로, 유튜브 채널 내 영상 조회수 카운팅이 되지 않는다. 범퍼애드는 낮은 거부감과 제작의 편리성, 상대적으로 저렴하다는 장점이 있으며, 짧고 기억하기 쉬운 메시지로 광범위한 고객에게 도달할 수 있다.

57 정답 ②

유튜브 동영상 광고는 구글 디스플레이 네트워크 동영상 파트너, 유튜브 검색결과, 유튜브 영상 시청페이지, 유튜브 홈피드(첫화면)에 게재된다. 구글 검색결과에는 게재되지 않는다.

58 정답 ②

동영상 광고 시퀀스란 광고를 원하는 순서대로 잠재 고객에게 스토리텔링할 수 있어, 제품과 서비스의 소비자 인지도 및 고려도 제고에 효과적이다.

59 정답 ①

구글의 대부분의 광고 검토는 영업일 기준 1일 이내에 완료되지만, 일부 광고는 검토 시간이 더 소요될 수 있다. 영업일 기준 2일이 넘도록 광고가 검토 중 상태인 경우 Google에 문의하는 것이 좋다.

60 정답 ③

두 개 연속으로 게재되는 동영상 광고 형식은 길이가 긴 동영상 콘텐츠(5분 이상)에만 게재된다.

61　　　　　　　　　　정답 ③

동영상의 등록상태가 '비공개'일 경우 유튜브 광고가 불가하다.
※ 현재의 동영상 등록 상태는 크게 비공개, 일부공개, 공개
　　이다.

62　　　　　　　　　　정답 ①

광고게재빈도 설정이란 동일 유저에게 반복적으로 광고가 노출되는 것을 제한할 수 있는 기능이다. '노출 및 조회 빈도' 설정을 통하여 설정할 수 있으며, 인당 광고 노출수를 제한할 수 있다.

63　　　　　　　　　　정답 ③

비디오 리마케팅은 전에 페이지를 방문했던 사용자가 포함된 잠재고객 세그먼트를 만드는 것으로, 초기 목록의 크기는 과거 30일이 기본이고, 최대 시청자 데이터 보관 가능 기간은 540일이다.
※ 비디오 리마케팅은 현재의 내 데이터 기반 동영상 세그먼
　　트로 명칭이 변경되었다.
※ 초기 목록의 크기는 과거 30일이므로, ①번이 정답이라 판
　　단된다.

64　　　　　　　　　　정답 ②

광고게재빈도 설정이란 동일 유저에게 반복적으로 광고가 노출되는 것을 제한할 수 있는 기능이다. 광고게재빈도 설정을 통하여 중복 시청을 최소화하고 순시청자 수를 늘릴 수 있다.

65　　　　　　　　　　정답 ③

도달범위 플래너(Reach Planner)는 YouTube와 동영상 파트너 사이트 및 앱에 광고를 게재하는 도달범위 기반 동영상 캠페인을 정확하게 설정할 수 있게 해주는 Google Ads 캠페인 계획 도구이다. 도달범위 플래너가 광고 형식 및 예산 할당을 선택하거나 맞춤 미디어 계획을 만들 수 있으며, 캠페인 유형의 다양한 조합을 만들어 효과를 비교한다.

66　　　　　　　　　　정답 ④

광고의 게재 순위에 영향을 주는 요소는 입찰가와 광고품질이다. 광고품질은 클릭률 또는 조회율, 광고 관련성, 랜딩페이지 환경 등으로 평가된다.

67　　　　　　　　　　정답 ①

유튜브 채널 수익 창출 조건으로는 모든 YouTube 채널 수익 창출 정책을 준수하여야 하며, YouTube 파트너 프로그램이 제공되는 국가/지역에 거주해야 한다. 채널에 활성 상태의 커뮤니티 가이드 위반 경고가 없어야 하며, 최근 12개월간 공개 동영상의 유효 시청 시간이 4,000시간을 넘어야 한다. 구독자 수는 1,000명을 초과하여야 하며, 연결된 애드센스 계정이 존재하여야 한다.

68　　　　　　　　　　정답 ④

카카오 비즈보드와 디스플레이 광고의 과금방식은 CPC, CPM, CPA이고, 동영상 광고는 CPV, 스폰서드 광고는 CPM 과금방식이다. 채널 메시지는 CPMS, 쇼핑 광고는 CPT과금방식이다.
※ 카카오 동영상 광고의 과금방식은 CPV이다. 따라서 정답
　　이 없다고 판단된다.

69　　　　　　　　　　정답 ④

카카오 광고의 기본 타겟팅 방식으로는 맞춤타겟, 데모그래픽, 게재지면 및 디바이스가 있다. 맞춤타겟은 광고반응타겟, 픽셀&SDK, 카카오 사용자, 고객파일로 타겟팅 또는 리타겟팅한다. 데모그래픽은 성별, 나이, 지역으로 타겟팅한다.
※ 카카오의 맞춤타겟은 리타겟팅 방식으로 기본 타겟팅 방
　　식이라 판단된다.

70　　　　　　　　　　정답 ④

광고가 '검토 중'이라는 상태는 광고가 아직 검토 중이며, 운영 가능 상태가 될 때까지 게재될 수 없는 상태이다.

71　　　　　　　　　　정답 ④

오프라인 매장 위치에 있는 유저는 위치 타겟팅을 통하여 타겟팅하고, 쇼핑 카테고리에 플친(카카오채널) 맺은 유저는 카테고리 타겟팅으로 타겟팅할 수 있다. 제품명을 검색한 유저는 키워드 타겟팅으로 타겟팅할 수 있다.

72　　　　　　　　　　정답 ④

카카오 동영상 광고의 유형은 인스트림과 아웃스트림이 있다. 인스트림 광고는 카카오톡, 카카오톡 채팅방, 카카오TV 앱/웹, 다음에서 노출되고, 아웃스트림 광고는 카카오톡, 다음, 카카오서비스에서 노출된다.

73 정답 ④

카카오 비즈보드는 카카오톡 채팅탭의 메가 트래픽을 활용하여 최적의 광고 효율을 이끌어낼 수 있는 상품으로, 카카오톡 채팅리스트 최상단에 고정된 이미지 배너이다.

※ 비즈보드 익스팬더블(BETA)는 카카오비즈보드의 프리미엄 확장 형태로 확장 요소를 등록하여 리치한 정보를 제공할 수 있다. 익스팬더블은 이미지, 동영상, 멀티형이 존재한다.

74 정답 ①

카카오 비즈보드는 카카오톡 채팅탭의 메가 트래픽을 활용하여 최적의 광고 효율을 이끌어낼 수 있는 상품으로, 카카오톡 채팅리스트 최상단에 고정된 이미지 배너이다.

75 정답 ②

네이버 밴드는 30대~50대 그중에서도 40대~50대 이용자가 가장 많은 소셜미디어로, 다른 소셜미디어에 비하여 40대~50대 이용자가 많다. 월간 순 이용자만 2,000만 명에 달하며, 남녀비율은 비슷하다.

76 정답 ②

밴드에서 집행 가능한 디스플레이 광고상품은 풀스크린 광고, 스마트채널 광고, 네이티브 피드광고이다.

77 정답 ④

스마트 채널 광고는 밴드앱 홈, 새소식, 채팅 최상단에 노출되는 상품으로, 프리미엄한 위치에서 비즈니스 메시지를 전달할 수 있다. Real Time Bidding 상품이며, 최소 입찰가는 CPM 2,000원, CPC 10원(VAT 별도)이다.

78 정답 ④

풀스크린 광고는 밴드 앱종료 시 노출되는 1일 1광고주 단독노출 상품으로, 브랜드 인지 효과 및 클릭을 극대화할 수 있는 Android 전용 상품이다.

79 정답 ④

네이티브(피드) 광고를 할 수 있는 캠페인 목표는 앱설치, 동영상조회, 웹사이트트래픽이다.

80 정답 ③

안드로이드 및 iOS/OS Version 타겟팅은 가능하지만, 앱 기설치자 노출제외 타겟팅은 안드로이드 전용 타겟팅이다.

빠른 정답찾기

샘플문제 B형

01 ④	02 ①	03 ②	04 ②	05 ③
06 ②	07 ③	08 ①	09 ④	10 ①
11 ③	12 ③	13 ④	14 ②	15 ③
16 ②	17 ④	18 ①	19 ①	20 ③
21 ③	22 ④	23 ③	24 ③	25 ④
26 ③	27 ④	28 ①	29 ①	30 ②
31 ④	32 ③	33 ④	34 ①	35 ②
36 ③	37 ①	38 ②	39 ③	40 ③
41 ①	42 ④	43 ④	44 ①	45 ②
46 ①	47 ③	48 ②	49 ④	50 ④
51 ②	52 ②	53 ①	54 ④	55 ②
56 ①	57 ②	58 ②	59 ④	60 ④
61 ③	62 ④	63 ④	64 ④	65 ④
66 ①	67 ③	68 ④	69 ④	70 ④
71 ③	72 ④	73 ④	74 ③	75 ①
76 ④	77 ④	78 ②	79 ①	80 ③

※문제 및 정답에 대한 다른 의견을 첨가하였습니다.

01　　　　　　　　　　　　　　　정답 ④

인스타그램을 활용하면 스토리 광고, 피드광고, 라이브 등의 기능을 사용하여 소셜 마케팅을 할 수 있다. DM의 경우, 고객들과의 소통을 할 수 있으나, 프로모션에 대한 내용을 지속적으로 보내는 것은 반감을 일으킬 수 있어, 적절하지 않다. 게다가 DM은 다수와 소통하는 것이 아니라 개인과 소통하는 것이므로, 프로모션 홍보에 적절하지 않다.

02　　　　　　　　　　　　　　　정답 ①

틱톡은 15초에서 10분 사이의 짧은 영상을 제작 및 공유할 수 있는 SNS로 중국 기업이 만들었다. 추천 피드를 중심으로 하기 때문에 영상 콘텐츠가 좋다면 바이럴 영향력이 매우 높게 나올 수 있다는 특징을 가지고 있다.

03　　　　　　　　　　　　　　　정답 ②

페이스북의 경우, 이미지, 동영상, 피드, 컬렉션 광고 등 여러 가지 광고 방법을 통하여 할인 프로모션을 홍보 및 정보 전달하기에 적절하다.
※ ①번의 정보와 콘텐츠의 절대적인 양은 확인할 수 없으며, ②번의 할인프로모션 정보 전달의 유용성은 우열을 가리기 어렵다 판단된다.

04　　　　　　　　　　　　　　　정답 ②

인스타그램 공식 채널운영 시 적절한 해시태그 사용, 브랜디드 콘텐츠를 이용한 고객 확보, 타겟에게 콘텐츠를 노출하여 인지도 증대 등 적절한 기능과 콘텐츠를 사용하는 것이 필요하다. 프로모션 내용을 인플루언서가 리그램하여 포스팅하는 것은 인지도 증대 및 고객에게 도달하기에는 좋으나, 직접 공식 채널을 운영할 경우 권장하는 전략이라 하기에는 가장 적절하지 않다.

05　　　　　　　　　　　　　　　정답 ③

브랜드 콘텐츠 마케팅 전략을 정하기 위해서는 비즈니스 목표설정, 환경조사(타겟 및 경쟁사, 과거 이력 조사), 성과 목표 설정, 소셜미디어 선택, 차별화된 콘텐츠 제작, 피드백 및 성과 분석의 과정을 거쳐야 한다. 유행하는 매체를 이용하는 것은 좋으나, 성과 목표 달성을 위한 적절한 매체를 선택하여 마케팅하는 것이 가장 적절하다.

part
04

정답 및 해설

06 정답 ②

메타버스는 가상을 의미하는 메타(Meta)와 세계를 의미하는 우주(Universe)의 합성어로, 코로나 이후에 소셜미디어 플랫폼에서 급속도로 진화하고 있는 분야이다.

07 정답 ③

브이로그(Vlog)란 동영상(Video)과 기록(LOG)의 합성어로, 유튜브 등의 동영상 플랫폼에서 유행했던 영상 콘텐츠 형태이다. 영국 BBC 방송 비디오네이션이라는 시리즈물에서 시초가 되었다.

08 정답 ①

밈(Meme)은 디지털 문화놀이, 디지털 유행코드를 뜻하는 단어로, 한국어로 '짤방'이라 불린다. 밈 마케팅이란, 인터넷 밈을 활용한 마케팅이다.

09 정답 ④

Audience Network내에서 특정 퍼블리셔/웹사이트에서 광고를 게재하지 않으려면 특정 퍼블리셔/웹사이트를 차단리스트에 등록하고, 자동 노출 위치를 사용하면 타겟에 속하는 사람들에게 더 많이 도달할 수 있다.
※ ③번의 내용을 틀렸다고 확답할 수 없다고 판단되며, ④번의 내용이 조금 더 효율적이고 가장 적절하다고 판단된다.

10 정답 ①

컬렉션 광고는 다양한 상품을 노출할 수 있어 매출을 효과적으로 증대하기 적절하다. 컬렉션 광고는 전 제품의 카달로그를 연동하는 것이 적합하며, 동영상은 최대 15초까지 가능하다. 컬렉션 광고의 적절한 제품이미지는 정사각형(1:1) 비율이다.

11 정답 ③

전환 API는 마케팅 데이터와 Facebook 시스템 간을 직접 연결하여 광고 타겟팅을 최적화하여, 행동당 비용을 낮추며, 결과를 측정할 수 있게 설계되었다. 측정을 개선하며, 고객 여정에서 나중에 발생하는 행동에 광고를 최적화한다.

12 정답 ③

1,000개의 제품을 추가하려 한다면, 페이스북 픽셀을 통하여 추가할 수 있고, 자동으로 제품 업데이트가 가능하다.

※ 인벤토리가 작고 자주 변경되지 않는 제품은 수동으로 추가하는 것이 적절하다. 인벤토리가 크고 자주 변경되는 제품은 픽셀을 사용하는 것이 적절하며, 중간 크기인 인벤토리는 데이터 피드를 사용하는 것이 적절하다.

13 정답 ④

제품용 다이내믹 광고를 게재하려면 픽셀은 ViewContent(누군가가 카탈로그의 제품을 조회한 경우), AddToCart(누군가가 카탈로그의 제품을 웹사이트의 장바구니에 추가한 경우), Purchase(누군가가 카탈로그의 제품을 웹사이트에서 구매한 경우)의 표준 이벤트를 포함해야 한다.

14 정답 ②

모바일 앱이 Facebook SDK, MMP(모바일 측정 파트너) 또는 기타 연결을 통해 Facebook에 연결되어 있고, 이 앱 이벤트를 보고하기로 선택한 경우 이 지표는 광고로 인해 발생한 앱 이벤트가 보고되면 집계를 한다. 앱 이벤트를 사용하면 모바일 앱이나 웹페이지에서 발생하는 행동을 추적할 수 있어, 광고 성과를 측정하고 광고 타겟팅을 위한 타겟을 형성할 수 있다.

15 정답 ③

브랜드의 TVCF 영상을 페이스북을 이용한 모바일 브랜드 캠페인에서 효과적으로 활용하기 위해서는 최초 3초 이내에 브랜드 메시지를 노출하여 15초 이내의 영상으로 재구성하여 사용하는 것이 가장 적절하다. 비율은 세로 형식이나 정사각형 비율이 적절하며, 소리 없이 이해하기 힘든 동영상이라면 자막을 넣는 것이 적절하다.
※ Meta for Business의 모바일 동영상 광고의 모범사례를 확인하면, 가장 적절한 것은 ②번이라 판단된다.

16 정답 ②

이미지 20개와 15초짜리 동영상을 등록할 수 있는 광고 형식은 컬렉션 광고이다.

17 정답 ④

모바일용 크리에이티브 스토리텔링 기법은 역행(Retrograde, 되감기), 펄스(Pulse, 파장이 계속 깜박이는 것), 버스트(Burst, 선형으로 시작한 다음 클라이맥스), 셔플(Shuffle, 스위치), 거품(Bubble, 작고 확장 됨), 부메랑(Boomerang, 뒤로 갔다가 앞으로 나아감)이다.

18
정답 ①

타겟 고객에게 빈도를 기준으로 광고를 집행하는 것을 목표로 하기 때문에, 노출을 기준으로 광고를 집행하는 것이 가장 적절하다. 노출당 비용을 지불하는 것이 가장 적절한 과금 방식이므로 CPM(Cost Per Mille)을 선택하는 것이 가장 적절하다.

19
정답 ①

저렴한 비용으로 잠재고객과의 대화 수를 최대화 Messenger를 이용한 광고를 하는 것이 적절하다. 메신저를 통해 대화하도록 유도하는 것이므로, 신규고객이 제품을 확인하고 메신저를 통해 대화하도록 유도함으로써 잠재고객을 확보하고자하기 위해서는 메시지 전달을 목표로 하는 것이 적절하다.

20
정답 ③

조회수가 400만이고, 조회당 비용이 30원이므로, 적절한 예산은 4,000,000×30=120,000,000원이다(VAT 별도).

21
정답 ③

인스트림 동영상은 광고가 포함된 동영상이 모두 표시되도록 가로 방향 16:9 비율을 사용하는 것이 좋다.

22
정답 ④

도달 및 빈도 구매 유형은 일반 게재 및 사람들에게 광고가 표시되는 순서 및 날짜를 관리할 수 있는 순차 게재나 예약 게재를 사용할 수 있다. 클라이언트의 제품 영상을 스토리텔링 형태로 노출하기 위해 타겟 그룹에게 광고 1편을 보여준 후 2편을 보여주고자 할 경우, 순차 게재를 사용하는 것이 적절하다.

23
정답 ③

카탈로그를 만들 수 있는 유형은 이커머스(온라인 판매 제품), 여행(호텔 및 휴양지 부동산, 항공편 또는 목적지), 부동산(임대 자산 및 부동산 매물), 자동차(자동차 시장의 여러 분야), 엔터테인먼트 및 미디어(TV 프로그램, 영화 및 스트리밍 콘텐츠와 같은 미디어 콘텐츠)이다.

24
정답 ④

맞춤 타겟을 만들고자 할 때, 타겟 생성 시 사용할 수 있는 소스 옵션은 웹사이트, 고객리스트, 앱 활동, 오프라인 활동이다. Meta 픽셀/SDK를 이용하여 웹사이트 활동을 파악할 수 있고, 고객 리스트를 통하여 고객 파일을 파악할 수 있다.

25
정답 ④

경매 낙찰자가 되기 위해서 중요시 여겨야 할 세 가지는 입찰가, 추산 행동률, 광고 품질(관련성)이다.

26
정답 ③

브랜드가 보유한 1st Party Data를 대상으로만 캠페인을 진행하기 때문에 광고 타겟이 한정적이다. 따라서 광고 예산을 늘려도 더 많은 고객에게 도달은 어려울 것이다.

※ 광고 예산이 늘어날 경우 노출량은 늘어날 것으로 판단된다. 타겟이 한정적이어서 빈도가 높아질 것으로 예상된다.

27
정답 ④

매출 증대를 목표로 하기 때문에 전환 데이터를 확보하는 것이 가장 중요하다. 지난 시즌의 모델 구매에 관심을 보인 고객을 대상으로 하므로, 구매전환 데이터를 사용하는 것이 적절하다.

28
정답 ①

타겟 고객에게 도달 및 빈도를 조절하는 광고를 구매하려 하기 때문에, 노출을 기준으로 광고를 집행하는 것이 가장 적절하다. 노출당 비용을 지불하는 것이 가장 적절한 과금 방식이므로 CPM(Cost Per Mille)을 선택하는 것이 가장 적절하다.

29
정답 ①

신규 고객을 유치하는 것이 브랜드 목적이므로, 위치 및 인구통계 기반의 폭 넓은 핵심 타겟을 타겟팅한다면 신규 고객 유치의 목적을 달성할 수 있다.

※ ②번과 ③번도 적절한 방법이라 판단된다.

30
정답 ②

Meta for Business의 광고 캠페인 목표는 브랜드 인지도, 도달, 트래픽, 참여, 앱 설치, 동영상 조회, 잠재 고객 확보, 메시지, 전환, 카탈로그 판매, 매장 유입이다.

31
정답 ④

컬렉션 광고는 사람들이 제품을 발견한 후 구매까지 자연스럽게 이어갈 수 있게 해주는 모바일 전용 광고 형식이다. 4개 이상의 제품이 있어야 세팅이 가능하고, 일반적으로 카달로그를 필요로 한다.

32 정답 ③

이미지 광고는 눈길을 끄는 이미지와 문구를 사용하는 깔끔하고 단순한 광고 형식으로, 고화질 이미지나 그림을 통해 비즈니스의 정보와 상품 및 서비스를 홍보한다. 광고 이미지에 포함된 텍스트의 비율은 20% 미만인 것이 좋다.

33 정답 ④

Meta에서 성과측정을 위해 제공하는 데이터 소스 및 기능으로는 카탈로그, Facebook 픽셀, 오프라인 이벤트 세트, 맞춤 전환(전환 API), 자산, 이벤트 소스 그룹, 공유 타겟, SDK가 있다.

34 정답 ①

매출과 관련이 많은 지표는 전환수이다.

35 정답 ②

Facebook UID란 페이스북 사용자 ID(User IDentifier)로, 메타의 비즈니스가 가능하게 하는 기본이다.

36 정답 ③

Facebook IQ는 다양한 디지털 인사이트와 마케팅 리서치 자료를 제공한다. 뉴스레터를 신청하여 구독할 수 있다.

37 정답 ①

최적화 설정은 키워드, 검색어, 기기, 위치 등의 신호를 토대로 클릭수가 많이 발생하도록 광고를 최적화하고 광고그룹 내에서 다른 광고보다 실적이 더 우수할 것으로 예상되는 광고를 우선적으로 게재하는 것이다.
※ 구글 애즈의 고객센터의 '광고 로테이션 사용)안내'에 따르면 광고 로테이션 최적화는 게재 빈도 설정을 말하는 것으로 판단된다. 게재 빈도 설정에는 노출 빈도 제한과 조회 빈도 제한이 존재한다.

38 정답 ②

내 데이터 기반 동영상 세그먼트는 이전에 페이지를 방문했던 사용자가 포함된 잠재고객 세그먼트를 만드는 것으로, 비디오 리마케팅 방식이다. 별도의 태그가 반드시 필요한 것은 아니나, 영상이 업로드된 유튜브 계정과 유튜브 동영상 광고를 진행할 구글애즈 계정을 서로 연동되어 있어야 한다. 초기 목록의 크기는 과거 30일이 기본이고, 최대 시청자 데이터 보관 가능 기간은 540일이다.

39 정답 ③

내 데이터 기반 동영상 세그먼트의 목록은 채널 페이지를 방문함, 채널의 동영상 광고를 조회함, 채널의 동영상을 좋아함, 채널의 동영상에 댓글을 작성함, 채널의 동영상을 공유함, 채널 구독, 특정 동영상을 조회함, 특정 동영상을 광고로 조회함이다.

40 정답 ③

내 데이터 기반 동영상 세그먼트는 별도의 태그가 반드시 필요한 것은 아니나, 태그를 심어두는 것이 좋다. 영상이 업로드된 유튜브 계정과 유튜브 동영상 광고를 진행할 구글애즈 계정을 서로 연동되어 있어야 한다.

41 정답 ①

비디오 빌더(Video Builder)란 브랜드가 보유한 이미지와 텍스트만으로 15초 유튜브 동영상 제작이 가능한 도구이다. Google Ads로 바뀌면서 더 이상 사용하지 않는다.

42 정답 ③

디렉터 믹스(Director Mix)는 구글의 맞춤형 메시지 동영상 자동화 솔루션으로, 타겟 그룹별 맞춤 크리에이티브를 전달하는 방식의 도구이다. Director Mix를 사용하면 대규모로 사용자 정의된 비디오를 만들 수 있으며 다양한 요소를 교환하여 특정 잠재 고객에게 맞게 콘텐츠를 조정할 수 있으므로 이전보다 개인화가 수월하다.

43 정답 ④

비디오 액션 광고는 하나의 자동화된 캠페인으로 YouTube 안팎에서 더 많은 전환을 유도할 수 있는 간단하고 비용 효율적인 방법으로, 캠페인에 광고 확장(사이트링크)이나 제품 피드(프로덕트 피드)를 추가하여 전환수를 늘릴 수 있다. 앱 딥 링킹은 앱의 특정 페이지로 이동시켜 주는 기능이다.
※ 비디오 액션 광고는 현재 동영상 액션 캠페인으로 명칭이 변경되었다.

44 정답 ①

YouTube Kids는 어린이 시청자만을 위한 맞춤 앱으로 어린이를 위한 안전한 온라인 환경, 부모님용 자료, 가족용 동영상을 제공한다. 가장 안전한 환경에서 광고 노출이 가능하다.

45
정답 ②

프라임팩(Prime Pack)이란 TV 방송사와 웹 오리지널 콘텐츠 채널을 선별해 판매하는 유튜브 CPM 예약형 광고 상품을 말한다. 15초 이하의 영상을 건너뛰기가 불가능하고, 15초를 넘는 영상은 건너뛰기가 가능하다.

46
정답 ①

CPM 마스트헤드는 유튜브 홈페이지 최상단 모든 기기에 노출되는 네이티브 동영상 기반 광고 형식으로 브랜드, 제품 또는 서비스를 선보일 수 있다. 예약 방식으로만 제공되고, 노출량만큼 구매해 노출시킬 수 있다.

47
정답 ③

과금 방식을 확인 하면, 인피드 동영상 광고는 CPV 과금 방식이고, CPM 마스트헤드와 범퍼애드는 CPM 과금 방식이다. 구매 방식을 확인하면, CPM 마스트헤드는 예약형 상품이고, 인피드 동영상과 범퍼애드는 구글 애즈를 통한 집행 및 운영 상품이다.

48
정답 ②

브랜드 리프트 서베이(Brand Lift Survey)는 동영상 광고의 효과를 측정하는 무료 도구로, 동영상 캠페인을 조정하고 개선할 수 있다. 전통적인 측정항목 대신 광고 상기도, 브랜드 인지도, 브랜드 구매고려도, 브랜드 선호도, 브랜드 구매의도 같은 측정항목에 중점을 두어 캠페인을 마케팅 목표에 맞게 조정하는 데 도움이 된다.

49
정답 ④

구글 애즈를 통하여 사용할 수 있는 타겟팅은 지리적 위치, 언어, 기기, 키워드, 주제, 게재위치, 제외, 인구통계, 잠재고객 (생애주기, 맞춤 구매의도) 타겟팅이다. IOS 기기는 타겟팅 할 수 있지만, 특정 앱은 타겟팅할 수 없다.

50
정답 ④

인구통계 타겟팅은 기본적으로 도달하려는 잠재고객의 나이, 성별, 자녀 유무, 가계 소득을 타겟팅한다. 거주지는 지리적 위치 타겟팅이 가능하다.

51
정답 ②

구글 애즈의 콘텐츠 기반의 타겟팅은 키워드, 주제, 게재위치 타겟팅이다.

52
정답 ②

BTS 유튜브 채널에 광고를 게재하기 위해서는 게재위치 타겟팅을 사용하여야 한다. 게재위치 타겟팅은 채널, 동영상, 앱, 웹사이트 또는 웹사이트 내 게재위치를 타겟팅한다.

53
정답 ①

유튜브 내 뉴스 관련 채널 영상에 광고를 게재하기 위해서는 주제 타겟팅을 사용하여야 한다. 주제 타겟팅이란 YouTube 와 Google 디스플레이 네트워크에서 동영상 광고를 특정 주제로 타겟팅한다. 가능한 주제로는 금융, 뉴스, 도서 및 문학, 미용, 피트니스, 부동산, 비즈니스 및 산업, 사법 기관, 정부 기관, 쇼핑, 스포츠, 식음료, 애완동물 및 동물 등이 있다.

54
정답 ④

특정 분야에 구매의도가 매우 높은 유저에게 광고를 노출할 수 있는 타겟팅은 구매의도 세그먼트이다. 구매의도 세그먼트는 광고주가 제공하는 서비스 또는 제품을 검색하고 구매를 적극적으로 고려하는 고객을 찾는다.

55
정답 ②

20대 여성에게만 광고를 노출시킬 수 있는 타겟팅은 인구통계 타겟팅이다. 인구통계 타겟팅은 기본적으로 도달하려는 잠재고객의 나이, 성별, 자녀 유무, 가계 소득을 타겟팅한다.

56
정답 ①

키워드 타겟팅이란 동영상 광고 형식에 따라 YouTube 동영상, YouTube 채널, 잠재고객이 관심을 보이는 웹사이트의 유형과 관련된 단어 또는 구문(키워드)을 기반으로 동영상 광고를 게재할 수 있다. 타겟팅한 키워드가 포함된 동영상 제목, 설명문구, 태그 등에 매칭이 되어 광고 노출된다.

57
정답 ②

브랜드 인지도 개선을 위해서는 조회수를 중요하게 여겨야 한다. 노출수 대비 조회수(조회율)가 원하는 목표치만큼 달성하여야 하며, CPV는 낮을수록 좋다. 캠페인을 진행하면서 후속조회수를 확인하여 목표를 달성할 수 있도록 운영 및 개선하여야 한다.

58
정답 ②

유튜브 애널리틱스를 통해 도달범위(노출수, 노출클릭률, 조회수, 순 시청자수, 트래픽소스 유형, 트래픽소스, 노출수 및 노출수가 시청 기간에 미치는 영향), 참여도(시청시간, 평균시청지속시간, 시청지속시간, 좋아요 수, 최종화면요소 클릭률), 시청자층(재방문 시청자, 순 시청자 수, 구독자, 구독자 시청시간, 많이 본 지역, 인기 자막 언어, 연령 및 성별)을 확인할 수 있다.

※ 유튜브 애널리틱스는 유튜브 스튜디오 분석을 의미하는 것으로 판단된다.

※ ③번의 영상을 시청하지 않고 건너뛴 시청자 비율만 확인할 수 없다.

59
정답 ④

제외 타겟팅이란 브랜드에 적합하지 않거나 광고 목표 달성에 도움이 되지 않을 수 있는 특정 카테고리의 웹사이트, 동영상, 모바일 앱에 광고가 게재되지 않게 하는 타겟팅 방법이다.

※ 인구통계타겟팅을 통하여 특정 연령 및 성별을 미설정시 타겟팅이 제외된다.

60
정답 ④

품질평가점수는 예상 클릭률(CTR), 광고 관련성, 방문 페이지 만족도를 통합적으로 고려하여 산출된다. 영상 조회율, 영상 클릭률은 광고 관련성과 관련이 있고, 영상 재생 진행률은 광고 관련성 및 방문 페이지 만족도와 관련이 있다.

61
정답 ③

광고 미등록 상태는 유튜브 광고 소재 목적으로 제작해, 자신의 유튜브 채널에는 노출을 원치 않을 때 할 수 있는 상태이다.

※ 현재의 동영상 등록 상태는 크게 비공개, 일부공개, 공개 이다.

62
정답 ④

하루 24시간 마스트헤드 광고는 현재 CPM 마스트헤드 광고로 운영된다.

63
정답 ④

맞춤 세그먼트를 사용하면 관련 키워드, URL, 그리고 앱 등을 입력하여 이상적인 잠재고객에게 도달할 수 있다.

64
정답 ④

기기 타겟팅을 통하여, 특정 기기 유형, 운영체제, 기기 모델, 광고 인벤토리(게시자가 광고 게재를 허용하는 공간), 이동통신사 및 무선 네트워크를 타겟팅할 수 있다. 특정 TV 브랜드 타겟팅은 불가능하다.

65
정답 ④

크리에이터는 콘텐츠에 게재되는 광고를 통해 수익금을 받는다. 크리에이터는 특정 구독자 수를 초과하면 수익 창출을 할 수 있는 일부 조건을 충족하는 것이다. 크리에이터는 브랜디드 콘텐츠 제작하여 판매하거나, PPL을 하면 수익금을 받는다.

66
정답 ①

유튜브 스튜디오 분석의 트래픽 소스에서 동영상, 트래픽 소스, 지역, 시청자 연령, 시청자 성별, 날짜, 재생목록, 기기 유형, YouTube 제품, 동영상 유형, 재생 위치, 운영체제, 자막, 동영상 정보 언어, 번역 사용, 최종 화면 요소 유형, 최종 화면 요소, 카드 유형, 카드, 공유 서비스를 확인할 수 있다.

67
정답 ③

유튜브 정책 중 외부 링크 정책에 의하면 음란물로 연결되는 링크, 멀웨어를 설치하는 웹사이트나 앱으로 연결되는 링크, 사용자의 로그인 사용자 인증 정보, 금융 정보 등을 피싱하는 웹사이트 또는 앱으로 연결되는 링크 등은 사용자를 커뮤니티 가이드 위반 콘텐츠로 연결하는 링크는 콘텐츠에 게시할 수 없다.

68
정답 ④

유튜브 정책 중 스팸, 기만 행위, 사기 관련 정책에 의하면 과도하게 자주 게시되거나 반복되거나 뚜렷한 대상이 없고 다음 내용을 하나 이상 포함한 콘텐츠, 제목, 썸네일, 설명란을 이용하여 사용자가 콘텐츠의 내용을 다른 내용으로 오해하도록 하는 콘텐츠, 내용이 같거나 뚜렷한 대상이 없거나 반복적인 댓글을 대량 게재하는 행위 등은 허용되지 않는다.

※ ①번의 다음 내용은 '시청자에게 무언가를 보여주겠다고 약속하지만 보여주지 않고 외부 사이트로 유인한다.', '시청자에게 빠른 수익 창출을 약속하면서 YouTube 외부 사이트로 클릭, 조회 또는 트래픽을 유도한다.', '유해한 소프트웨어를 유포하거나 개인 정보를 수집하는 사이트 또는 부정적인 영향을 미치는 다른 사이트로 시청자를 유인한다.'이다.

69
정답 ④

카카오 비즈보드에서 랜딩페이지는 URL, 애드뷰, 채널웹뷰, 챗봇, 카카오페이 구매, 비즈니스폼, 톡캘린더, 포스트이다.

70
정답 ④

카카오 광고의 유형은 카카오모먼트(카카오비즈보드, 디스플레이 광고 등), 검색광고(키워드 광고, 브랜드 검색광고), 알림톡/친구톡/상담톡, 기타 광고(브랜드 이모티콘, 로컬광고)가 존재하며, 광고의 소재는 굉장히 다양하다.
※ 플친이 채널로 바뀐 것을 감안한다면, 모든 보기가 광고 소재의 유형이라 판단된다.

71
정답 ③

카카오 비즈보드의 광고 목표는 전환, 방문, 도달이다.

72
정답 ④

카카오 비즈보드 그룹내에서 맞춤 타겟으로 설정할 수 있는 설정은 내 데이터 설정과 추가설정이다. 내 데이터 설정으로 광고반응타겟, 픽셀&SDK, 카카오사용자, 고객파일을 설정할 수 있다.

73
정답 ③

카카오 비즈보드의 캠페인 일 예산은 최소 50,000원부터 10억 원 이하 10원 단위로 설정할 수 있다. 광고그룹 일 예산은 최소 10,000원부터 5억 원 이하 10원 단위로 설정할 수 있다.

74
정답 ③

카카오톡 채널 광고의 광고목표는 도달뿐이다.

75
정답 ①

풀스크린 광고는 밴드 앱종료 시 노출되는 1일 1광고주 단독 노출 상품으로, 브랜드 인지 효과 및 클릭을 극대화할 수 있는 Android 전용 상품이다. 사용할 수 있는 타겟팅은 성별 타겟팅뿐이다.

76
정답 ④

스마트 채널 광고는 밴드앱 홈, 새소식, 채팅 최상단에 노출되는 상품으로, 밴드 및 네이버 지면 등에 노출된다.
※ 스마트 채널 광고의 최소 입찰가는 CPM 2,000원, CPC 10원(VAT 별도) 또는 CPM 2,200원, CPC 11원이다.

77
정답 ④

네이티브(피드) 광고의 타겟팅 옵션 중 맞춤 타겟 설정은 광고주 브랜드를 알고 있거나 접한 적 있는 대상에게 광고 집행(고객 파일, MAT, 유사 타겟 등을 추가해 설정)이 가능하다. 지역 타겟팅으로는 서울 및 경기도는 시/구, 그 외 지역은 군/구까지 가능하다. OS는 Android 및 iOS 중 선택하여 타겟팅이 가능하다.
※ ②번은 최소 제한이 존재하고, ③번은 틀렸다고 판단된다. ④번의 내용은 옳다.

78
정답 ②

네이버의 게재위치는 스마트 채널, 모바일 메인, 모바일 서브이다. 네이티브 피드 광고의 게재위치는 밴드피드이다. 네이티브 피드 광고는 밴드 단독 집행이다.

79
정답 ①

트위터 광고의 유형으로는 프로모션 광고, 팔로워 광고, Twitter Amplify, Twitter Takeover, Twitter Live가 있다. Twitter Takeover의 종류에는 타임라인 테이크 오버, 트렌드 테이크 오버, 트렌드 테이크 오버+가 있다.

80
정답 ③

라이브 커머스는 채팅으로 소비자와 소통하면서 상품을 소개하는 스트리밍 방송으로, 생방송이 진행되는 동안 이용자들은 채팅을 통해 진행자, 혹은 다른 구매자와 실시간 소통할 수 있다.

part
04

정답 및 해설

정답찾기

2025년 기출유사문제

01 ②	02 ③	03 ①	04 ②	05 ③
06 ①	07 ④	08 ③	09 ④	10 ③
11 ①	12 ②	13 ②	14 ①	15 ③
16 ①	17 ③	18 ④	19 ①	20 ①
21 ④	22 ②	23 ③	24 ③	25 ①
26 ②	27 ④	28 ③	29 ①	30 ①
31 ②	32 ③	33 ③	34 ①	35 ④
36 ①	37 ③	38 ②	39 ③	40 ②
41 ④	42 ③	43 ②	44 ②	45 ④
46 ③	47 ①	48 ④	49 ②	50 ④
51 ④	52 ②	53 ③	54 ②	55 ④
56 ①	57 ①	58 ②	59 ③	60 ②
61 ①	62 ①	63 ②	64 ④	65 ③
66 ①	67 ③	68 ②	69 ①	70 ②
71 ②	72 ④	73 ②	74 ③	75 ②
76 ①	77 ②	78 ④	79 ③	80 ④

※문제 및 정답에 대한 다른 의견을 첨가하였습니다.

01 정답 ②

동일한 화면과 방송을 다수의 대중에게 보내는 매스미디어와 달리 소셜미디어는 개별 구독자가 원하는 특정 콘텐츠를 선별하여 보내기 때문에 대량의 정보 전달을 위한 매체로 적절하지 않다.

02 정답 ③

보낸 메시지가 확인 후 24시간 안에 사라지는 독특한 서비스로 인기를 끈 플랫폼은 스냅챗이다.

03 정답 ①

유튜브 스튜디오나 메타 비즈니스 스위트 등 광고주의 콘텐츠를 통합적으로 관리해 주는 프로그램은 무료로 이용이 가능하다.

04 정답 ②

메타버스는 초월, 가상을 의미하는 단어인 메타(meta)와 우주를 의미하는 단어인 유니버스(universe)의 합성어로 현실과 가상을 연결하는 차세대 인터넷 신조어이다.

05 정답 ③

콘텐츠 마케팅은 고객에게 직접적인 판매를 목적으로 하지 않고, 가치 있는 정보나 경험을 제공하는 마케팅 전략으로 블로그 글, 동영상, 인포그래픽, 이메일 뉴스레터 등 다양한 형태의 콘텐츠를 통해 이루어진다.

06 정답 ①

브이로그는 동영상과 기록을 뜻하는 영어 단어를 조합한 신조어로, 창작자의 일상생활을 동영상으로 기록하여 소셜미디어에 공개한 일련의 게시물을 의미한다.

07 정답 ④

고도화된 데이터 분석 및 트래킹 기능을 이용하여 도달률과 빈도수를 정확히 측정할 수 있다는 점이 소셜미디어를 활용한 유료 광고의 장점이다.

08 정답 ③

1회 구매 시 평균적으로 결제하는 금액인 '객단가'와 같은 의미로 사용되는 소셜미디어 마케팅 용어는 전환가치로, 1회 전환 시 발생하는 매출액의 가치를 의미한다.

09 정답 ④

가장 성과가 좋은 슬라이드를 맨 뒤에 표시하더라도 추산행동률과 광고 품질이 낮으면 노출이 되지 않을 수 있다.

10 정답 ③

Meta Business Suite에서 사용하는 광고 경매 낙찰 순위에 영향을 미치는 요인은 입찰가, 광고 품질, 추산행동률의 3가지이다.

11 정답 ①

광고주가 제공하는 소스는 고객 리스트, 웹사이트, 앱 활동, 오프라인 활동, 카탈로그 등 광고주가 직접 수집하는 소스로 '내 소스'라고 한다.

12 정답 ②

유사 타깃은 단지 노출 범위나 빈도를 높이기 위한 것이 아니라, 광고에 대한 반응을 높이기 위해 만든다.

13 정답 ②

인스턴트 경험은 경매 유형의 6개 목표를 선택해도 '컬렉션'에서 추가할 수 있는 반면에, 360도 사진과 360도 동영상은 추가할 수 있는 방법이 없으므로 메타 동영상의 6개 목표 모두 360도 동영상이 가능한 것은 아니다.

14 정답 ①

소비자들이 앱에서 하는 행동을 파악하고 측정할 수 있는 분석 도구는 픽셀이 아니라 SDK이다. SDK(Software Development Kit)는 소프트웨어를 개발하는 도구로, 이를 앱에 설치하여 앱에서 발생하는 데이터를 Meta에 보낼 수 있다.

15 정답 ③

'트루플레이(Thruplay) 조회 극대화'는 동영상 길이가 15초 이하이면 영상을 15초 정도 시청하는 사람에게 노출되고, 15초

이상이면 영상을 오래 시청하는 사람에게 노출되므로, 동영상을 최대한 많이 보도록 만드는 것을 목표로 하는 캠페인에 적합하다.

16 정답 ①

컬렉션 광고는 여러 제품을 한 번에 보여주는 방식으로, 브랜드의 다양한 상품을 직관적으로 노출해 구매를 유도하는 디지털 광고 형식이다. 컬렉션 광고는 제품을 관련 동영상 또는 이미지와 결합하여 사람들의 관심을 유도하는 데 적합하다.

17 정답 ③

인스타그램 스토리 광고 동영상 소재의 가장 적합한 화면 비율은 9:16이다.

18 정답 ④

Meta for Business에서 캠페인을 운영 중인 광고주가 Audience Network를 활용하지만 특정 퍼블리셔나 웹사이트에서의 광고 노출을 원하지 않는 경우, 차단리스트(block list)를 설정해 해당 사이트에서의 광고 노출을 막고 자동 노출 위치(Automatic Placements) 기능을 활용하면 Meta의 최적화 시스템을 사용하면서도 원하는 사이트에서의 광고 노출을 방지할 수 있다.

19 정답 ①

전환 API(Application Programming Interface)는 웹사이트의 방문자의 구매, 신청, 예약 등 주요 전환 이벤트를 자동으로 수집·분석할 수 있는 프로그램 인터페이스로, 애플 ATT(App Tracking Transpar-ency) 정책과 크롬 브라우저 쿠키 지원 중단 정책 이후 메타에서 주력으로 사용하는 전환 추적 방식이다.

20 정답 ①

메타의 앱 설치 캠페인을 실행하려면 반드시 페이스북 개발자 계정에 앱을 등록하고 필요한 설정을 마쳐야 한다. 즉, 페이스북 앱 등록 없이 앱 설치 캠페인을 실행할 수는 없다.

21 정답 ④

oCPM(optimized Cost Per Mille)은 예산과 기간에 따라 최대한 많은 타깃 고객에게 광고를 노출하는 데 적합한 입찰 방식으로, 한정된 예산 내에서 광고 비용을 예측 가능하게 하고, 도

달률과 빈도를 기준으로 광고를 최적화한다.

22 정답 ②

개인 계정을 타인과 공유하여 사용할 수 없으므로 여러 명이 하나의 광고를 관리 및 공유하려는 경우에는 별도의 비즈니스 관리자 계정을 생성해야 한다.

23 정답 ③

인벤토리 필터는 특정 기준에 따라 원하는 항목만 선별해 보여주는 필터로, Audience Network에서 브랜드 가치 보호를 위해 제한할 수 있는 인벤토리 필터 항목에는 참사 또는 분쟁, 논란의 여지가 있는 사회문제, 불쾌한 활동, 성적인 콘텐츠, 거친 언어, 노골적인 콘텐츠 등이 있다.

24 정답 ③

구매 유형을 예약으로 진행할 예정일 때 캠페인에 적용되는 광고 구매 방법은 CPM이다. CPM(Cost Per Mille)은 광고가 1,000회 노출될 때마다 지불하는 비용을 말한다.
① CPA(Cost Per Action) : 회원가입, 구매 등 특정 행동 1회당 지불하는 비용
② CPC(Cost Per Click) : 광고 클릭 1회당 지불하는 비용
④ CPV(Cost Per View) : 광고 조회 1회당 지불하는 비용

25 정답 ①

인스타그램 광고에서 릴스 광고의 권장 비율은 9:16이다.

26 정답 ②

페이스북 동영상 광고 제작 시 세로형 동영상을 만들어서 모바일 지면을 최대한 활용해야 한다.

27 정답 ④

Meta에서 광고 성과를 극대화하려면 어드밴티지 캠페인 예산을 이용해 광고 세트들이 캠페인 목표에 맞게 예산 분배가 되도록 최적화하는 것이 바람직하다.

28 정답 ③

WhatApp은 Meta가 운영하는 인스턴트 메신저의 하나로, 고객들과의 소통에 도움을 주는 서비스이다.

29 정답 ①

Curbside는 오프라인 매장에서 전환 위치를 웹사이트로 선택했을 때 설정할 수 있는 이벤트이다. 카탈로그와 제품 광고에서 웹사이트에 설정할 수 있는 표준 이벤트는 Purchase, AddtoCart, ViewContent이다.

30 정답 ①

Meta for Business의 특별 광고 카테고리는 광고 타기팅 옵션을 제한하여 민감한 분야에서의 차별이나 불공정한 관행을 방지하기 위한 것으로 주로 신용, 고용, 주택과 같은 분야에 적용된다.

31 정답 ②

Meta의 광고 게재 시스템은 머신러닝을 통해 광고 예산이 낭비 없이 가치 있고 안정적으로 운용되도록 최적화(Optimization)된다. 캠페인의 목표 결정은 캠페인의 유동성 최적화와는 관련이 없다.

32 정답 ④

응답시간은 가장 빠른 응답시간의 90%를 기준으로 페이지에서 응답 완료까지 걸린 평균시간이다.

33 정답 ③

잠재고객은 제품이나 서비스에 관심을 보이는 향후 구매 가능성이 높은 고객으로, 이메일 주소를 남기거나 신청서를 작성하도록 만드는 경우 유용한 Meta의 광고 비즈니스 목표이다.

34 정답 ①

유튜브의 검색 결과 동영상 순위는 단순히 조회수에 의해서만 결정되는 것이 아니라 알고리즘을 통해 사용자 참여도, 메타데이터, 콘텐츠와의 관련성 등을 종합적으로 고려해 결정된다.

35 정답 ④

유튜브 추천 영상(맞춤 동영상)은 반드시 구독자 1,000명 이상의 채널을 기준으로 하는 것은 아니다.

36 정답 ①

Meta Business Suite는 광고주의 비즈니스와 관련된 활동을 통합적으로 관리해 주는 무료 도구이다.

37 정답 ③

유튜브 파트너 프로그램(YPP)에 참여하기 위한 자격요건으로 최근 12개월 간 조회 시간이 4,000시간 이상이어야 한다.

38 정답 ②

유튜브 쇼츠의 최대 길이는 180초(3분)이다.

39 정답 ③

① **타깃 전환당비용** : 전환 1회당 지불하고자 하는 평균비용을 설정한다.
② **타깃 CPM** : 광고가 1,000회 게재될 때마다 지불하려는 평균 금액을 설정할 수 있다.
④ **전환수 최대화** : 캠페인에서 가장 많은 전환이 발생하는 방향으로 예산이 지출되도록 일예산이 자동으로 설정된다.

40 정답 ②

제품의 경쟁력은 유튜브 광고 게재 순위와는 무관하다. 유튜브 광고 게재 순위에 영향을 미치는 요소로는 입찰가, 입찰 시 광고 품질, 광고 순위 기준, 입찰 경쟁력, 사용자 검색의 문맥, 확장 소재, 다른 광고 형식의 예상 효과 등을 고려하여 입찰에 참여할 때마다 계산된다.

41 정답 ④

범퍼 광고는 건너뛰기 버튼이 없는 것이 특징이며, 건너뛸 수 있는 스트리밍 광고와는 다르다.

42 정답 ③

등록한 동영상, 쇼츠, 라이브, 게시물 등의 관리는 유튜브 스튜디오의 '콘텐츠' 메뉴에서 가능하다. '맞춤 설정' 메뉴에서는 채널의 프로필, 배너 이미지, 소개 정보, 추천 영상, 재생목록 등을 설정할 수 있다.

43 정답 ②

사용자가 유튜브 동영상 광고를 시청하거나 광고에 참여한

횟수를 나타내는 지표는 조회수로, 유튜브 광고 수익 예측의 핵심 지표이다.

44 정답 ②

유튜브 홈페이지 최상단에 원하는 노출량만큼 구매해 노출하는 광고 상품은 CPM 마스트헤드이다.

45 정답 ④

구글의 아웃스트림 광고(Outstream Ads)는 클릭이 아닌 노출을 기준으로 과금되는 CPM 방식이다. CPM(Cost Per Mille)은 광고가 1,000회 노출될 때마다 지불하는 비용을 말한다.

46 정답 ③

구글애즈에서 광고 게재 위치는 고려하지 않고, 잠재고객의 성향만을 근거로 광고를 노출시키는 타겟팅 방법은 사용자 기반 타겟팅이다.

- **콘텐츠 기반 타겟팅**: 주제, 키워드, 게재 위치
- **사용자 기반 타겟팅**: 인구통계, 잠재고객

47 정답 ①

'인피드 동영상 광고'에서 광고 영상의 길이는 제한이 없다.

48 정답 ④

컴패니언(Companion) 배너는 건너뛸 수 없는 인스트림 광고나 마스트헤드 광고의 부족한 클릭을 유도하는 클릭 유도형 광고로 브랜드 인지도를 목표로 하는 광고는 아니다.

49 정답 ②

특정 유튜브 동영상 광고를 7명이 21번 보았을 때 해당 광고의 도달수는 7이고, 빈도는 21이다.

50 정답 ④

30초 이상인 영상은 30초 이상을 완료해야 과금이 되고, 30초 미만인 영상은 전체 시청을 완료해야 과금이 된다.

51 정답 ④

클릭수, 노출수, 조회수 같은 전통적인 측정 항목 대신 광고

회상, 브랜드 입지도, 고려도 같은 측정항목에 중점을 두는 구글의 광고 효과 측정 도구는 브랜드 광고 효과(Brand lift)이다.

52 정답 ②

구글의 '도달 범위 플래너'는 계획을 위한 도구이지 결과를 파악하기 위한 도구가 아니므로, 동영상 캠페인의 성과가 목표에 얼마나 근접했는지 검증할 수는 없다.

53 정답 ③

구글애즈 캠페인의 목표로는 판매, 리드, 웹사이트 트래픽, 앱 프로모션, 인지도 및 구매 고려도, 오프라인 매장 방문 및 프로모션, 목표 설정 없이 캠페인 만들기 등이 있다.

54 정답 ②

Content ID 소유권 주장을 통해 저작권 침해 사실이 발견되더라도 해당 동영상이 유튜브에서 바로 삭제되는 것은 아니며, 추적 또는 수익을 창출하도록 설정된 콘텐츠의 경우 유튜브에서 시청이 계속 가능하다.

55 정답 ④

무효 트래픽(Invalid Traffic)은 유튜브 광고에서 의도적인 사기 트래픽 및 의도하지 않은 클릭 또는 중복 클릭 등 실제 사용자의 관심과는 무관하게 발생하는 트래픽을 의미한다.

56 정답 ①

일일예산은 하루에 사용 가능한 예산으로, 횟수에 관계없이 언제든지 변경할 수 있다.

57 정답 ①

유튜브의 컴패니언 동영상은 마스트헤드 광고를 보완하기 위한 동영상으로, 반드시 2개의 동영상을 추가해야 하는 것은 아니다.

58 정답 ②

구글애즈 광고 캠페인에서 운영체제, 기기 모델, 통신사 등에 대한 타겟팅이 가능하나 특정 TV 브랜드를 타겟팅할 수는 없다.

59 정답 ③

전환가치 극대화 입찰 전략은 설정 즉시 사용할 수 있는 것이 아니라, 캠페인에서 전환수 30회를 수집한 경우에만 사용할 수 있다.

60 정답 ②

유튜브 동영상 광고의 당일 성과 지표는 실시간으로 확인이 가능하다.

61 정답 ③

유튜브 커뮤니티 가이드에 위배되는 영상이나 저작권에 문제가 있는 영상은 광고 노출이 제한된다.

62 정답 ①

유튜브의 상세 타겟에서는 관심사와 구매 의도, 타겟 추천, 타겟 설정 방식, 성인 타겟, 주제 타깃 등을 설정할 수 있다.

63 정답 ②

① 일부 공개의 경우 댓글 작성은 가능하다.
③ 13~17세의 미성년자는 기본 업로드 설정이 비공개이다.
④ 비공거의 경우 공개 재생목록에도 표시되지 않는다.

64 정답 ④

인벤토리 유형을 설정하면 특정 콘텐츠에 광고가 노출되는 것을 제한할 수 있다.

65 정답 ③

① 초기 목록 크기는 과거 30일이 기본값이다.
② 최대 시청자 데이터 보관 가능 기간은 540일이다.
④ 시리즈 영상 1편 조회자에게 2편 광고를 노출하는 캠페인 설계는 불가하다.

66 정답 ①

CPM 마스트헤드 광고는 예약형 상품으로 구글애즈에서 구매 및 집행할 수 없고, 별도의 광고 담당자를 통해 구매할 수 있다.

67 정답 ③

$$조회율 = \frac{조회수}{노출수} \times 100$$

$$조회율 = \frac{25,000}{200,000} \times 100 = 12.5(\%)$$

68 정답 ②

MA(Mature Audience only)는 성인 시청가로 알코올, 도박, 성적인 콘텐츠, 무기와 같은 주제 등 성인에게만 적합한 콘텐츠를 말한다.

69 정답 ①

하나의 유튜브 채널에 최대 300개의 구글애즈 계정을 연결할 수 있다.

70 정답 ②

카카오톡 비즈보드의 랜딩 페이지는 광고주 사이트의 URL뿐만 아니라 애드뷰, 채널웹뷰, 챗폼, 비즈니스폼, 톡캘린더, 포스트 등으로 다양하다.

71 정답 ②

카카오커머스나 카카오톡 예약하기는 카카오모먼트의 직접적인 기능이 아니라, 다른 카카오 비즈니스 플랫폼을 통해 제공되는 서비스이다.

72 정답 ④

CPA 비용 목표 설정은 디스플레이, 비즈보드 유형의 전환 목표 캠페인에 제공되는 과금 방식으로, 광고 효율에 맞게 입찰이 자동 조정되면서 설정한 예산을 초과하거나 미달할 수 있다.

73 정답 ②

카카오 비즈보드 광고는 전환, 방문, 도달을 광고 목표로 한다.

74 정답 ③

광고그룹의 일예산은 최소 1만 원 이상 5억 원 이하에서 10원 단위로 설정이 가능하다.

75 정답 ②

네이버 밴드의 풀스크린 광고는 안드로이드에만 노출되는 상품이다. 앱을 닫을 때 팝업 형식으로 광고가 나타나는 방식으로 성별 타겟팅만 가능하며, 네이버의 NOSP 광고 시스템을 통해 운영할 수 있다.

76 정답 ①

네이버 밴드는 월 이용자가 2,000만 명에 달하는 국내의 대표적 소셜미디어 서비스로, 사용 연령층은 10~30대보다는 40~50대 비중이 높다는 특징이 있다.

77 정답 ②

밴드 파트너센터에서 집행할 수 있는 네이버 밴드 광고 상품은 알림 광고이다. 알림 광고는 밴드 사용자에게 알림 형태로 직접 광고를 전달하여 강력한 노출을 제공한다.

78 정답 ④

네이버 밴드 홈 광고는 본인의 밴드 페이지를 사용자들에게 알릴 수 있는 기간제 노출형 상품이다.

79 정답 ③

타임라인 테이크 오버는 엑스의 광고 상품으로, 24시간 동안 타임라인 첫 화면에 독점적으로 노출되는 동영상 광고이다.

80 정답 ④

인피드 동영상 탑뷰는 틱톡 실행 시 가장 먼저 전체 화면의 사운드 온 동영상으로 노출되는 광고 상품으로 동영상 테이크 오버로 시작된 이후 3초가 지나면 좋아요, 댓글, 공유, 방문 등의 상호작용을 유도하는 광고 상품이다.

Social Network Service advertisement Marketer

부록

Social Network Service advertisement Marketer

▼ Facebook 커뮤니티 규정

1 소개와 Meta의 노력

(1) 소개

① 사람들은 매일 Facebook을 사용하여 경험을 공유하고 친구 및 가족과 교류하며 커뮤니티를 구축
합니다. Facebook은 다양한 국적 및 문화적 배경을 가진 20억 명 이상의 사람들이 수십 개의 언
어로 자신을 자유롭게 표현하는 서비스입니다.

② Meta는 Facebook이 사람들이 서로 소통하는 데 지지를 받는다고 느끼는 공간이 되는 것이 얼마
나 중요한지 알고 있으며 서비스 악용을 방지하는 당사의 역할을 중요하게 생각합니다. 이러한
이유에서 Meta는 Facebook에서 허용되는 콘텐츠와 허용되지 않는 콘텐츠에 대한 규정을 개발했
습니다.

③ 이러한 규정은 사람들의 피드백 그리고 기술, 공공안전, 인권 등 다양한 분야의 전문가 조언을 기
반으로 합니다. 모든 사람의 의견이 중요하게 받아들여질 수 있도록 당사는 다양한 관점과 신념,
특히 간과되거나 소외되기 쉬운 사람들과 커뮤니티의 관점과 신념이 포함된 규정을 만들기 위해
많은 노력을 기울입니다.

④ Facebook 커뮤니티 규정의 최신 정책은 미국 영어 버전에 먼저 반영되므로 영어 버전을 기본 문
서로 사용해야 합니다.

(2) 자유로운 의견 표현을 위한 Meta의 노력

① 커뮤니티 규정의 목표는 Facebook을 사람들이 자신을 표현하고 의견을 표현하는 공간으로 만드
는 것입니다. Meta는 누군가에게는 동의하기 어렵거나 불쾌하게 느껴질 수 있는 문제라 할지라
도 사람들이 각자 중요하게 생각하는 사안에 대해 열린 마음으로 이야기할 수 있기를 바랍니다.
이러한 이유로 공유할 만하거나 공익에 부합하는 콘텐츠라면 경우에 따라 당사의 규정을 반하는
면이 있더라도 허용될 수 있습니다. 단 당사는 이러한 콘텐츠를 공익의 가치와 발생할 수 있는 피
해의 위험도를 신중히 비교한 후 허용하며, 국제 인권 규정을 참조하여 판단을 내립니다.

② 표현의 자유에 대한 Facebook의 약속에는 흔들림이 없지만, 온라인상에서 악용 사례가 새롭게
발생하고 증가하는 것이 사실입니다.

③ 표현제한 한정 가치

  ㉠ 진실성 : 당사는 사람들이 Facebook에서 보는 콘텐츠가 진실함을 보장하기 위해 노력합니다. 진실성이 있을 때 콘텐츠를 공유하기 더 좋은 환경이 조성된다고 믿기 때문입니다. 따라서 당사는 Facebook을 사용하여 자신의 신원이나 직업 등을 속이는 것을 허용하지 않습니다.

  ㉡ 안전 : 당사는 Facebook을 안전한 공간으로 만들기 위해 최선을 다합니다. 사람의 신체적 안전에 위협을 가할 수 있는 콘텐츠는 삭제됩니다. 사람들을 위협하는 콘텐츠는 겁을 주거나 다른 사람을 배제하거나 다른 사람의 표현을 억압할 가능성이 있으므로 Facebook에서 허용되지 않습니다.

  ㉢ 개인정보 보호 : 당사는 사생활 및 개인정보를 보호하기 위해 최선을 다합니다. 개인정보 보호 기능을 통해 사람들은 자유롭게 자신을 표현할 수 있으며, Facebook에 콘텐츠를 공유할 방법과 시기를 선택하고 더 쉽게 교류할 수 있습니다.

  ㉣ 존엄성 : 당사는 모든 사람의 존엄성과 권리가 동등하다고 생각합니다. 따라서 사람들이 다른 사람의 존엄성을 존중하고 다른 사람을 괴롭히거나 모욕하지 않기를 기대합니다.

2 커뮤니티 규정

(1) 커뮤니티 규정

Facebook의 커뮤니티 규정은 전 세계 모든 사람과 모든 유형의 콘텐츠에 적용되며, 커뮤니티 규정의 각 조는 정책의 목표를 규정하는 '정책 근거'로 시작되며 다음 내용을 요약하는 특정 정책 라인이 이어집니다.

허용되지 않는 콘텐츠	시행하기 위한 추가 정보 또는 컨텍스트가 필요한 콘텐츠, 경고 화면과 함께 허용되는 콘텐츠 또는 허용되지만 만 19세 이상의 성인만 볼 수 있는 콘텐츠

(2) 커뮤니티 규정 항목

폭력 및 범죄 행위	안전	무결성 및 진실성
• 폭력 및 선동 • 위험한 개인 및 단체 • 가해 행위 도모 및 범죄 조장 • 제한된 상품 및 서비스 • 사기 및 기만	• 자살 및 자해 • 아동 성적 학대, 학대 및 나체 이미지 • 성인 성적 학대 • 따돌림 및 괴롭힘 • 인신 착취 • 개인정보 보호 위반	• 계정 무결성 및 실명 계정 • 스팸 • 사이버 보안 • 허위 행동 • 허위 정보 • 기념 계정
불쾌한 콘텐츠	**지식재산권 존중**	**콘텐츠 관련 요청 및 결정**
• 혐오 발언 • 폭력적이고 자극적인 내용 • 성인 나체 이미지 및 성적 행위 • 성매매 알선	• 지식 재산권	• 사용자 요청 • 미성년자 추가 보호

▼ Facebook 및 Instagram 광고 정책 🔍

SOCIAL NETWORK SERVICE ADVERTISEMENT MARKETER

1 개요

(1) Facebook 정책 이해하기

Facebook 광고 정책은 허용되는 광고 콘텐츠 유형에 대한 가이드를 제공합니다. 주문된 모든 광고를 이 정책에 따라 검토합니다. 광고가 실수로 승인 거부되었다고 생각하는 경우 계정 품질에서 결정에 대한 검토를 요청할 수 있습니다.

(2) 혼동하기 쉬운 부분

규정을 준수하는 사용자 친화적인 광고 경험을 만드는 데 도움이 되도록 자주 혼동할 수 있는 영역을 정리했습니다.
① 개인적 특성
② 선정적인 콘텐츠
③ 광고에서 Facebook 및 Instagram 브랜드의 사용

2 광고 검토 절차

(1) 검토 대상

광고 검토 시스템은 광고가 Facebook 광고 정책을 위반하는지 검토합니다. 이 검토 절차에는 이미지, 동영상, 텍스트 및 타게팅 정보와 같은 광고의 특정 구성 요소는 물론 광고에 연결된 랜딩 페이지나 기타 랜딩 페이지 등 기타 다양한 정보도 포함될 수 있습니다.

(2) 검토 결과

검토 절차의 어느 시점에서든 위반 사실이 발견되면 광고가 거부됩니다. Facebook 정책을 위반하지는 않지만 품질이 낮은 광고의 경우 성과에 영향이 있을 수 있습니다.

(3) 광고 재검수

광고는 상시 검토 및 재검토의 대상이 되며, Meta 정책을 위반할 경우 언제든지 거부될 수 있습니다. 광고주는 Meta 광고 정책을 숙지하고 준수할 책임이 있습니다.

(4) 추가 조치

Facebook의 약관 및 정책을 위반할 경우 개별 광고에 정책 위반에 따른 조치가 취해지는 것 외에도 광고 계정, 페이지, 비즈니스 관리자 및/또는 개별 사용자 계정의 비활성화와 같은 조치가 적용될 수 있습니다. 비활성화된 계정, 페이지 또는 비즈니스 관리자는 광고를 게재할 수 없으며, 광고주는 광고 기능을 상실하게 될 수 있습니다.

3 광고가 거부된 경우 취할 수 있는 조치

(1) 새로운 광고를 만들거나 광고 수정하기

Facebook 광고 정책에 부합하도록 새로운 광고를 만들거나 광고를 수정할 수 있습니다. 이러한 광고는 새로운 광고로 간주되어 Facebook 광고 검토 시스템의 검토를 받게 됩니다.

(2) 추가 검토 요청하기

광고 승인 거부 결정이 잘못되었다고 생각하는 경우 계정 품질에서 해당 결정에 대한 검토를 요청할 수 있습니다.

4 광고가 거부된 경우 취할 수 있는 조치

(1) 커뮤니티 규정

광고는 Facebook 커뮤니티 규정을 준수해야 하며 Instagram 광고의 경우 Instagram 커뮤니티 가이드라인을 준수해야 합니다.

(2) 불법 제품 또는 서비스

광고에서 불법인 제품, 서비스, 활동을 조직하거나 조장 또는 홍보해서는 안 됩니다. 또한 미성년자를 타게팅하는 광고는 부적절하거나 불법이거나 안전하지 않거나 타게팅한 연령 그룹을 이용하거나 오해를 일으키거나 지나친 압박감을 주는 제품, 서비스, 콘텐츠를 홍보해서는 안 됩니다.

(3) 차별적인 관행

광고는 인종, 민족, 피부색, 국적, 종교, 연령, 성별, 성적 성향, 성적 정체성, 가족 관계, 장애, 질병 또는 유전 상태 등의 개인적 특성을 이유로 사람들을 차별하거나 차별을 조장해서는 안 됩니다.

(4) 담배 및 관련 제품

광고는 담배 제품 및 관련 제품의 판매나 사용을 홍보해서는 안 됩니다. 광고는 전자 담배, 증발기, 흡연을 모방하는 기타 제품을 홍보해서는 안 됩니다.

(5) 안전하지 않은 물질

광고에서 불법 약물, 향정신성 약물 또는 기타 안전하지 않은 물질, 제품 또는 보조제의 판매나 사용을 홍보해서는 안 되며, 이러한 제품은 Meta가 단독 재량에 따라 결정합니다.

(6) 무기, 탄약 또는 폭발물

광고에서 무기, 탄약 또는 폭발물의 판매나 사용을 홍보해서는 안 됩니다. 여기에는 무기 개조 부속품 광고도 포함됩니다.

(7) 성인용품 또는 서비스

광고에서 성인용품 또는 서비스의 판매나 사용을 홍보할 수 없습니다. 성 건강 및 생식 건강 관련 제품 또는 서비스(예: 피임, 가족 계획)를 홍보하는 광고는 만 19세 이상인 사람들을 대상으로 해야 하며, 성적 쾌락에 초점을 맞추어서는 안 됩니다.

(8) 성인용 콘텐츠

광고는 성인용 콘텐츠를 포함해서는 안 됩니다. 여기에는 나체, 음란하거나 노골적인 자세 묘사, 과도하게 외설적이거나 성적으로 자극적인 활동이 포함됩니다. 누군가를 만나거나 소통하거나 누군가가 만든 콘텐츠를 볼 수 있음을 주장하거나 암시하는 광고는 성적인 의미를 암시해서는 안 되며 광고에 등장하는 인물을 성적으로 대상화하려는 의도를 담고 있어서도 안 됩니다.

(9) 제3자 침해

광고는 저작권, 상표, 사생활, 홍보 권리 또는 기타 개인의 권리나 소유권을 포함하여 제삼자의 권리를 침해하는 콘텐츠를 포함해서는 안 됩니다.

(10) 자극적인 콘텐츠

광고에 충격적이거나 자극적이거나 과도하게 폭력적인 콘텐츠를 포함해서는 안 됩니다.

(11) 개인적 특성

광고에 개인적인 특성을 언급하거나 암시하는 내용을 포함해서는 안 됩니다. 여기에는 인종, 민족, 종교, 신념, 나이, 성적 지향 및 행동, 성적 정체성, 신체적 장애, 육체적 또는 정신적 질병(건강 상태 포함), 취약한 재정 상태, 투표 여부, 노동조합 가입 여부, 범죄 이력, 이름에 기반을 두고 직·간접적으로 타인에 대해 언급하거나 암시하는 콘텐츠가 포함됩니다.

(12) 허위 정보

Meta는 서드 파티 팩트 체크 기관에 의해 거짓으로 판명된 콘텐츠를 포함하는 광고를 금지합니다. 거짓으로 간주되는 정보를 반복적으로 게시하는 광고주는 Meta 테크놀로지에서 광고를 게재할 수 있는 권한을 제한받을 수 있습니다. 팩트 체크 프로그램에 대해 자세히 알아보세요. Meta는 커뮤니티 규정을 위반하는 잘못된 정보를 포함하는 광고도 금지합니다.

(13) 논란의 여지가 있는 콘텐츠

광고는 상업적 목적으로 위기 상황 또는 정치적/사회적으로 민감한 문제를 이용하는 콘텐츠를 포함해서는 안 됩니다.

(14) 작동하지 않는 랜딩 페이지

광고는 작동하지 않는 랜딩 페이지로 사람들을 유도해서는 안 됩니다. 여기에는 사용자가 페이지에서 나가지 못하도록 방해하는 랜딩 페이지 콘텐츠도 포함됩니다.

(15) 부정행위 및 기만적인 행위

광고는 사람들이 부정행위 또는 기만적인 행위에 관여하도록 고안된 제품 또는 서비스를 홍보할 수 없습니다.

(16) 문법 및 비속어

광고는 비속어나 잘못된 문법 및 구두점을 포함해서는 안 됩니다. 광고 검토 절차 또는 기타 적용 시스템을 준수하고 기호, 숫자 및 문자를 올바르게 사용해야 합니다.

(17) 존재하지 않는 기능

광고는 존재하지 않는 기능을 보여주는 이미지를 포함해서는 안 됩니다. 여기에는 재생 버튼, 알림 또는 확인란처럼 보이는 이미지와 광고 크리에이티브 자체의 다중 선택 옵션 등 작동하지 않는 기능을 보여주는 광고가 포함됩니다.

(18) 개인 건강

다이어트, 체중 감량 또는 기타 건강 관련 제품을 홍보하기 위해 부정적인 자아 인식을 암시하거나 유발하는 콘텐츠를 광고에 포함해서는 안 됩니다.

(19) 급여일 대출, 급여 가불, 보석금 채권

급여일 대출, 급여 가불, 보석금 채권 또는 다음 급여일까지 지출 금액을 메우기 위한 용도의 기타 단기 대출을 홍보하는 광고는 게재할 수 없습니다. 단기 대출이란 기간이 90일 이하인 대출을 의미합니다.

(20) 다단계 마케팅

수익 기회를 홍보하는 광고는 관련 제품이나 비즈니스 모델을 완전히 설명해야 하며 다단계 마케팅과 같이 적은 투자로 빠른 보상을 약속하는 비즈니스 모델을 홍보해서는 안 됩니다.

(21) 소액 경매

광고는 소액 경매, 입찰 수수료 경매를 비롯한 다른 유사한 비즈니스 모델을 홍보할 수 없습니다.

(22) 오해의 소지가 있는 주장

광고는 사용자에게 비현실적인 기대치를 설정하는 건강, 채용 또는 체중 감량 주장 등 제품이나 서비스의 효과 또는 특징과 관련하여 기만적이거나, 잘못되었거나 오해의 소지가 있는 주장을 포함해서는 안 됩니다.

(23) 품질이 낮거나 사용자 경험을 방해하는 콘텐츠

광고에 예기치 않거나 사용 경험을 저해하는 외부 랜딩 페이지로 유도하는 콘텐츠를 포함해서는 안 됩니다. 여기에는 심하게 과장된 제목 등 오해의 소지가 있는 광고 포지셔닝 또는 사용자의 인위적인 반응을 유도하는 광고, 원본 콘텐츠는 거의 없고 관련성이 낮거나 저급의 광고 콘텐츠가 대부분인 페이지로 사람들을 안내하는 경우가 포함됩니다.

(24) 스파이웨어 및 악성 코드

광고는 스파이웨어, 악성 코드, 예기치 않은 경험이나 속임수로 사용자를 기만하는 소프트웨어를 포함해서는 안 됩니다. 이러한 제품이 있는 사이트의 링크도 포함됩니다.

(25) 허용되지 않는 비즈니스 관행

광고는 다른 사람의 돈이나 개인 정보를 갈취하기 위해 만들어진 제품을 포함하여, 거짓 정보를 제공하거나 오해의 소지가 있는 모델을 사용하여 제품, 서비스, 기법 또는 쿠폰을 홍보해서는 안 됩니다.

(26) 시스템 회피

광고는 Facebook의 광고 검토 절차나 기타 정책 시행 시스템을 회피하려는 의도의 전략을 사용해서는 안됩니다. 여기에는 광고 콘텐츠 또는 랜딩 페이지를 가장하려는 시도도 포함됩니다.

(27) 금지된 금융 상품 및 서비스

오해의 소지가 있거나 거짓 정보를 제공하는 홍보와 자주 연관되는 금융 상품이나 서비스를 광고를 통해 홍보해서는 안 됩니다.

(28) 신체 부위 판매

광고에서 신체의 일부나 체액의 판매를 홍보해서는 안 됩니다.

(29) 백신 접종 저해

광고는 백신 접종을 만류하거나 백신을 반대해서는 안 됩니다.

(30) 선동적인 콘텐츠

광고에는 인종, 민족, 국적, 종교, 성적 지향, 계급, 성별, 성 정체성, 심각한 질병, 장애 또는 이민자 신분을 근거로 특정 개인 또는 집단이 타인의 신체적 안전, 건강 또는 생존에 위협이 된다는 주장을 포함해서는 안 됩니다. 광고는 커뮤니티 규정에 명시된 대로 보호받는 특성 또는 이민자 신분을 근거로 폭력적이거나 비인간적인 발언, 열등함에 대한 언급, 멸시 또는 혐오를 조장해서는 안 됩니다.

(31) 군사화된 사회 운동 및 폭력 유발 음모론 집단

광고에는 폭력과 관련된 개인이나 그룹을 칭찬, 지지 또는 대변하는 내용을 포함해서는 안 됩니다.

5 제한된 콘텐츠

(1) 주류

주류를 홍보하거나 언급하는 광고는 해당 지역의 모든 관련법, 규제 또는 확립된 업계 관행, 가이드라인, 면허 및 승인 규정을 따르고 Meta의 타게팅 요구 사항과 해당 지역의 관련법에 상응하는 연령 및 국가 타게팅 기준을 포함해야 합니다. 주류를 홍보하거나 언급하는 광고는 감비아, 노르웨이, 러시아, 리비아, 리투아니아, 방글라데시, 브루나이, 사우디아라비아, 아랍에미리트 연합국, 아프가니스탄, 예멘, 이집트, 쿠웨이트, 태국, 터키, 파키스탄을 비롯한 일부 국가에서 금지됩니다.

(2) 데이트

데이팅 서비스 광고는 사전 서면 허가를 받은 경우에만 허용됩니다. 이러한 광고는 데이팅 광고에 관한 타게팅 요구 사항 및 Facebook의 데이팅 광고 가이드라인을 준수해야 합니다.

(3) 온라인 도박 및 게임

현금 또는 디지털/가상 화폐(예: 비트코인)를 비롯한 금전적 가치가 요구되거나 금전적 가치가 상품의 일부인 온라인 도박과 게임을 홍보하는 광고를 게재하려면 Facebook의 사전 서면 허가를 받아야 합니다. 여기에는 게임을 계속하려면 구매를 해야 하거나 금전적 가치가 있는 상품이 제공되며 상품을 타는 데 유리하게 작용하는 이점을 제공하는 게임이 포함됩니다. 승인된 광고주는 법적 요구 사항에 따라 광고를 타게팅하는 것을 포함하여 모든 관련법을 준수해야 합니다. 최소 요건으로, 광고는 만 19세 미만의 사람들을 타게팅할 수 없습니다.

(4) 온라인 약국 홍보

온라인 약국 광고는 사전 서면 허가를 받은 광고주만 게재할 수 있습니다. 광고를 게재하려는 온라인 약국은 LegitScript 인증을 받은 곳이어야 합니다.

(5) 처방전 없이 살 수 있는 약 홍보

일반의약품을 홍보하는 광고는 해당 지역의 모든 관련 법률, 필수 또는 확립된 업계 규범, 가이드라인, 라이선스 및 승인 규정을 따르고 해당 지역의 관련 법률에 상응하는 연령 및 국가 타게팅 기준을 준수해야 합니다.

(6) 구독 서비스

구독 서비스 광고나 네거티브(구매 중지를 요청하지 않는 한 계속 구매해야 하는) 옵션, 자동 갱신, 무료에서 유료로 전환되는 제품/서비스에 대한 홍보 또는 모바일 마케팅은 Facebook의 구독 서비스 요건을 따라야 합니다.

(7) 금융 및 보험 상품과 서비스

공인 기관의 신용카드 신청 또는 금융 서비스를 홍보하는 광고는 광고의 랜딩 페이지에 APR 비율 거래 수수료와 금리 및 상품을 제공하는 기관의 실제 주소지를 포함하여 관련 수수료를 모두 명확하게 안내해야 합니다. 신용카드, 대출이나 보험 서비스를 홍보하는 광고는 18세 이상을 타게팅해야 합니다. 신용카드, 대출이나 보험 서비스를 홍보하는 광고는 사용자에게 신용카드 정보를 포함하여 일체의 금융 정보를 직접 입력하게 해서는 안 됩니다.

(8) 브랜디드 콘텐츠

브랜디드 콘텐츠를 홍보하는 광고는 브랜디드 콘텐츠 도구를 사용하여 해당 서드 파티 제품, 브랜드 또는 비즈니스 파트너를 태그해야 합니다. 광고 내의 브랜디드 콘텐츠란 후원을 받고 비즈니스 파트너를 소개하거나 비즈니스 파트너의 영향을 받은 콘텐츠를 말합니다. 브랜디드 콘텐츠를 포함하여 홍보하는 광고주는 반드시 브랜디드 콘텐츠 도구를 사용해야 합니다.

(9) 사회 문제, 선거 또는 정치

① 사회 문제, 선거 또는 정치 관련 광고 : 모든 관련 법률과 Meta가 요구하는 승인 절차를 준수하는 광고주는 사회 문제, 선거 또는 정치 관련 광고를 게재할 수 있습니다. 필요한 경우 Meta는 사회 문제, 선거 또는 정치 관련 광고를 제한할 수 있습니다. 또한 선거 전에 특정 선거 관련 콘텐츠가 일부 지역에서 금지될 수도 있습니다.

② 사회 문제, 선거 또는 정치 관련 광고의 고지 사항 : 해당 국가에서 Meta의 광고 승인 절차가 시

행되는 경우, 커뮤니티 규정 및 광고 정책을 준수하는 것 외에도 광고주가 사회 문제, 선거 또는 정치 관련 광고에 대해 제출하는 고지 사항이 다음 가이드라인을 준수해야 합니다. 이 정보는 광고주가 광고 승인 절차 중에 제공하는 것으로, 광고의 헤더에 표시됩니다.

(10) 암호 화폐 상품 및 서비스

광고는 사전 서면 승인 없이 암호 화폐를 수익화하거나 재판매, 스왑 또는 스테이킹할 수 있는 암호 화폐 거래 플랫폼, 소프트웨어, 관련 서비스 및 제품을 홍보할 수 없습니다. 신청하려면 여기를 클릭하세요.

(11) 약물 및 알코올 중독 치료

미국을 타게팅하는 중독 재활 광고를 게재하려는 광고주는 LegitScript 인증을 받아야 하며, Meta에 광고 게재 허가를 신청해야 합니다. 중독 재활 치료 광고는 대면 치료, 온라인 및 대면 지원 단체, 재활 중인 사람이나 중독 재활 치료에 대한 정보를 찾는 사람을 대상으로 하는 긴급 지원 핫라인에 관한 정보를 제공하는 임상 재활 치료 서비스 또는 웹사이트를 포함하며, 이에 국한되지 않습니다.

(12) 미용 시술 및 웰빙

체중 감량 제품 및 서비스를 마케팅하는 광고는 만 19세 이상의 사용자만 타게팅할 수 있습니다. 성형수술 및 관련 시술을 마케팅하는 광고는 만 19세 이상의 사용자만 타게팅할 수 있습니다. 식이 보조제, 건강 기능 식품 또는 허브 제품을 마케팅하는 광고는 만 19세 이상의 사용자만 타게팅할 수 있습니다.

(13) 소셜 카지노 게임

카지노 도박(예: 포커, 슬롯, 룰렛 등)을 시뮬레이션하는 온라인 게임으로, 금전 또는 그와 동등한 가치를 획득할 가능성이 없는 소셜 카지노 게임에 대한 광고는 만 19세 이상을 타게팅하는 경우에만 허용됩니다.

(14) 처방약 홍보

사전 서면 허가 없이 광고에서 처방약을 홍보할 수 없습니다. 온라인 약국, 원격 의료 제공업체 및 제약회사는 Facebook에 허가를 신청할 수 있습니다.

6 동영상 광고

(1) 사용자를 방해하는 콘텐츠

동영상 및 기타 유사 광고 유형은 번쩍이는 화면 효과와 같이 과도하게 방해가 되는 전략을 사용해서는 안 됩니다.

(2) 엔터테인먼트 관련 제한

영화 트레일러, TV 프로그램, 비디오 게임 트레일러 및 기타 성인 타겟을 위한 비슷한 콘텐츠에 관한 광고는 Meta의 사전 서면 허가를 받은 경우에만 허용되며 만 19세 이상만 타게팅해야 합니다. 이러한 광고에서 다음과 같은 콘텐츠에 대한 과도한 노출이 허용되지 않습니다.

① 약물 및 알코올 사용

② 성인용 콘텐츠

③ 비속어

④ 폭력 및 유혈

7 타게팅

(1) 타게팅 옵션

① 타게팅 옵션을 사용하여 약탈적 광고를 진행하거나 사용자를 차별하거나, 괴롭히거나, 자극하거나, 폄하해서는 안 됩니다.

② 맞춤 타겟을 대상으로 광고를 타게팅하는 경우 타겟을 생성할 때 관련 약관을 준수해야 합니다.

8 포지셔닝

(1) 관련성

문구, 이미지, 기타 미디어 등 모든 광고 요소는 광고 대상인 제품이나 서비스, 광고를 보는 사람들과 관련이 있고 적절해야 합니다.

(2) 정확성

광고는 광고 대상이 되는 회사, 제품, 서비스, 브랜드를 명확히 대표해야 합니다.

(3) 관련 랜딩 페이지

광고 텍스트에서 홍보하는 제품 및 서비스는 랜딩 페이지의 제품 및 서비스와 일치해야 하며 사이트의 랜딩 페이지에 금지된 제품이나 서비스를 제공하거나 연결해서는 안 됩니다.

9 잠재 고객용 광고

(1) 계좌 번호

광고는 Facebook의 사전 승인 없이는 항공사 멤버십 번호, 고객 카드 번호, 케이블/전화 계정 번호를 포함한 계정 번호를 요청해서는 안 됩니다.

(2) 범죄 기록

광고는 Facebook의 사전 승인 없이는 범죄 기록이나 구속 기록에 대한 정보를 요청해서는 안 됩니다.

(3) 금융 정보

광고는 사전 승인 여부와 관계없이 은행 계좌 번호, 은행 고유 번호, 신용카드 또는 직불카드, 신용점수, 수입, 순 수입, 빚 액수를 포함한 금융 정보를 요청해서는 안 됩니다.

(4) 정부 발급 신분증

광고가 주민등록번호, 여권 번호 또는 운전면허증 번호를 포함하여 정부에서 발급한 신분증을 Facebook의 사전 승인 없이는 요구해서는 안 됩니다.

(5) 건강 정보

광고는 Facebook의 사전 승인 없이는 신체 건강, 정신 건강, 의학적 치료, 건강 상태 또는 장애를 포함한 건강 정보를 요청해서는 안 됩니다.

부록

(6) 보험 정보

광고는 사전 승인 없이 현재 보험 증서 번호를 포함한 보험 정보를 요청해서는 안 됩니다.

(7) 정치적 성향

광고에서 개인의 정치적 성향에 대한 정보를 요청해서는 안 됩니다.

(8) 인종 또는 민족

광고는 Facebook의 사전 승인 없이는 인종 또는 민족에 대한 정보를 요청해서는 안 됩니다.

(9) 종교

광고는 Facebook의 사전 승인 없이는 종교적 또는 정치적 신념에 대한 정보를 요청해서는 안 됩니다.

(10) 성적 취향

광고는 Facebook의 사전 승인 없이는 데이트 상대로 선호하는 상대의 성별을 포함하여 개인의 성적 취향에 관한 정보나 성생활에 관한 정보를 요청해서는 안 됩니다.

(11) 자동 입력 질문

광고는 자동 입력 질문으로 요청할 수 있는 동일하거나 기본적으로 특성이 같거나 유사한 정보를 요청해서는 안 됩니다.

(12) 노동조합 가입 상태

광고는 사전 승인 없이 노동조합 가입 상태에 관한 정보를 요청해서는 안 됩니다.

(13) 사용자 이름 또는 비밀번호

광고는 Facebook의 사전 승인 없이는 기존 및 신규 계정에 대한 사용자 이름과 비밀번호를 포함하여 사용자 이름 또는 비밀번호를 요구해서는 안 됩니다. 사이트 또는 서비스에서 계정 가입을 유도하려는 경우 광고를 게재할 때 웹사이트 클릭 또는 웹사이트 전환 목표를 사용해야 합니다.

10 Facebook 브랜드 자산 사용

(1) 브랜드 후원

광고는 Meta 브랜드에 의한 지지 또는 Meta 브랜드와의 파트너십을 시사하거나 그 밖의 Meta 브랜드, 테크놀로지 또는 프로그램에 의한 지지를 시사해서는 안 됩니다.

(2) 광고에서의 브랜드 사용

Facebook 또는 Instagram 콘텐츠(페이지, 그룹, 이벤트, Facebook 로그인을 사용하는 사이트 등)로 연결되는 광고의 경우, 광고의 랜딩 페이지를 명확히 하기 위한 목적으로 광고 문구에 'Facebook' 또는 'Instagram'을 제한적으로 언급할 수 있습니다.

광고에서 Meta의 브랜드를 크리에이티브의 가장 중요하고 특징적인 요소로 사용해서는 안 됩니다. 특수 효과나 애니메이션을 추가하기 위한 목적으로 Meta 브랜드 자산의 디자인 또는 색상을 변경하는 등 일체의 수정을 가해서는 안 됩니다.

(3) 저작권 및 상표

다른 모든 광고 및 랜딩 페이지는 Meta의 사전 서면 허가를 받았거나 Meta 브랜드 리소스 센터에서 명시적으로 허용하는 경우를 제외하고, Meta의 저작권, 상표 또는 혼동을 일으킬 수 있는 비슷한 상표를 사용해서는 안 됩니다.

(4) 사용자 인터페이스 스크린샷

광고에 Meta 브랜드의 사용자 인터페이스(UI)를 사용할 때는 UI가 현재 해당 제품에서 표시되고 기능하는 방식을 정확히 반영해야 합니다. 광고에서 보여주는 동작이나 기능이 현재 제품에서, 또는 현재 UI에서 실제로 표시되거나 기능하지 않는다면 광고에서도 그렇게 표시되거나 기능하는 것으로 표시할 수 없습니다. 광고에서 UI를 보여줄 때는 관련 기기(예: 모바일 또는 데스크톱)의 환경에 맞아야 하며, Meta 브랜드 리소스 센터에서 허가하는 바를 준수해야 합니다. UI는 어떤 방식으로든 수정할 수 없으며, 여기에는 특수 효과, 간섭 또는 애니메이션 추가를 포함하되 이에 국한되지 않습니다. UI의 아이콘 또는 요소는 별도로 또는 개별적으로 사용할 수 없습니다.

11 데이터 사용 제한

(1) 데이터 사용 제한

① 귀하의 Facebook 또는 Instagram 광고로부터 수집, 수신 또는 파생된 일체의 광고 데이터 ("Meta 광고 데이터")는 서비스 제공업체 등 귀하를 대신하여 활동하는 주체에게만 공유되어야 합니다. 귀하는 서비스 제공업체가 Meta 광고 데이터 또는 Meta로부터 획득한 그 밖의 정보를 보호하고, 해당 정보의 사용을 제외하고, 이 정보를 안전하게 기밀로 유지하도록 감독할 책임이 있습니다.

② 집계된 익명 용도(Meta의 허가를 받은 경우 제외)로 Meta 광고 캠페인의 성과와 효과를 평가하려는 경우를 제외한 용도(리타게팅, 여러 광고주 캠페인의 데이터 합산, 태그를 사용한 피기백 또는 리디렉션 허용 포함)로 Meta 광고 데이터를 사용할 수 없습니다.

③ 광고의 타게팅 기준을 포함하여 사용자 프로필(모바일 기기 식별자 또는 특정 사용자, 브라우저, 컴퓨터, 기기를 식별하는 기타 고유한 식별자와 연결된 프로필 포함)을 생성, 수정, 보강하거나 이에 추가하거나 영향을 미치는 데 Meta 광고 데이터를 사용할 수 없습니다.

④ Meta 광고 데이터(익명, 집계 또는 파생된 데이터 포함)를 광고 네트워크, 광고 익스체인지, 데이터 브로커, 기타 광고 또는 수익 관련 서비스로 이전할 수 없습니다.

12 유의 사항

(1) 광고 정책 유의 사항

① 광고 정책은 Meta 테크놀로지 안팎에서 Meta를 통해 게재되었거나 구매된 광고 또는 광고 콘텐츠(AAAA/IAB 표준 이용 약관에 따라 구매된 광고 포함), Meta 테크놀로지에 게재되는 광고 및 Instagram의 광고에 적용됩니다. 귀하가 Meta의 광고 상품 및 서비스를 사용하는 것은 Meta의 서비스 약관(이전 명칭: 권리 및 책임에 관한 정책)(https://www.facebook.com/legal/terms)에 따라 'Meta'의 일브에 해당하며, 해당 약관이 적용됩니다. 귀하가 Instagram 또는 특정 Meta 광고 관련 상품이나 서비스를 사용하는 경우 추가 약관 또는 가이드라인이 적용될 수 있습니다.

② 광고주에게는 관련 법과 규정을 이해하고 준수할 책임이 있습니다. 이를 준수하지 못할 경우 광고 게재 취소, 계정 삭제 등 다양한 조치가 적용될 수 있습니다.

③ Facebook에서는 민감한 개인 정보를 광고 타게팅에 사용하지 않습니다. 광고 타게팅을 위해 선택하는 주제는 Facebook 또는 Instagram 사용자의 개인적인 신념, 특징 또는 가치를 반영하지

않습니다.

④ 게재된 광고는 공개 정보입니다. 광고를 게재한 Facebook 페이지 또는 Meta 테크놀로지 내를 포함하여 타게팅된 고객 외부에서 광고를 다시 공유하고 액세스할 수 있습니다. 사용자가 광고에 참여한 경우에는 광고가 Meta 제품 내에 유지될 수 있습니다. 예를 들어, 사용자가 삭제하기 전 까지 공유되거나 계정 도구를 통해 노출됩니다. 광고가 정치 광고인 경우 Meta의 광고 라이브러리에 표시됩니다. 즉, Meta는 주문 완료 시점부터 7년 동안 광고주에게 부과되는 추가 비용 없이 광고 콘텐츠 및 크리에이티브를 노출하고 이에 대한 액세스 권한 및 광고 캠페인에 관한 정보(예: 총 지출 비용, 게재 데이터)를 제공할 수 있습니다. Meta에서 합법적 수사에 도움이 된다고 판단 할 경우 Meta는 귀하의 광고 콘텐츠 및 광고와 관련된 모든 정보를 정부 기관 또는 단체에 공개 할 수 있습니다.

⑤ 다른 광고주를 대신하여 광고를 관리하는 경우 각 광고주 또는 클라이언트별 광고 계정을 통해 관리해야 합니다. 기존 광고 계정과 연관된 광고주나 클라이언트를 변경해서는 안 됩니다. 필요 한 경우 새 계정을 만들어야 합니다. 여러분에게는 각 광고주가 이러한 광고 정책을 준수하는 것 을 보장할 책임이 있습니다.

⑥ 커뮤니티 규정에 명시된 대로 회원님이 소유하거나 관리하는 자산을 대가로 관리 권한과 같은 사 이트 권한을 판매, 대여 또는 교환해서는 안 됩니다. Facebook 정책이나 서비스 약관의 이행 조 치를 회피하려는 사람을 돕는 행위도 금지됩니다.

⑦ Facebook은 Facebook과 사용자 간의 관계에 부정적인 영향을 주거나 Facebook의 경쟁력, 이 해관계, 광고 철학에 반하는 콘텐츠, 서비스, 활동을 홍보하는 광고를 비롯한 모든 광고를 어떠한 이유로든 단독 재량에 따라 거부, 승인, 삭제할 권리를 가집니다.

⑧ 정책에서 사전 서면 허가가 요구되는 경우, Meta가 허가를 제공할 수 있습니다.

⑨ 이러한 정책은 언제든지 사전 고지 없이 변경될 수 있습니다.

Facebook, Instagram 및 WhatsApp 커머스 정책 🔍

1 개요

(1) 커머스 정책의 개요

Facebook, Instagram 및 WhatsApp에서 판매되는 제품은 Facebook 상거래 정책을 준수해야 합니다. 이와 함께 Facebook에서 판매되는 제품은 Facebook의 커뮤니티 규정을, Instagram에서 판매되는 제품은 Instagram의 커뮤니티 가이드라인을 준수해야 합니다. 상거래 정책에는 Facebook, Instagram 및 WhatsApp에서 판매할 수 있는 제품 및 서비스의 유형에 대한 규칙이 포함되어 있습니다. 또한 구매자 및 판매자는 관련 법과 규정을 준수할 책임이 있습니다. 규정을 준수하지 않을 경우 품목 및 기타 콘텐츠 삭제, 제품 태그 거부, 모든 Facebook, Instagram 또는 WhatsApp 상거래 인터페이스 또는 기능에 대한 액세스 권한 정지 또는 해지를 포함하되 이에 국한되지 않는 다양한 조치가 취해질 수 있습니다. Facebook 정책을 위반하는 게시물 콘텐츠를 반복해서 올리는 경우 Facebook은 해당 계정에 대해 추가 조치를 취할 수 있습니다. Facebook은 어떤 이유로든 언제든지 특정 품목을 Facebook의 단독 재량으로 거절, 승인 또는 삭제할 수 있는 권한을 보유합니다.

2 승인 거부 시 필요한 조치

(1) 이의 제기하기

회원님의 품목이 Facebook의 상거래 정책을 위반하여 거부되었으나 이러한 조치가 잘못되었다고 생각되는 경우 Marketplace용 단계 또는 Instagram용 단계에 따라 검토를 요청하시면 Facebook에서 다시 검토하겠습니다.

3 금지된 콘텐츠

(1) 커뮤니티 규정

상거래 품목은 Facebook 커뮤니티 규정을 위반해서는 안 됩니다.

(2) 성인용품

성인용품의 구매, 판매 또는 사용을 홍보해서는 안 됩니다.

(3) 주류

품목을 통해 주류의 구매 또는 판매를 홍보해서는 안 됩니다.

(4) 신체 부위 및 체액

사람의 신체 부위 또는 체액의 구매 또는 판매를 홍보해서는 안 됩니다.

(5) 디지털 미디어 및 전자 기기

디지털 콘텐츠를 무단으로 스트리밍하거나 전자 기기 기능의 방해를 조장 또는 장려하는 기기의 구매 또는 판매를 홍보해서는 안 됩니다.

(6) 차별

품목과 상거래용 Messenger 대화창에 인종, 민족, 피부색, 국적, 시민권, 종교, 나이, 성별, 성적 지향, 성 정체성, 가족 사항, 혼인 여부, 장애, 건강이나 유전적인 상태 등을 포함하나 이에 국한되지 않는 개인적인 특성을 이유로 사람을 부당하게 차별하거나 차별을 조장하는 내용을 담아서는 안 됩니다. 품목은 모든 차별금지 관련법을 준수해야 합니다. 여기에는 주택 매물도 포함되나 이에 국한되지는 않습니다.

(7) 문서, 통화, 금융 상품

실제 또는 가짜 문서, 통화, 금융 상품 및 가상 통화의 구매 또는 판매를 홍보해서는 안 됩니다.

부록

(8) 도박

금전 또는 디지털 통화 등 유가물을 얻기 위한 온라인 도박을 구매 또는 판매하거나 조장해서는 안 됩니다. 온라인 도박에는 온라인 환경의 게임, 베팅, 복권, 복권식 판매, 카지노, 판타지 스포츠, 빙고, 포커 및 승자 독식 게임이 포함됩니다.

(9) 위험한 물질 및 재료

위험한 재료 및 물질의 구매 또는 판매를 홍보해서는 안 됩니다.

(10) 인신매매 및 성적 서비스

인신매매, 성매매, 이성 동반자 알선 또는 성적 서비스를 홍보해서는 안 됩니다.

(11) 섭취 가능한 보조제

섭취 가능한 보조제의 구매 또는 판매를 홍보해서는 안 됩니다.

(12) 채용 기회

상거래 제품과 관련하여 채용 기회를 홍보해서는 안 됩니다. 여기에는 관련 제품이나 비즈니스 모델을 자세히 설명하는 채용 기회는 물론, 오해의 소지 또는 사기성이 있거나 거짓 정보가 포함되어 있거나 비즈니스 모델이 불분명한 채용 기회가 포함됩니다.

(13) 땅, 동물 및 동물 제품

품목을 통해 동물 또는 동물의 일부나 생태학적 보호 구역에 포함된 땅의 구매 또는 판매를 홍보할 수 없습니다.

(14) 의료 및 건강 제품

의료 기기 또는 니코틴을 함유한 금연 제품 등 의료 및 건강 제품과 서비스를 홍보해서는 안 됩니다.

(15) 오해의 소지가 있거나 폭력적이거나 혐오스러운 품목

오해의 소지가 있거나 폭력적이거나 혐오스러운 제품 및 쿠폰을 품목에 포함할 수 없습니다.

(16) 판매할 제품 없음

실제 판매할 제품이 없는 뉴스, 유머 또는 기타 콘텐츠를 홍보해서는 안 됩니다.

(17) 처방 제품, 마약, 마약 관련 용품

마약, 마약 관련 용품 또는 처방 제품의 구매 또는 판매를 홍보해서는 안 됩니다.

(18) 리콜된 제품

리콜된 제품의 구매 또는 판매를 홍보해서는 안 됩니다.

(19) 서비스

서비스는 품목이 될 수 없습니다.

(20) 성행위를 연상시키는 제품

품목을 통해 성적 자극을 주는 방식으로 제품이나 서비스를 보여줘서는 안 됩니다.

(21) 도난당한 물품

도난당한 물품의 구매 또는 판매를 홍보해서는 안 됩니다.

(22) 구독 및 디지털 제품

다운로드할 수 있는 디지털 콘텐츠, 디지털 구독 및 디지털 계정의 구매 또는 판매를 홍보해서는 안 됩니다.

(23) 제삼자 권리 침해

품목에 저작권 또는 상표 등 제삼자의 지적 재산권을 침해하거나 위반하는 콘텐츠를 포함해서는 안 됩니다. 여기에는 상표(이름 또는 로고) 또는 다른 회사 제품의 고유한 특성을 복제하여 정품을 모방하는 모조품의 홍보 또는 판매 등이 포함됩니다.

(24) 담배 및 관련 제품

담배 또는 담배 관련 제품의 구매 또는 판매를 홍보해서는 안 됩니다.

(25) 중고 화장품

품목을 통해 이미 사용되었거나 원래 패키지로 판매된 제품이 아닌 화장품의 구매 또는 판매를 홍보해서는 안 됩니다.

(26) 무기, 탄약, 폭약

무기, 탄약, 폭약의 구매, 판매 또는 사용을 홍보해서는 안 됩니다.

4 제한된 콘텐츠

(1) 이벤트 또는 입장 티켓

티켓의 거래 행위는 금지됩니다.

(2) 기프트 카드 및 상품권

기프트 카드 또는 상품권의 거래 행위는 금지됩니다.

▼ YouTube 정책

SOCIAL NETWORK SERVICE ADVERTISEMENT MARKETER

1 스팸, 기만 행위, 사기 관련 정책

(1) 동영상 스팸

과도하게 자주 게시되거나 반복되거나 뚜렷한 대상이 없고 다음 내용을 하나 이상 포함한 콘텐츠입니다.

① 시청자에게 무언가를 보여주겠다고 약속하지만 보여주지 않고 외부 사이트로 유인합니다.

② 시청자에게 빠른 수익 창출을 약속하면서 YouTube 외부 사이트로 클릭, 조회 또는 트래픽을 유도합니다.

③ 유해한 소프트웨어를 유포하거나 개인 정보를 수집하는 사이트 또는 부정적인 영향을 미치는 다른 사이트로 시청자를 유인합니다.

(2) 혼동을 야기하는 메타데이터 또는 썸네일

제목, 썸네일, 설명란을 이용하여 사용자가 콘텐츠의 내용을 다른 내용으로 오해하도록 속입니다.

(3) 사기

현금 지급, '벼락부자 되기' 광고, 다단계 판매(다단계 구조에서 실제 제품 없이 돈만 지불)에 관한 콘텐츠입니다.

(4) 인센티브 스팸

조회수, 좋아요 수, 댓글 수와 같은 참여도 측정항목이나 그 외 다른 YouTube 측정항목을 판매하는 콘텐츠입니다. 이러한 유형의 스팸에는 구독자 수, 조회수 또는 기타 측정항목을 늘리는 것이 유일한 목적인 콘텐츠도 포함됩니다. 예를 들면 내 채널을 구독하는 조건으로만 다른 크리에이터의 채널을 구독하겠다고 제안하는 '맞구독 제안' 콘텐츠가 여기에 해당합니다.

(5) 댓글 스팸

시청자의 개인 정보를 수집하거나 잘못된 정보로 시청자를 YouTube 외부 사이트로 유인하거나 위에 설명된 금지 행동을 하는 것을 유일한 목적으로 작성된 댓글입니다.

(6) 반복되는 댓글

내용이 같거나 뚜렷한 대상이 없거나 반복적인 댓글을 대량으로 남깁니다.

(7) 실시간 스트림 악용

다른 사용자 소유의 콘텐츠를 스트리밍하려는 목적의 실시간 스트림으로서 악용 가능성에 대한 반복된 경고에도 수정되지 않은 경우입니다. 채널 소유자는 실시간 스트림을 적극적으로 모니터링하여 문제가 될 수 있는 콘텐츠를 신속하게 수정해야 합니다.

2 명의 도용 정책

(1) 채널 명의 도용

타인의 채널과 비슷하게 보이도록 다른 채널의 프로필, 배경 또는 전반적인 디자인 및 분위기를 모방한 채널입니다. 다른 채널을 모방하려는 의도가 명확한 경우 100% 동일하지 않아도 채널 명의 도용에 해당됩니다.

(2) 개인 명의 도용

타인이 게시한 것처럼 보이도록 의도한 콘텐츠입니다.

3 외부 링크 정책 및 허위 참여 관련 정책

(1) 외부 링크 정책

① 음란물로 연결되는 링크
② 멀웨어를 설치하는 웹사이트나 앱으로 연결되는 링크
③ 사용자의 로그인 사용자 인증 정보, 금융 정보 등을 피싱하는 웹사이트 또는 앱으로 연결되는 링크
④ 일반적으로 요금 결제가 필요한 오디오 콘텐츠, 시청각 콘텐츠, 정식 버전의 비디오 게임, 소프트웨어 또는 스트리밍 서비스에 무료로 무단 액세스할 수 있는 웹사이트, 앱 또는 기타 정보 기술로 연결되는 링크

⑤ 테러 조직을 위해 모금 또는 조직원 모집 활동을 하는 웹사이트로 연결되는 링크

⑥ 아동 성적 학대 이미지(CSAI)가 포함된 사이트로 연결되는 링크

⑦ YouTube 규제 상품 가이드에 명시된 상품의 판매 사이트로 연결되는 링크

⑧ YouTube에 업로드되면 증오심 표현 또는 괴롭힘 방지 정책을 위반할 콘텐츠로 연결되는 링크

⑨ 다른 사람의 폭력적인 행동을 조장하는 콘텐츠로 연결되는 링크

⑩ 현지 보건 당국 또는 세계보건기구(WHO)의 코로나19 관련 의료 정보와 상충되는 잘못된 의료 정보를 퍼뜨리는 콘텐츠로 연결되는 링크

⑪ 민주적 절차에 지장을 주는 등 심각한 위험을 초래할 수 있는 혼동을 야기하거나 기만적인 콘텐츠를 퍼뜨리는 웹사이트 또는 앱으로 연결되는 링크

(2) 허위 참여 관련 정책

① 조회수, 좋아요 수, 구독자 수를 인위적으로 늘리는 타사 서비스로 연결되거나 해당 서비스를 홍보하는 콘텐츠

② 타사의 조회수 또는 구독자 조작 웹사이트나 서비스로 연결되거나 해당 웹사이트 또는 서비스를 홍보하는 콘텐츠

③ 내 채널을 구독하는 조건으로만 다른 크리에이터의 채널을 구독하겠다는 제안('맞구독 제안')

④ 서비스 홍보 목적으로 제3자로부터 조회수를 구매하는 크리에이터가 등장하는 콘텐츠

4 추가 정책

(1) 비활성 계정 정책

① 6개월 이상 사이트에 로그인하지 않음

② 동영상 콘텐츠를 업로드한 적이 없음

③ 동영상 또는 채널을 시청하거나 댓글을 작성하는 데 적극적으로 참여하지 않음

(2) 서비스 약관 위반 조장

다른 사용자가 서비스 약관을 위반하도록 조장하는 콘텐츠를 게시하면, 해당 콘텐츠가 삭제되고 계정 활동에 불이익이 발생하며 경우에 따라서는 계정이 해지될 수도 있습니다.

(3) 이전에 삭제된 콘텐츠 또는 해지되거나 제한된 크리에이터의 콘텐츠 게시

서비스 약관 위반으로 인해 이전에 삭제된 콘텐츠, 현재 제한이 적용된 크리에이터가 제작한 콘텐츠 또는 약관에 따라 해지된 크리에이터의 콘텐츠를 게시하면 해당 콘텐츠가 삭제되고 계정 활동에 불이익이 발생하며 경우에 따라서는 계정이 해지될 수도 있습니다.

5 재생목록 정책

(1) 재생목록

① 음란하거나 충격 또는 혐오감을 주려는 의도의 이미지로 구성되어 있는 등 커뮤니티 가이드를 위반하는 미리보기 이미지, 제목, 설명이 있는 재생목록

② 재생목록에 실제로는 없는 동영상을 보게 될 것이라고 시청자의 오해를 일으키는 제목이나 설명이 있는 재생목록

③ 각각의 동영상은 YouTube 정책을 위반하지 않지만, 가이드를 위반하는 방식으로 수집된 재생목록 여기에는 다음이 포함되지만 이에 국한되지는 않습니다.

ⓐ 성적 만족을 목적으로 과도한 노출이나 성적인 주제를 다룬 교육 콘텐츠

ⓑ 성적인 콘텐츠는 아니지만 성적 만족을 목적으로 특정 신체 부위 또는 활동에 중점을 둔 콘텐츠

ⓒ 미화하거나 충격을 주기 위한 목적으로 폭력을 노골적으로 묘사한 다큐멘터리 동영상

④ YouTube 가이드라인을 위반하여 삭제된 여러 개의 동영상이 포함된 재생목록 공개 재생목록에서 여러 개의 동영상이 삭제된 것을 발견한 경우 시간을 내어 해당 동영상을 내 재생목록에서도 삭제하세요. 공개 재생목록의 일부 동영상이 커뮤니티 가이드를 위반한 것을 발견하면 해당 동영상을 신고하고 내 재생목록에서 삭제하세요.

⑤ 미성년자에 대한 신체적, 성적 또는 정서적 학대를 묘사하는 재생목록

▼ 카카오모먼트 심사가이드

SOCIAL NETWORK SERVICE ADVERTISEMENT MARKETER

1 심사가이드

(1) 심사 대상

카카오모먼트를 통해 등록된 광고 소재(카카오비즈보드, 디스플레이광고, 동영상광고, 쇼핑광고)는 모두 심사를 거쳐야 하며, 소재 심사는 광고 캐시의 잔액 여부와 관계없이 심사가 진행됩니다.

(2) 심사 범위

카카오모먼트 광고 심사에서는 광고주 업종, 사이트, 소재를 구성하는 모든 요소(연결화면, 이미지, 텍스트 등)가 카카오모먼트 광고 심사 가이드에 적합한지를 확인합니다. 카카오모먼트 광고 심사가이드에 반하는 내용이 있는 경우 광고 집행이 제한될 수 있습니다.

(3) 심사 소요 시간

소재 등록 후 심사 승인될 때까지 보통 영업일 기준 최대 2일 정도 소요됩니다. 다수의 중복 소재를 등록하는 경우에는 심사 승인이 더 오래 걸릴 수 있으며, 카카오 내부 기준에 따라 광고 집행이 제한될 수 있습니다.

(4) 심사 결과 확인

광고 심사 결과는 메일, SMS 혹은 카카오톡을 통해 알림메시지가 발송되며, 카카오모먼트 로그인 후 아래 메뉴를 통해 확인하실 수 있습니다.

(5) 재심사 신청 방법

심사보류 사유를 확인하여 소재를 수정하시면 재심사요청이 접수됩니다. 단, 심사보류 사유에 따라 소재의 수정 없이 재심사 신청이 가능한 경우에는 [재심사 요청]버튼이 노출되어 재심사 요청을 접수할 수 있습니다.

(6) 심사 서류 제출 방법

서류는 광고계정 단위로 관리 되며, 소재 심사 시에 필요한 경우 참고될 수 있습니다.

(7) 심사 상태 확인

대시보드에서 등록된 소재의 심사와 관련된 현재 상태를 확인할 수 있습니다.

심사 상태	설명
심사 승인	심사가 완료되어 승인된 상태
심사중	등록된 소재가 심사 대기중인 상태
보류	등록된 소재의 심사 요청건이 보류 처리된 상태
수정사항 심사중	심사 승인된 소재를 수정하여 재심사가 진행 중인 상태
수정사항 심사보류	심사 승인된 소재를 수정하였으나 수정 소재가 보류 처리된 상태

🔍 **참고** 경로

구분	경로	주의사항
심사 결과 확인	광고겨정>대시보드>소재>보류 [사유] 확인	• 특정 캠페인 또는 광고그룹을 선택 후 소재 탭으로 이동 시 해당 캠페인과 광고그룹 하위에 있는 소재 리스트만 출력됩니다.
재심사 신청 방법	[경로] 광고계정>소재>[재심사 요청] 버튼	• 보류된 소재를 '복사'하는 경우 '자동 보류'처리 되오니, 재심사 신청을 원하시는 경우, 소재 수정 또는 [재심사 요청]버튼을 통해 재심사 요청해 주시길 바랍니다. • 심사가 완료된 이미지)카탈로그의 슬라이드 순서를 변경하거나 일부 슬라이드를 삭제하는 경우 재심사 대상에 포함되지 않습니다. 보류된 카탈로그 소재의 수정을 위해 슬라이드 삭제가 필요하신 경우에는 소재를 신규 등록해 주시길 바랍니다.
서류 업로드 경로	• [경로] 광고계정>설정>심사서류 관리>+ 심사서류 등록하기 • 심사 업종 선택>필요서류 확인>파일 업로드>저장	업종 선택 시 업종별 필요서류가 자동 출력됩니다.
심사 상태 확인	광고계정>대시보드>캠페인>광고그룹>소재>대시보드	

2 집행 기준 및 준수사항

(1) 집행 기준

① 광고 집행 자격

㉠ 현행법과 카카오모먼트 광고 심사가이드를 준수한 경우에만 광고 집행이 가능합니다.

㉡ 카카오모먼트 광고 심사가이드 및 개별 서비스의 운영원칙/약관에 따라 특정 광고주의 광고 집행이 제한될 수 있습니다.

㉢ 해당 광고가 사회적 이슈가 될 가능성이 있거나 이용자의 항의가 있는 경우 광고 집행이 제한될 수 있습니다.

② 광고 심사

㉠ 카카오는 광고주 업종, 사이트, 광고 소재(이미지, 문구, 연결화면 등)를 심사합니다.

㉡ 심사는 광고의 최초 등록, 소재 수정 등록, 모니터링 시 실시되며, 심사 승인 이후에도 카카오모먼트 광고 심사가이드 및 개별 서비스 운영원칙에 따라 재심사가 진행될 수 있습니다.

㉢ 선정성, 혐오감, 폭력성 등과 같이 구체적인 가이드를 제공하기 어려운 경우가 있으며, 이에 따라 심사 결과의 편차가 발생할 수 있습니다.

㉣ 게재지면(노출 위치), 소재 사이즈, 유형 및 소재 내 표현 방법에 따라 심사 결과에 다소 차이가 있을 수 있습니다.

- 이미지 소재가 동영상 속에서 스쳐 지나가는 한 컷보다 심사 기준이 엄격할 수 있음
- 이용자에게 미치는 영향력에 따라 심사 기준이 엄격하게 적용될 수 있음

㉤ 광고주가 입력한 정보와 실제 정보의 일치 여부, 업종별 서류 확인, 기타 여러 운영정책에서 정하는 바를 심사합니다.

㉥ 광고주 업종, 사이트, 광고 소재(이미지, 문구, 연결화면 등)의 유효성과 적합성을 심사하며, 소재 간의 연관성과 정상 작동 여부 등을 심사하여 카카오모먼트 광고 심사가이드에 반하는 내용이 있는 경우 광고 집행이 제한될 수 있습니다.

㉦ 카카오는 광고주의 사이트와 광고주가 등록한 소재를 검토하여 카카오모먼트 광고 심사가이드에 맞지 않을 경우 수정을 요청할 수 있으며, 당사 내부 정책에 따라 특정 광고주의 광고물을 제한할 수 있습니다.

㉧ 심사 승인은 광고 소재와 연결화면 등이 현행법, 카카오모먼트 광고 심사가이드, 운영정책 등에 적합함을 최종적으로 보증하거나 보장하는 것은 아닙니다. 현행법, 광고 심사 가이드 등을 준수하지 않을 경우 카카오는 광고 게재 중단 및 수정을 요청할 수 있으며, 발생한 불이익은 광고주께서 부담하셔야 합니다.

③ 광고 금지 행위

   ⊙ 카카오모먼트 광고 심사가이드, 개별 서비스의 운영원칙/약관, 관련 법령을 빈번하고 상습적으로 위반하는 경우는 광고 집행이 불가합니다.

   ⓛ 카카오에서 제공하는 방식이 아닌 다른 방식으로 서비스에 접속하여 이용하는 행위는 광고 집행이 불가합니다.

   ⓒ 노출, 클릭과 같이 광고의 성과를 변경하거나 부정하게 생성시키는 경우 광고 집행이 불가합니다.

   ⓔ 카카오의 이익에 반하는 광고 등을 노출하여 피해를 발생시키는 경우 광고 집행이 불가합니다.

   ⓜ 광고 소재로 등록한 연결화면 및 사이트를 심사 당시와 다르게 변질시키는 경우 광고 집행이 불가합니다.

   ⓗ 다수의 중복 소재를 등록하여 광고 품질에 영향을 주는 경우 광고 집행이 불가합니다.

   ⓢ 기타 카카오가 판단함에 있어 서비스의 이용을 방해하는 경우 광고 집행이 불가합니다.

(2) 인터넷/모바일 이용자의 사용성

① 인터넷/모바일 이용자의 사용을 방해하거나 혼동을 유발할 수 있는 경우 광고 집행이 불가합니다.

   ⊙ 이용자의 의도와 상관없이 이용자의 환경을 변화시키는 경우

   ⓛ 이용자의 동의 없이 프로그램을 설치하거나 바로가기를 생성하는 경우

   ⓒ 이용자의 개인정보를 동의 없이 강제로 수집하는 경우

   ⓔ 사이트 또는 어플이 정상적으로 종료되지 않거나 다른 인터넷 사이트로 연결되는 경우

   ⓜ 사이트로부터 본래의 인터넷 사이트로 되돌아가기를 차단하는 경우

   ⓗ 특정 기기 혹은 특정 환경에서만 콘텐츠가 확인되거나 특정 프로그램을 설치해야만 콘텐츠가 확인되는 경우

   ⓢ 시각적 피로감을 유발할 수 있는 과도한 떨림 또는 점멸 효과를 사용한 경우

   ⓞ 시스템 또는 네트워크 문제나 오류가 있는 것처럼 표현한 경우

   ⓩ 마우스 포인트, 사운드/플레이 제어 버튼 등 클릭을 유발하기 위한 허위 문구나 기능으로 인터넷 이용자가 혼란을 일으킬 수 있는 경우

   ⓩ 연결화면 내 팝업창, 효과 등이 이용자의 활동성을 방해하는 경우

   ⓣ 카카오 서비스의 접속 등 통상적인 서비스 이용을 방해하는 경우

   ⓔ 기타 인터넷/모바일 이용자의 사용을 방해하는 것으로 판단되는 경우

② 인터넷/모바일 이용자에게 피해를 주는 경우 광고 집행이 불가합니다.

   ⊙ 사이트의 관리자, 운영자와 연락이 되지 않는 등 상당한 기간 동안 정상적으로 운영되지 않는 사이트

ⓛ 신용카드 결제나 구매 안전 서비스에 의한 결제가 가능함에도 현금 결제만 유도, 권유하는 사이트

ⓒ 상당한 기간 내에 상품 및 서비스를 제공하지 않거나 정당한 이유 없이 환불을 해 주지 않는 사이트

ⓔ 국가기관이나 한국소비자원, 서울특별시 전자상거래센터 및 이에 준하는 기관과 언론사에서 이용자에게 피해를 유발하고 있다고 판단하거나 보도한 사이트

ⓜ 카카오 이용자로부터 피해 신고가 다수 접수된 사이트 및 업체

(3) 현행법 및 주요 권고사항

① 현행법에 위배되는 내용은 광고 집행이 불가합니다.

② 정부기관 및 이에 준하는 협회, 단체의 주요 권고사항에 의거하여 특정 광고의 집행을 제한할 수 있습니다.

③ 소송 등 재판에 계류 중인 사건이나 국가기관에 의한 분쟁조정이 진행 중인 사건에 대한 일방적 주장, 의견은 광고 집행이 불가합니다.

(4) 음란/선정

① 과도한 신체의 노출이나 성적 수치심을 불러일으킬 수 있는 음란, 선정적인 내용은 광고 집행이 불가합니다.

② 성적 표현을 통하여 성적 유희의 대상을 찾거나 강간 등 성폭력 행위를 묘사하는 내용은 광고 집행이 불가합니다.

③ 음란 정보나 퇴폐업소, 매춘 등 성매매를 권유, 유도, 조장, 방조하는 내용은 광고 집행이 불가합니다.

(5) 폭력/혐오/공포/비속

① 폭력, 살인, 학대, 협박이나 공포스러운 표현을 통해 지나친 불안감을 조성할 수 있는 내용은 광고 집행이 불가합니다.

② 폭력, 범죄 등의 반사회적 행동을 권유, 유도, 조장, 방조하는 내용과 이를 암시하는 내용은 광고 집행이 불가합니다.

③ 오물, 수술 장면, 신체 부위 일부 확대 등 혐오감을 불러일으킬 수 있는 내용은 광고 집행이 불가합니다.

④ 욕설, 비속어 및 저속한 언어를 사용하여 불쾌감을 주는 내용은 광고 집행이 불가합니다.

(6) 허위/과장

① 광고 내용이 사실과 다르거나 사실을 지나치게 부풀림으로써 소비자의 합리적인 선택을 방해하는 경우 광고 집행이 불가합니다.

② 거짓되거나 확인되지 않은 내용을 사실인 것처럼 표현하는 내용은 광고 집행이 불가합니다.

③ 중요한 정보를 생략하거나 부분적인 사실을 강조하여 사람들을 잘못 오인하게 할 수 있는 내용은 광고 집행이 불가합니다.

④ 인터넷 이용자가 실제 발생한 사실로 오인할 수 있도록 하는 표현은 광고 집행이 불가합니다.

⑤ 광고주 및 광고 목적과 관련성이 낮은 내용을 통해 이용자를 유인하는 경우는 광고 집행이 불가합니다.

(7) 부당한 비교/기만/비방

① 비교 대상 및 기준을 명시하지 아니하거나 객관적인 근거 없이 자신 또는 자신의 상품 및 서비스를 다른 사업자, 사업자 단체 또는 다른 사업자 등의 상품 및 서비스 등과 비교하여 우량 또는 유리하다고 표현하는 광고는 집행이 불가합니다.

② 소비자에게 알려야 하는 중요한 사실이나 정보를 은폐, 축소하는 등의 방법으로 표현한 광고는 집행이 불가합니다.

③ 소비자가 반드시 알아야 할 정보 등 소비자의 구매 선택에 있어 중요한 사항에 관한 정보의 전부 또는 일부에 대하여 소비자가 인식하지 못하도록 표기하거나 아예 누락하여 표기하지 않은 경우 광고 집행이 불가합니다.

④ 소비자가 반드시 알아야 할 정보를 지나치게 생략된 내용으로 표시한 경우 광고 집행이 불가합니다.

⑤ 광고 내용이 사실과 다르거나 이벤트가 종료된 후에도 계속해서 집행하는 경우는 광고 집행이 불가합니다.

⑥ 다른 사업자, 사업자 단체 또는 다른 사업자 등의 상품 및 서비스에 관하여 객관적인 근거가 없는 내용으로 광고하거나 불리한 사실만을 광고할 수 없습니다.

⑦ 사실 유무와 관계없이 다른 사업자, 사업자 단체 또는 다른 사업자 등의 상품 및 서비스를 비방하거나 비교하는 것으로 의심되는 경우 광고 집행이 불가합니다.

⑧ 추천 · 보증 등을 포함하는 콘텐츠를 사용하는 경우 공정거래위원회의 「추천 · 보증 등에 관한 표시 · 광고 심사지침」을 반드시 준수해야 합니다.

　㉠ 추천 · 보증 등의 내용이 '경험적 사실'에 근거한 경우에는 당해 추천 · 보증인이 실제로 경험한 사실에 근거해야 합니다.

　㉡ 광고주와 추천 · 보증인 사이의 경제적 이해관계가 있는 경우 이를 명확하게 표시해야 합니다.

ⓒ 표시 문구(추천·보증 광고 표시, 광고주와의 고용 관계 및 경제적 이해 관계 표시)를 적절한 문자 크기, 색상 등을 사용하여 소비자들이 쉽게 인식할 수 있는 형태로 표현해야 합니다.

ⓓ 이외 상세한 내용은 '공정거래위원회'의 「추천·보증 등에 관한 표시·광고 심사지침」을 따릅니다.

(8) 타인 권리 침해

① 성별, 인종, 민족, 종교, 신념, 나이, 성적 정체성, 신체적 또는 정신적 질병 및 장애 등 개인적인 특성을 언급 혹은 암시하는 민감한 정보를 포함하여 직/간접적으로 타인을 암시하는 내용은 광고 집행이 불가합니다.

② 광고그룹 내 오디언스 설정(타게팅)과 연관이 있는 내용을 직접적으로 소재에 표현하는 내용은 광고 집행이 불가합니다.

③ 개인의 사생활 및 자유를 침해할 우려가 있는 내용은 광고 집행이 불가합니다.

④ 지적재산권(특허권, 실용신안권, 디자인권, 상표권, 저작권 등) 및 초상권 등 타인의 권리를 침해하는 사이트 및 소재는 광고 집행이 불가하며, 광고주는 관련 법과 규정을 이해하고 준수할 책임이 있습니다. 법적 문제가 발생하는 경우 책임은 광고주에게 있습니다.

⑤ 국내에 널리 인식된 타인의 성명, 상호, 상표, 서비스표, 기타 타인의 상품 또는 영업임을 표시한 표지와 동일하거나 이와 유사한 것을 사용하여 타인의 상품 또는 영업과 혼동하게 하는 사이트는 광고 집행이 불가합니다.

⑥ 화폐 도안을 무단으로 사용하는 행위는 [저작권법]에 의해 금지되며, 광고에 무단으로 사용될 경우에는 광고 집행이 불가합니다.

(9) 이용자(소비자)가 오인할 수 있는 표현

① 성분, 재료, 함량, 규격, 효능 등에 있어 오만하게 하거나 기만하는 내용은 광고 집행이 불가합니다.

② 부분적으로 사실이지만 전체적으로 인터넷 이용자가 오인할 우려가 있는 내용은 광고 집행이 불가합니다.

③ 객관적으로 인정받지 못하거나 확인할 수 없는 최상급의 표현은 광고 집행이 불가합니다.

　ⓐ 최상급 표현은 연결화면에서 확인할 수 있거나 객관적 증빙 자료를 제출한 경우에만 사용 가능

　ⓑ 신고 혹은 모니터링의 과정에서 최상급 표현에 대한 소명 자료를 요청하거나 광고 집행을 중단할 수 있음

④ 난해한 전문용어 등을 사용하여 인터넷 이용자를 현혹하는 표현은 광고 집행이 불가합니다.

⑤ 제조국가 등에 있어서 인터넷 이용자가 오인할 우려가 있는 표현은 광고 집행이 불가합니다.

⑥ 영업망, 지점 등에서 광고를 진행하는 경우 본사에서 직접 진행하는 광고로 오인되는 표현은 광고 집행이 불가합니다.

(10) 이벤트 소재 기준

① 이벤트 내용에 대한 중요한 정보를 생략하고 부분적인 사실을 강조하여 클릭을 유도하는 광고는 집행이 불가합니다.
② 이벤트에 관한 광고 소재를 작성할 때에는 이미지나 홍보문구에 이벤트의 참여 방식, 경품의 선정 방식, 선정 인원, 경품 내용을 반드시 명시해야 합니다.

(11) 가격 표시 기준

① 공정거래위원회의 [부당한 표시 · 광고행위의 유형 및 기준 지정고시]를 따라 다음과 같은 내용의 가격 표시는 광고 집행이 불가합니다.
  ㉠ 허위의 종전 거래 가격을 자기의 판매 가격과 비교하여 표시, 광고하는 경우
  ㉡ 할인율 등을 사실과 다르게 표시, 광고하는 경우
  ㉢ 실제로 할인율이 높거나 가격이 낮은 상품은 일부에 불과한데도 대부분의 상품이 높은 할인율 또는 낮은 가격으로 판매하는 것처럼 과장하여 표시, 광고하는 경우
  ㉣ 실제 거래 가격에는 변동이 없음에도 불구하고 일정 기간을 정하여 특정한 가격을 판매하는 것처럼 소비자를 오인시킬 우려가 있는 표현을 사용하는 경우
② 광고 소재에 가격 또는 할인율을 표시하는 경우에는 다음의 내용을 반드시 광고 내용에 표시하여야 합니다.
  ㉠ 표시한 가격 또는 할인율이 어떠한 상품 기준으로 작성된 것인지를 반드시 표시
  ㉡ 표시한 가격 또는 할인율이 어떠한 상품 기준으로 작성된 것인지 해당 상품을 이미지에 표시
③ 광고 소재에 가격 또는 할인율을 표시하는 경우에는 반드시 랜딩 URL의 리스팅 페이지 또는 해당 상품의 기본 가격으로 표시해야 하며, 상세 상품의 일부이거나 옵션 선택가를 표시하는 경우 광고 집행이 불가합니다.
  ㉠ 연결화면에서 확인할 수 있는 모든 이용자에게 공통으로 적용되는 상품 및 서비스 가격만 기재할 수 있습니다.
  ㉡ 일부 이용자들에게만 적용되는 가격이나 특정 쿠폰, 특정 카드의 할인 적용가와 같이 특정 이용자를 대상으로 한 할인가는 상품 판매가로 기재할 수 없습니다.
  ㉢ 특정한 자격 조건 없이 모든 이용자에게 공통으로 적용되는 할인 가격의 경우에는 해당 할인 가격을 기재할 수 있습니다.

(12) 보편적 사회정서 침해

① 인간의 생명 및 존엄성을 경시하는 내용, 공중도덕과 사회 윤리에 위배되는 내용은 광고 집행이 불가합니다.

② 국가, 국기 또는 문화유적 등과 같은 공적 상징물을 부적절하게 사용하거나 모독하는 표현은 광고 집행이 불가합니다.

③ 도박 또는 지나친 사행심을 조장하는 내용은 광고 집행이 불가합니다.

④ 미신 숭배 등 비과학적인 생활태도를 조장하거나 정당화하는 내용은 광고 집행이 불가합니다.

⑤ 의학 또는 과학적으로 검증되지 않은 건강비법 또는 심령술은 광고 집행이 불가합니다.

⑥ 출신(국가, 지역 등)·인종·외양·장애 및 질병 유무·사회 경제적 상황 및 지위·종교·연령·성별·성 정체성·성적 지향 또는 기타 정체성 요인 등을 이유로 인간으로서의 존엄성을 훼손하거나, 폭력을 선동하거나, 차별 및 편견을 조장하는 내용은 광고 집행이 불가합니다.

⑦ 자살을 목적으로 하거나 이를 미화, 방조하여 자살 충동을 일으킬 우려가 있는 내용은 광고 집행이 불가합니다.

⑧ 범죄, 범죄인 또는 범죄 단체 등을 미화하는 내용은 광고 집행이 불가합니다.

⑨ 용모 등 신체적 결함 및 약점 등을 조롱 또는 희화화하는 내용은 광고 집행이 불가합니다.

⑩ 법정계량단위만 사용이 가능하며, 비법정계량단위가 표현된 내용은 광고 집행이 불가합니다.

⑪ 기타 보편적 사회정서를 침해하거나 사회적 혼란을 야기할 우려가 있는 내용은 광고 집행이 불가합니다.

(13) 청소년 보호

① [청소년 보호법]에 따른 청소년 유해매체물은 광고 집행이 불가합니다.

  ㉠ 성인 화상 사이트, 애인 대행 사이트

  ㉡ 게임 아이템 거래 중개 사이트

  ㉢ 청소년 유해물건으로 결정된 성기구(5종)를 판매하는 사이트

  ㉣ 불건전 전화 서비스 등 전화번호, 장소 정보, 인터넷 정보위치, 무선 인터넷 정보위치, 이메일 계정 등 광고

  ㉤ 성매매를 알선 또는 암시하는 전화번호, 장소 정보, 인터넷 정보위치, 무선 인터넷 정보 위치, 이메일 계정 등 광고

  ㉥ 청소년 유해매체물로 고시되지 않았다 하더라도 해당 사이트 접근 시 청소년 접근제한 조치(연령 확인 및 청소년 이용불가 표시)가 확인되는 경우 청소년 유해매체물 기준을 적용합니다.

② [청소년 보호법]에 따른 청소년 유해약물과 청소년 유해물건을 판매, 대여, 배포, 노출하는 행위는 광고 집행이 불가합니다.

ⓐ 주류, 담배, 마약류, 환각물질(접착제, 부탄가스 등) 및 기타 청소년의 심신을 심각하게 훼손할 우려가 있는 약물은 광고 집행이 불가합니다.

ⓑ 담배, 마약류 등 청소년 유해약물에 대해서는 공익성 광고에 한하여 제한적으로 광고 집행이 가능합니다.

ⓒ 주류의 경우 판매, 대여, 배포 목적이 아닌 브랜드 홍보 등의 일반적인 광고에 대해서 제한적으로 광고 집행이 가능합니다.

ⓓ 담배, 주류 이미지는 광고 소재로 사용할 수 없으나 주류의 경우 광고 목적, 내용에 따라 제한적으로 사용 가능합니다.

③ 청소년 유해약물, 청소년 유해물건, 청소년 유해업소 등이 광고 내용에 포함된 경우 광고 집행이 불가합니다.

④ 성적인 욕구를 자극하여 음란한 행위를 조장하거나 성적 충동을 불러일으킬 수 있는 내용은 광고 집행이 불가합니다.

⑤ 음란성, 포악성, 잔인성, 사행성 등을 조장하거나 조장할 우려가 있는 내용은 광고 집행이 불가합니다.

⑥ 사이트 내 성인 콘텐츠가 포함된 경우 청소년 접근제한 조치가 있어야 하며, 청소년 접근제한 조치 없이 콘텐츠 확인이 가능한 경우 광고 집행이 불가합니다.

⑦ 카카오 내부 기준에 따라 청소년 유해 콘텐츠라고 판단한 사이트 및 소재는 광고 집행이 불가합니다.

> **🔍 참고** 성기구
>
> 남성용 성기 확대 기구류, 남성용 성기 단련 기구류, 남성용 여성 성기 자극 기구류(특수 콘돔류 등), 남성용 자위행위 기구류, 여성용 자위행위 기구류

(14) 카카오 서비스 보호

① 카카오 서비스 및 디자인을 모방, 침해한 경우 광고 집행이 불가합니다.

ⓐ 카카오 서비스의 이미지를 손상시킬 수 있는 내용

ⓑ 카카오 서비스의 로고, 상표, 서비스명, 저작물 등을 무단으로 사용한 경우

ⓒ 카카오 서비스로 오인될 여지가 있는 내용

- 카카오의 서비스 주조색을 포인트 컬러로 사용하여 카카오 서비스로 오인되는 경우
- 카카오 서비스 로고와 유사한 오브젝트를 소재에 삽입하여 카카오에서 제공하는 광고로 오인되는 경우
- 카카오 서비스와 유사한 비주얼을 사용하여 광고를 카카오 서비스 내 콘텐츠로 오인하게 하는 경우

- 광고 이미지가 게재지면(노출 위치)의 UI 및 콘텐츠와 유사하여 광고가 서비스에서 제공하는 콘텐츠로 오인되는 경우

② 업무 방해에 해당하는 경우 광고 집행이 불가합니다.

ㄱ 본인 또는 제3자를 광고하기 위해 카카오의 이용약관, 개별 서비스의 운영원칙/약관 등을 위반하거나 이를 유도하는 경우

ㄴ 관련 법령, 카카오의 이용약관, 개별 서비스의 운영원칙/약관 등을 위반하여 카카오 서비스에 부당하게 영향을 주는 행위를 하거나 이를 유도하는 경우

③ 카카오와 경쟁 관계에 있는 서비스 내용을 포함한 광고는 집행이 제한될 수 있습니다.

ㄱ 광고가 노출되는 지면의 서비스와 경쟁 관계에 있는 서비스

ㄴ 광고 소재에 경쟁 서비스에 대한 내용을 포함하고 있거나 경쟁 서비스를 직/간접적으로 홍보하는 경우

3 제한업종

(1) 담배 및 전자담배

① 담배 및 니코틴을 포함한 전자담배, 니코틴이 포함된 액상, 카트리지를 판매하거나 이를 중개하는 사이트는 광고 집행이 불가합니다. 단, 전자담배 기기장치류는 판매 목적이 아닌 브랜드 홍보 목적 광고에 대해서 제한적으로 광고 집행이 가능합니다.

② 담배를 긍정적으로 표현하는 내용, 권장하거나 호기심을 유발하는 내용 등은 광고 집행이 불가합니다.

③ 광고 소재에 담배 이미지는 노출할 수 없습니다.

(2) 성인(성인방송, 성인커뮤니티, 성인용품 등)

① 성인 관련 서비스 및 이와 유사한 정보를 제공하는 서비스는 광고 집행이 불가합니다.

② 성인 관련 서비스 및 이와 유사한 정보를 제공하는 서비스로의 접속을 유도하는 사이트는 광고 집행이 불가합니다.

(3) 사행산업(도박, 카지노, 경마, 복권 등)

① [사행산업통합감독위원회법] 제2조에서 사행산업으로 규정하고 있는 '카지노업', '경마', '복권',

'체육진흥투표권', '소싸움경기' 등의 서비스는 광고 집행이 불가합니다.

② 도박, 복권 및 기타 사행행위에 관한 내용은 광고 집행이 불가하며, 이와 유사하거나 관련된 서비스를 제공하는 경우 광고 집행이 불가합니다.

③ 사행산업을 모사한 게임 등의 서비스는 광고 집행이 불가하며, 이와 유사하거나 관련 서비스를 제공하는 경우 광고 집행이 불가합니다.

④ 한국마사회, 국민체육진흥공단, 나눔lotto의 수익금 기부와 같은 공익성 광고의 경우 카카오모먼트 광고 심사가이드 담당자와 검토된 경우에만 성인 타게팅을 설정하여 광고 집행이 가능합니다.

(5) 유사수신행위

① [유사수신행위의 규제에 관한 법률]에 따라 원금 또는 출자금 등을 보장한다는 명목으로 불특정 다수인으로부터 자금을 조달하는 업체의 사이트는 유사수신행위를 영위하는 것으로 판단하여 광고 집행이 불가합니다.

② 사이트 내에서 다음과 같은 내용의 문구 또는 콘텐츠가 확인될 경우에는 유사수신행위를 영위하고 있는 것으로 판단합니다.

ㄱ 투자하시면 원금 및 고수익을 보장합니다.

ㄴ 투자금에 대한 안전한 회수를 보장합니다.

ㄷ 투자하시면 고리의 이자를 지급해 드립니다.

ㄹ 투자금에 대하여 월 수익금을 확정하여 지급해 드립니다.

(6) 의견광고

① 특정인에 대한 의견을 제시하거나 특정인 또는 특정집단에 반대하기 위한 의견 광고는 집행이 불가합니다.

② 사회적 이슈가 되고 있는 사안 또는 분쟁 가능성이 있는 사건에 대해 일방적으로 주장, 설명하는 내용은 광고 집행이 불가합니다.

③ 기타 광고 매체에 게재하는 것이 부적절하다고 판단되는 의견 광고는 집행이 불가합니다.

(7) 종교

종교 단체, 종교 활동의 홍보, 종교에 관한 정보, 포교 활동 및 이와 유사한 서비스는 광고 집행이 불가합니다.

(8) 기타 위법/부적절한 서비스

① 사회적 이슈가 되고 있는 사안 또는 분쟁 가능성이 있는 사건과 관련 있는 제품 및 서비스는 광고 집행이 불가합니다.

② 도청, 위치추적, 몰래카메라 등 이와 유사한 서비스를 제공하는 경우 광고 집행이 불가하며, 개인의 사생활을 침해하거나 침해할 우려가 있는 제품 및 서비스는 광고 집행이 불가합니다.

③ 미신, 사주팔자, 토속신앙 등은 광고 집행이 불가합니다.

④ 카페, 클럽, 블로그, 미니홈피 등 포털 사이트의 커뮤니티를 매매하는 사이트는 광고 집행이 불가합니다.

⑤ 유틸리티, 멀티미디어 등 각종 프로그램이나 파일을 제공, 중개하는 공개 자료실은 광고 집행이 불가합니다.

⑥ 선거, 정당, 정치 단체는 광고 집행이 불가하며, 특정 정당 및 후보의 정치 공략 또는 선거 관련 문구, 이미지 표현을 활용한 광고도 집행 제한될 수 있습니다.

⑦ 미팅, 채팅, 만남 주선 서비스는 광고 집행이 불가하며, 이와 유사한 서비스 또한 광고 집행이 불가합니다.

⑧ 모텔 업종은 광고 집행이 불가합니다.

⑨ 학위논문 등의 작성을 대행하거나 각종 시험 등에 응시를 대리하는 등의 서비스는 광고 집행이 불가합니다.

⑩ 카드깡, 휴대폰깡 등의 불법할인 대출 서비스를 제공하는 서비스는 광고 집행이 불가합니다.

⑪ 인터넷 판매 및 유통이 불가한 상품, 수입이 불가한 상품을 취급하는 사이트는 광고 집행이 불가합니다.

결코 남이 편견을 버리도록 설득하려 하지 마라.
사람이 설득으로 편견을 갖게된 것이 아니듯이, 설득으로 버릴 수 없다.

Never try to reason the prejudice out of a man.
It was not reasoned into him, and cannot be reasoned out.

– 시드니 스미스 –